工业革命书系

工业革命2.0

〔荷〕托马斯 克伦普（Thomas Crump） 著

陈音稳 译

制造为王

发明、制造业、工业革命如何改变世界

A BRIEF HISTORY *of*
HOW THE INDUSTRIAL REVOLUTION
CHANGED *The* WORLD

中国科学技术出版社

·北 京·

北京市版权局著作权合同登记　图字：01-2023-0811。

图书在版编目（CIP）数据

制造为王：发明、制造业、工业革命如何改变世界 / （荷）托马斯·克伦普（Thomas Crump）著；陈音稳译 . — 北京：中国科学技术出版社，2023.4（2024.1 重印）

书名原文：A Brief History of How the Industrial Revolution Changed the World

ISBN 978-7-5046-9923-7

Ⅰ . ①制… Ⅱ . ①托… ②陈… Ⅲ . ①产业革命—研究 Ⅳ . ① F419

中国国家版本馆 CIP 数据核字（2023）第 032329 号

总 策 划	秦德继		
策划编辑	刘　畅　刘颖洁	责任编辑	申永刚
封面设计	仙境设计	版式设计	蚂蚁设计
责任校对	邓雪梅	责任印制	李晓霖

出　　版	中国科学技术出版社
发　　行	中国科学技术出版社有限公司发行部
地　　址	北京市海淀区中关村南大街 16 号
邮　　编	100081
发行电话	010-62173865
传　　真	010-62173081
网　　址	http://www.cspbooks.com.cn

开　　本	880mm×1230mm　1/32
字　　数	205 千字
印　　张	11.75
版　　次	2023 年 4 月第 1 版
印　　次	2024 年 1 月第 2 次印刷
印　　刷	北京盛通印刷股份有限公司
书　　号	ISBN 978-7-5046-9923-7/F·1100
定　　价	88.00 元

（凡购买本社图书，如有缺页、倒页、脱页者，本社发行部负责调换）

对众多史学家而言，工业革命是史学研究的一大挑战。少数史学家，甚至拒不承认工业革命的历史价值。本书作者赞同多数人的观点：如果我们不了解 18 世纪的工业革命所打下的基础，就无法理解我们日渐熟悉的 21 世纪的世界。工业革命起到的历史作用，现在已是尽人皆知，可在当时人们却知之甚少。

不管人们怎么看待工业革命，有一点是毫无疑问的，它的相关史料保存得相当完备。仅就伯明翰中央图书馆档案文物部的资料而言，一个人一辈子也看不完，更不用说英国其他地方的博物馆，如伦敦的科学博物馆，或者世界其他地方的博物馆，比如华盛顿的史密森尼博物馆，在这里人们都能找到大量的相关资料。身为一名专业人类学家，好几次我都发现，到 20 世纪中叶，即使是最偏远的社区，也都受到了工业革命的冲击。然而，作为一名历史学家，我写这本书，正如书后所列的参考文献，用的多是出版的二手资料。究其原因，太多的作家更喜欢与学界同仁争论，而不是启发学界以外的人们，而后者恰恰是我最喜欢做的事情。我特别重视阅读和适时引用夏洛蒂·勃朗特（Charlotte Brontë）、查尔斯·狄更斯（Charles Dickens）、本杰明·迪斯雷利（Benjamin Disraeli）、乔治·艾略特（George Eliot）、伊丽莎白·盖斯凯尔（Elizabeth Gaskell）等 19 世纪知名小说家的作品，这些作品让人们认识到，是工业革命创造和改变了世界。关于这个世界的纯描述性的作品，读者应该读 1846 年首次以德语出版的弗里德里希·恩格斯（Friedrich Engels）的《英国工人阶级状况》（*The Condition of the Working Class in England*）这本书。这本书长期以来一直是马克思主义经典著作的一部分，而它作为一种独特的原始资料的价值闪耀着魅力的光辉。要想一睹工业革命时期陆上和海上的世界是什么样子，没有比欣赏英国伟大的艺术家约瑟夫·马洛德·威廉·特纳（J.M.W.Turner）的作品更好的方法了。在伦敦国家美术馆，特纳的两幅作品，《雨、蒸汽和速度——西部大铁路》（*Rain, Steam and Speed-The Great Western Railway*）和《被拖去拆解的无畏号战舰》（*'Téméraire', tugged to her last Berth to be broken up*），使人们对特纳所处时代的新兴工业世界记忆犹新。在参观其他展馆（如英国泰特美术馆等）更加丰富的藏品之前，伦敦国家美术馆无疑是一个不错的起点。

除研究书面材料以外，我还参观了一些因工业革命而闻名遐迩的历史圣地。在英国国内，我参观的地区包括：西米德兰兹郡特伦特的伯明翰、沃尔索尔、基德明斯特和斯托克，塞文河谷上游的煤溪谷——那里有亚伯拉罕·达比三世（Abraham Darby Ⅲ）负责修建的著名的铁桥，德比郡德温特河上的克伦福德——理查德·阿克莱特（Richard Arkwright）首创的棉纺厂所在地，约克郡西部的毛纺厂，遍地废弃锡矿的康沃尔，英格兰东北地区［早在英国最伟大的英雄乔治·史蒂芬孙（George Stephenson）诞生之前，铁路革命便发端于此］，以及苏格兰的克莱德赛德。除了英国国内，我尤其重视考察英国以外的地方——顺便说一下，我已经有接近 40 年未在英国定居了。在英国以外，我参观访问了美国工业革命的中心，包括新英格兰的康涅狄格山谷和宾夕法尼亚、马里兰以及弗吉尼亚等州。在这些地方，我对一些重要遗址有了更深的认识：比如位于宾夕法尼亚州和马里兰州坎伯兰郡的康沃尔钢铁厂（从殖民时期到 19 世纪末一直都在运营）；切萨皮克和俄亥俄运河的终点站（该运河从未到达预期的目的地）。遗憾的是，在我穿越密西西比河河流的众多旅行中，我只有一次——在 2007 年 10 月从田纳西州的孟菲斯启程的短途航行中——能够乘坐一艘真正的明轮蒸汽船。马克·吐温（Mark Twain）曾经用大量笔墨描写的密西西比河上的数千只汽船，现在已经所剩无几了，而所剩船只多已抛锚于密西西比州纳齐兹和维克斯堡等地，有些变成了赌场。

在欧洲大陆，我曾经参观过德国鲁尔河谷的煤矿和钢铁厂，比利时的工业中心蒙斯、沙勒罗伊和韦尔维尔，以及法国的邻近地区（在法国的另一个地方，我曾参观过从里昂一直延伸到圣艾蒂安的历史悠久的工业园区）。威尼斯就更不用说了，它不仅拥有巨大的造船厂，大约 500 年前还是欧洲最重要的工业城市（其主要竞争对手是热那亚和米兰等其他意大利城市）。最后，我对南非的金伯利（钻石）和约翰内斯堡（黄金）的采矿中心也颇为熟悉，19 世纪最后 25 年，这里也爆发了工业革命。

毋庸置疑，50 年来，如果没有众多朋友和同事的鼎力帮助，所有这些参观几乎都无法完成。1956 年，与帕特·惠特沃斯（Pat Whitworth）——我在剑桥的同龄人，也是老朋友——一起，我花了一周的时间拍摄西赖丁的众多纺织厂。拍摄工作从哈利法克斯的纺织厂开始，该厂由一家家族（惠特沃斯家族）企业——约瑟夫·惠特沃斯父子公司（Joseph Whitworth and Sons）经营。该公司自 19 世纪早期以来，除用电灯代替了汽灯以外，其他方面几乎没有发生变化。

1958 年，约翰·拉德（John Rudd）借其祖父——家住金伯利，20 世纪初一直担任塞西尔·罗兹（Cecil Rhodes）

创办的戴比尔斯联合矿业公司的董事——之善言，把金伯利俱乐部最豪华的套房安排给我暂住。在之后的一个礼拜，以俱乐部为基地，由专车司机带领我参观了一处驰名世界的采矿和工厂遗址，该遗址的每一扇大门都向我敞开。

多特蒙德是德国工业革命的一座中心城市。1967 年，我去德国多特蒙德市普雷迪克神学院访学，有幸作为雷克林豪森采煤中心路德教会牧师的客人，对当地的巨型钢铁厂进行了为期一周的参观。

1972 年，我被阿姆斯特丹大学聘为讲师后，就搬到了阿姆斯特丹居住。在之后的几年里，我便开始研究我妻子的普拉克家族（Prakke Family）史。该家族在荷兰东部的纺织小镇艾伯根（Eibergen）有几家工厂，他们生产的传动皮带和其他纺织机械配件在世界市场上占有一席之地。当地的博物馆是荷兰工业革命的宝库，馆内有一层楼专门用来展示普拉克家族的产品。现在，就像哈利法克斯的惠特沃斯家族（或者金伯利的鲁德家族）一样，在艾伯根，或许还有一两个普拉克家族成员在那里居住，但已经没人在那做生意了。

在荷兰的生活，使我能够了解工业革命时期最伟大的一项公共工程之一哈勒姆默米尔（Haarlemmermeer）。此工程所占土地正好就在阿姆斯特丹城外，面积相当大，直到 19 世纪中期还是一个巨大的浅湖；几个世纪以来，荷兰人一直计划将其改造成适合农业种植的新耕地。在 19 世纪 40 年代末，3 个巨大的蒸汽动力水泵沿湖边作业，不到 3 年，哈勒姆默米尔的水就被抽干了。其中有个水泵，以 17 世纪荷兰工程师克鲁奎斯（Cruquius）的名字命名，配备了有史以来最强大的蒸汽机。现在，这里已经被恢复成为一个博物馆：在完成填海工程的 70 年里，博物馆为阿姆斯特丹带来了一笔在 19 世纪无人能预见的红利。世界上最大的一个国际机场——史基浦机场，就坐落在哈勒姆默米尔。

1997 年，在访问基德明斯特（我自己的家族在 19 世纪曾在那里生产地毯）时，应布林顿斯地毯公司现任主席迈克尔·布林顿（Michael Brinton）的邀请，我有幸参观了这家地毯制造业的龙头企业。与工业革命早期建立的许多其他制造商不同，布林顿斯地毯公司仍然由同一个家族经营，企业兴旺发达，销售市场遍布全球。我有幸参观了该公司位于基德明斯特中心的初创地，见证了羊毛染色等生产过程，目睹了一个位于山顶俯瞰全镇的全自动化现代公司，虽然 19 世纪早期法国提花织机仍是公司最先进的机器。

在 21 世纪的最初 10 年，随着我对科技史的兴趣日渐浓厚，加之我从阿姆斯特丹大学退休后时间充裕，我投入了比以往任何时候都多的时间，致力于对大西洋两岸的工业革命进行探索。来自弗吉尼亚州劳顿县的约翰·钱伯林（John

Chamberlin）和泰勒·钱伯林（Taylor Chamberlin）既是我的表兄弟，也是我的老朋友，他们带领我参观了美国工业革命的腹地，让我有幸看到了大量废弃的水磨坊和炼铁厂，当然也目睹了巴尔的摩至俄亥俄这条美国境内最古老的铁路。除了这条铁路，当时的人们还修建切萨皮克－俄亥俄运河，该运河最终汇入俄亥俄河。在新英格兰，钱伯林的表姐芭芭拉·爱德华兹（Babara Edwards）家，门口总是铺着红地毯，随时欢迎我的到来。她带我参观了当地的一些景点，包括康涅狄格州埃塞克斯的康涅狄格河博物馆（也在埃塞克斯）和纽黑文的温彻斯特连发武器公司的工厂等。2007 年，我在密西西比盆地往返穿梭，四处旅行，但很遗憾，能见到的有关美国工业革命时期的景象少之又少；因为不仅内河船只的时代一去不复返，铁路的时代也大抵如此。因此，美国曾经最大的火车站——圣路易斯的火车站，现在已然变成了一个购物中心。传统的长途货运列车，早已使用柴油机车而非蒸汽机车，其汽笛之悲伤依然明显，但浪漫气息已不复存在。和美国许多其他地方一样，这里的"锈带"成了工业革命的遗产。

2009 年我终于有机会首次参观英国工业革命的一些最著名的景点。经一位家住约克郡郊外的老朋友彼得·斯蒂法尼尼（Peter Stefanini）的帮助，我有幸参观了本杰明·戈特（Benjamin Gott）在利兹市阿姆利区的毛纺厂以及理查德·阿克莱特在德比郡德温特河附近克伦福德的著名棉纺厂。几天后，家住伯明翰的约翰·南丁格尔（John Nightingale），不仅陪我参观了塞文河谷的铁桥和煤溪谷等著名工业遗址，还为我提供了他多年来在曼彻斯特、考文垂以及伯明翰圣公会任职时所获得的大量信息，这些信息让我获益良多。作为他在伯明翰的客人，我有幸参加了一场主会场设在伯明翰大学的国际会议，该会议旨在纪念英国工业史上最伟大的人物之一马修·博尔顿（Matthew Boulton，于1809 年去世）逝世 200 周年。说到会议本身，我非常感谢伯明翰大学历史系的彼得·琼斯（Matthew Boulton）教授以及该大学的伯明翰与米德兰历史中心的马尔科姆·迪克（Malcolm Dick）博士对我的热烈欢迎。最后，我要感谢我的堂兄亚当·塞奇威克（Adam Sedgwick）对英国煤炭产业提出的宝贵建议，他本人曾在 20 世纪最后 30 多年在煤炭产业中发挥了重要作用。

实践证明，撰写此书，年龄是我很大的一个优势。当我年少之时，恰逢真正的蒸汽时代。1851 年伦敦世博会之后，水晶宫在伦敦南部的西德汉姆得以重建，而在 1936 年（我的 7 岁生日之后不久），却因一场火灾化为灰烬，由于我的年龄跨度，本人足以见证水晶宫短暂的历史。再向早前追溯，我父亲不同的家族分支都在西米德兰兹郡定居，部分家族成员曾经是地毯生产商，虽然他们的企业大都好景不长，但大多数家族成员都对地毯生产有所涉及。而我一直从事教学研究工作，更重要的是写书。以上就是我撰写本书的一个背景。

目录 |

第一章　第一届世博会：工业革命与英国的主导地位

1851 年

1851 年 5 月 1 日在伦敦举办的第一届世博会，表面上广邀世界各国与会，其实是英国对外的一次实力展示。正如英国讽刺漫画杂志《笨拙》（*Punch*）上刊登的一幅题为"1851 年的德比赛马"卡通画所揭示的那样，这次世博会犹如一场赛马，英国才是真正的赢家。实际上，以维多利亚女王的丈夫阿尔伯特亲王（Consort Prince Albert）为首的世博会的负责者心如明镜，以工业为主题，他们选择了一个百年来英国一直独领风骚的领域。

为了证明英国的实力，他们在海德公园兴建了全新的钢结构玻璃建筑——水晶宫，并将其一半以上的展览空间用来专门展出英国的工业成就。而邀请其他 33 个国家展示他们自己的工业成就，则是暗示 19 世纪中期以来的工业革命，已远远超出了英国的国界。更重要的是，几乎所有的参展人员都会意识到，本次展会向世人展示的是一个全新的世界。

其实，水晶宫本身就是一座工业纪念碑——水晶宫的建筑材料，而更重要的是一系列的展品，包括毛绒黄鼠狼这类稀奇古怪的产品，无不反映着当时的科技前沿。对很多人而言，世博会展示的是一个全新的世界——与他们童年时代的世界截然不同，甚至还有很多人依然生活在其中。这一点，除了本地人外，所有外地游客在没到达海德公园之前就已经深有体会了，因为绝大多数伦敦以外的英国人都是坐火车来的；而外国游客除了火车外，还有人乘坐汽船来到英国海岸。针对这次展会，铁路公司严重低估了低票价带来的乘客数量增加的幅度。到展会结束时，乘客数量已接近百万，因而这次展会也称得上是英国历史上规模最大的一次"人口迁徙"。

1851 年，虽然英国在海德公园向世界展示的是一场革命的果实，成千上万参展的英国人会随口用"成就"和"进步"等词来形容展会，但是近代历史，尤其是在欧洲大陆，革命一词已经臭名昭著。在这个时间点上，如果一位名不见经传的法国外交官路易斯·奥托（Louis Otto）和一位颇有名气的德国人弗里德里希·恩格斯都曾撰文描写过工业革命，与此同时还有一位年轻的牛津学者阿诺德·汤因比（Arnold Toynbee）也用英语撰文谈论过工业革命，那么前两位文章的面世，要比汤因比的文章要早出整整一代。显而易见，到了汤因比的时代（1851 年左右），人们已然见识到了世界工业革命的主要成就，尤其是英国工业革命的成就。

面对声势浩大的反对声浪，是什么让阿尔伯特亲王及其支持者，把如此多的时间和精力投入这项宏图伟业之中？就性情而言，阿尔伯特亲王是一个想要看到世界变得更美好的人；作为维多利亚女王的丈夫，他不仅在女王统治的国土上，而且在她与统治欧洲的所有家族相互联系的更广阔的世界中找到了实现这一目标的机会。假以时日，女王的地位将随着其子女与欧洲其他家族的联姻而得以巩固。

在维多利亚女王执政早期，作为丈夫的阿尔伯特亲王，在英国国内，便拥有足够的机会开启伦敦世博会的筹备工作。这一时期，亲王相继担任改善工人阶级劳动条件协会的主席，成为慈善协会的赞助人等，他的名字还与许多其他机构相联系，让人不禁想起维多利亚时代早期的慈善事业。最重要的是，他还热情洋溢地投身于艺术事业，早在 1841 年，他就成为重建议会大厦皇家委员会的负责人。18 世纪中叶成立的皇家人文、制造与商务促进会为他的慈善事业提供了最广阔的发展空间。1845 年，亲王获邀担任（该促进会）主席，并获得女王颁发的皇家特许证，极大地提高了之后被称为"皇家文艺学会"的地位。

阿尔伯特亲王做事一贯雷厉风行，亨利·科尔（Henry Cole）也是如此。作为一名公务员，科尔雄心勃勃，成就非凡：他编制了第一个公共档案馆的系统目录；与罗兰·希尔（Rowland Hill）合作，于 1840 年首创了一便士邮政制度；担任《历史纪事报》(*Historical Register*)、《设计杂志》(*the Journal of Design*)和《铁路编年史》(*the Railway Chronicle*)等期刊的编辑；撰写了多本老少皆宜的书籍；还发行了第一张圣诞贺卡。阿尔伯特亲王认识科尔时，后者是皇家文艺学会的理事会成员。他们二人共同实现的第一个成就是 1847 年在学会里举办的一场展览，旨在展示广义上用金属、木材、陶瓷和玻璃制作的艺术品。这场展会，出乎许多颇有影响的末日预言家的预期，取得了巨大成功。

此外，该展会还向世人证明了英国人在艺术方面的兴趣绝不亚于法国人，而法国人于 1849 年举办了第十一届法国工业五年展。亨利·科尔出席了这次法国会展，他在巴黎时获悉，几个月前，法国农业和商务部长巴菲特(Buffet)曾提议，定于 1854 年举办的第十二个工业五年展，其规划应该扩大到国际范围。当时，法国是唯一可与英国匹敌的强国，这对科尔及其资助人阿尔伯特亲王而言，无疑是一个巨大的挑战。

紧接着，事情就接踵而至。1849 年 6 月 29 日，在阿尔伯特亲王的批准和支持下，尽管面对各种阻挠和批评，英国举办展会的项目如期启动了。1850 年 1 月 3 日，维多利亚女王宣布，展会的组织工作将由皇家委员会负责，由阿尔伯特亲王担任主席。委员会的委员不仅包括英国首相约翰·罗素勋爵（Lord John Russell）和反对党领袖斯坦利勋爵（Lord Stanley），也包括英国各界很多知名人士，如此高的人员配置表明，该委员会的影响力有多么强大。据《泰晤士报》（The Times）描述，皇家委员会能够代表英国"各种不同的政治观点，以及社会各界的重大利益"。

1846 年，在罗伯特·皮尔爵士（Robert Peel）的提议下，英国废除了《谷物法》（the Corn Laws），开启了自由贸易，其情其景仍历历在目。然而，此时展会要获得所有党派的支持，它就必须与自由贸易事业毫无牵连。但实际上，至少在皮尔保守派的《纪事晨报》（Morning Chronicle）看来，展会就是"自由贸易的开启庆典"。事实上，皮尔虽然已不再是首相，但仍被视为展会的一位重要支持者。1850 年 6 月 29 日，皮尔骑马时坠地而亡，他的死也被视为一个重大损失。

各大城市的鼎力支持，尤其是曼彻斯特、布拉德福德、利兹和利物浦等在工业革命中发挥过重要作用的城市的支持，反映了展会在英国工商界受欢迎的程度。在工商界广受欢迎，而在农业利益集团中不受欢迎，这表明对英国大部分农村人口来说，展会只不过是代表英国某种特定价值体系的宣传，而并非全国的共识。

1850 年，皇家委员会做了两个关键决策：一是把展馆的位置定在海德公园，二是委托约瑟夫·帕克斯顿（Joseph Paxton）建设展馆，帕克斯顿因建设德文郡公爵的查茨沃斯庄园的花园而名声大振。上述决策的结果就是，水晶宫几乎完全由玻璃和铸铁材料建造而成。

水晶宫的开放和世博会的开幕都准备在 1851 年 5 月 1 日如期进行。虽然本次展会的规模远远超过三年后法国世博会的预期规模，但法国仍是仅次于英国的这次展览的第二大贡献者；法国赢得的奖牌数量也位居第二，远远超过其他参展国家。从长远来看，美国的展品更加引人注目，其农业机械，已经使美国的农业产出居于世界各国之首。农业机械中有一件展品，塞勒斯·麦考密克收割机，被《纽约时报》（New York Times）描述为一个"貌似兼有独轮车、两轮车和飞行器特点"的精巧装置，获得了本次展会的金奖，其发明者也随之名满世界。尽管如此，《纽约论坛报》（New York Tribune）的创办者、美国最有影响力的记者贺拉斯·格里利（Horace Greeley）却指出，美国虽然取得了这些成就，其贡献仍"远低于它应有的水平，未能很好地展示这个国家实用技术的进步和现状"。

展会专门委派了一个国际评审团负责展品评审，并为每个类别的最佳展品颁奖。从提交给评审团的展品清单我们就可以窥一斑而知全貌。展品共分四个种类：原材料、机械产品、工业品和艺术品。除了艺术品之外，每个类别又被划分为若干个子类别。英国参展商获得的 78 枚奖牌中有 52 枚颁给了机械类产品，由此可以看出，机械产品无疑是最能反映英国工业成就的类别。到访的记者注意到，与其他各类展品相比，最吸引游客的还是机械类展品，其中很多机械产品，比如精巧的德拉街信封机，都可在现场操作。

伦敦制造业为展会提供了诸多展品，尤其是 60 种知名的动力机器，包括内斯密斯（Nasmyth）的蒸汽锤、麦克尼科尔（McNicholl）的移动式起重机以及加福斯（Garforth）的铆钉机。不仅如此，许多荣获制造业类别奖项的产品无疑都是在英国的帮助下或者至少是基于英国的模型而完成的。任何一家具有工业规模的纺织厂，无论它身处世界何地，如果当地不生产重型机械，它都要使用从英国进口的纺织机和纺锤，如果机器属于蒸汽驱动，则要使用英国制造的发动机。

从水晶宫里 33 个国家提供的绝大多数展品中不难看出，在制造业方面，世界其他国家对英国难以望其项背。由于展会对展品几乎没有什么限制，其他诸国（除了瑞士在手表制造方面工艺极其精巧），从秘鲁到意大利、从葡萄牙到波斯、从埃及到俄国，所提供的大量展品，都是手工艺品，而绝非工业产品，也就不足为奇了。

1850 年是伦敦世博会组织规划的关键年，而 2010 年是本书（英文版）的出版年。这 160 年的历史表明：首先，截至 1850 年，英国是如何创造了工业革命几乎所有的成就，继而开始征服世界的；其次，1851 年的世界所呈现的经济、政治或文化等各个方面的现状，都不会一成不变。

1851 年世博会向上百万游客呈现的工业成就表明，他们生活的世界是多么瞬息万变。他们在水晶宫看到的世界，在很大程度上是自 1769 年以来 80 多年所创造的世界。1769 年，詹姆斯·瓦特（James Watt）发明了分离式冷凝器，开创了除了用于机车以外的所有蒸汽动力机器的工作模式。因此，早在 1851 年以前，瓦特就一直被公认为是工业革命中最伟大的英雄。

然而，到了 1851 年，分离式冷凝器无法用于火车机车的局限在乔治·史蒂芬孙研制的火车机车中成功得以克服；1830 年，著名的"火箭"火车头带动世界上第一列火车，完成了利物浦至曼彻斯特段铁路的行驶。史蒂芬孙的儿子罗伯特（Robert）本身也是一位杰出的机车工程师，由他担任世博会执行委员会的主席，再合适不过了。

伦敦以外的世界

如果考虑到其他国家自然会选择最有利的展品来展示自己的实力这一因素，水晶宫里其他国家的展品所展示的英国海岸以外的世界图景就远非现实了。在很大程度上，这些数不胜数的展品几乎无法说明它们在被制造的过程中其所处的人文与物质环境，更不用说导致 19 世纪 40 年代末由民众起义所引发的社会动荡了。

1848 年欧洲各国发生的内乱尤其引人注目。在法国，2月 22 日在巴黎街头发生的工人暴动，最终导致路易·拿破仑①在年底当选为新成立的法兰西第二共和国的首任总统。1851 年法国在伦敦博览会上参赛的展品，说明法国已经成功克服了 1848 年的社会动荡。欧洲其他国家亦是如此，在同一年，在哈布斯堡王朝统治下的奥地利帝国，匈牙利爱国人士拉乔斯·科苏斯（Lajos Kossuth）领导的旨在使匈牙利脱离奥地利的革命，最终以失败告终。也是在 1848 年，随着一群宪章运动的支持者在伦敦的肯宁顿公园和平散去，英国也从这场威胁不大的运动中得以解脱。欧洲各国都卷入了

———————

① 著名皇帝拿破仑·波拿巴的侄子，最后在 1871 年普法战争的色当战役中兵败被俘。——译者注

这场悄无声息的阴谋中，这意味着人们很少关注社会动荡，而社会动荡是人们为实现工业化所付出的代价之一。

在世界其他地方，欧洲仍然不得不接受地缘政治上的重大变化。在北美，加拿大仍然以这样或那样的方式由伦敦进行统治；而美国，在美墨战争（1846—1848 年）中击败墨西哥，攫取了大片新领土，加速了美国社会转型。

美墨战争的一个直接后果是，1850 年，加利福尼亚州并入美国，成为美国的第 31 个州，这一事件对世界产生了深远影响。加利福尼亚州不仅给美国带来了漫长的太平洋海岸线，这就意味着美国与远东的贸易将更加便捷；而且更引人注目的是，1848 年 1 月，人们在加利福尼亚州萨特的锯木厂附近首次发现金矿，随之而来的是当时世界上矿藏最丰富的金矿给美国带来的不可估量的财富。

虽然财源滚滚而来，但在随后的 10 多年里，英国兰开夏郡的棉纺厂，仍需依靠美国种植园奴隶种植的原棉。然而，1850 年的诸多事件在美国以外受到广泛报道，不可避免地引发了美国内战，最终导致奴隶制的废除。

作为本土的美国南部，除少数地方外，共由 16 个主权州组成。其中，从格兰德①一直到火地岛的 15 个州，均采用

———————

① 墨西哥与美国接壤的边境。——译者注

形式多样的共和制，并以西班牙语为官方语言。然而，与巴西相比，这些州就显得黯然失色了。巴西是南美洲最大的国家，官方语言为葡萄牙语。与西属美洲不同，巴西仍然保留着奴隶制度。特别是对英国来说，拉丁美洲投资前景光明。自西班牙征服者踏上拉美大陆的土地，该洲就以其矿藏资源丰富而闻名，因而早在 1824 年，罗伯特·史蒂芬孙（Robert Stephenson）和理查德·特里维西克（Richard Trevithick）就前往哥伦比亚勘察拉丁美洲金、银矿的开采前景。19 世纪中期，开发矿藏就意味着要修建铁路，因而 1850 年，第一条连接秘鲁首都利马和海港城市卡亚奥的短途铁路便建成通车了。铁路是英国企业的特有产物，这就解释了为什么它很快就被称为"英格尔铁"——而这只是整个拉美大陆大规模铁路投资的开始。

从加拿大和阿拉斯加的北极荒原一直延伸到饱受风暴摧残的火地岛（再向南看就是南极洲）是幅员辽阔的大片陆地，毗邻这片陆地的西半球大西洋一侧的热带地区包括加勒比海诸岛。几个世纪以来，英国、丹麦、法国、荷兰和西班牙这五个欧洲大国对加勒比海诸岛进行了残酷的剥削。截至 17 世纪，这种剥削意味着强迫奴隶在热带种植园进行耕作，意味着为欧洲种植园主和那些在欧洲的企业投资者带来巨大的财富。在大西洋沿岸的大片陆地中，北方的弗吉尼亚和卡罗来纳两州由英国实行殖民统治，南部的巴西由葡萄牙统治。在这些殖民地的出口经济中，种植园经济处于核心地位。在整个加勒比地区，只有 18 世纪末在圣多明戈岛上发生了一次奴隶起义，最终成功建立了一个独立的非裔美洲国家，即海地。结果，法国失去了它最富有的一块殖民地，这也是拿破仑在 3 年后的 1803 年决定将路易斯安那的大片北美大陆领土卖给新成立的美国的一个主要原因。

1851 年，加勒比海大部分地区处于经济衰退之中。虽然在 18 世纪，该地区的种植园，尤其是英国的种植园产出，至少占工业投资所需财富的一部分，但在 19 世纪，这些种植园经济几乎没什么盈余可用来投资。这种情况很大程度上源于生产过剩，市场的走势对其日趋不利。其中一个关键因素是英国和美国在 1807 年废除了奴隶贸易，随之而来的是，英国在 1833 年结束了殖民地的奴隶制。1851 年，巴西和荷兰殖民地的种植园中依然存在奴隶制（在那里，奴隶制于 1863 年被废除），更重要的是，奴隶制在美国也广泛存在。在当时的情况下，只有一个重要原因使奴隶制得以继续存在，那就是新建纺织厂对种植园生产的棉花有大量需求，这不仅是 18 世纪末以来工业革命的核心，也是很多国家，尤其是英国的典型特征。

1851 年，非洲在很大程度上还是一个"未知的大陆"，能为外来投资者提供的参考信息还很有限。催生了大西洋西海岸从塞内加尔到安哥拉诸多欧洲贸易站点的大西洋奴隶贸易，在19世纪初已经结束。然而，在拿破仑发动战争之后不到10年的时间，英国在非洲最南部建立了纳塔尔和开普两个新殖民地，允许英国殖民者前来定居。尽管荷兰人已经在非洲定居了150多年，但在19世纪20年代英国人普遍认为，在一个人烟稀少的大陆上，所有人都有生存空间。至于撒哈拉沙漠以南的非洲其他地区，尽管当时偶尔有英国探险者深入内陆（难怪被称为"白人的坟墓"），但这些发现并未吸引大量英国人到这片"黑暗"的大陆进行定居或进行大规模投资。尽管如此，1851年在水晶宫展馆里，不仅有非洲展品的一席之地，而且根据艺术家亨丽埃塔·沃德（Henrietta Ward）70年后的回忆，还有"宽脸卷发、衣着鲜艳的酋长们"出入水晶宫。水晶宫传递的信息非常明显：无论是非洲人，还是俄国人、美洲原住民或是东方人，都是外来人，都与众不同。

目光转向非洲东部辽阔的东方世界，1851年的印度，虽然还在东印度公司的统治之下，但已经或正在受到工业革命的波及。到19世纪30年代末，由英国制造经印度组装的蒸汽船已经开始在恒河上航行，恒河沿岸的航线也不断得到开辟。而铁路的开通则是在一代人之后的事了。1850年，印度总督达尔豪西勋爵（Lord Dalhousie）任命了一名顾问工程师，到 1853 年，大印度半岛铁路公司便开通了从孟买向内陆延伸几英里^①的第一条短途铁路。

至于欧洲在东方的另一个重要存在，即荷属东印度群岛，殖民经济显然处于前工业时代。19 世纪 30 年代初，总督约翰内斯·范登博斯（Johannes van den Bosch）提出了所谓的"文化体系"，创造了一种以咖啡、糖和靛蓝种植等劳动密集型产业为基础的农业出口经济。30 多年来，这些产品只能用帆船运往欧洲：开往远东的蒸汽船不得不等待 1869年苏伊士运河的开通。在 1850 年之前以及之后的几年里，荷兰工业对殖民地市场几乎没有进行什么开发；到 19 世纪中期，荷兰的城市人口几乎没有增长，在 1839—1849 年，荷兰的城市人口实际上减少了。

在英国和荷兰的殖民帝国之外，远东地区还包括中国和日本这两大主权国家、东南亚（至少）7 个小公国、西班牙的殖民地菲律宾以及俄罗斯帝国的一个偏远地区西伯利亚（1784 年，阿拉斯加成为俄罗斯帝国的另一个偏远地区）。对世界其他国家而言，正如 1851 年在伦敦世博会所展示的那样，上述这些地方共同构成一个巨大的未知区域，而

---

① 1 英里约等于 1.609 千米。——编者注

这种状况正经历着根本性的变化。几乎在整个 18 世纪，与中国有共同边界的俄罗斯帝国，是唯一与中国有定期贸易往来并且获利颇丰的国家。但后来在 1792 年，英国派出了一个由马戛尔尼勋爵（Lord Macartney）率领的使团前往北京，并希望与中国进行贸易谈判。这位英国使节返回英国后，对"中央之国"首都的生活进行了引人入胜的报道，并预言古老的清帝国已经时日不多了。除此之外，这次访问几乎没有取得什么成果。1834 年，英国派遣纳皮尔勋爵（Lord Napier）前往中国，就限制鸦片贸易的问题进行谈判（鸦片由东印度公司供应），但也同样以失败告终。然而，他的失败直接导致了第一次鸦片战争（1840—1842 年）的爆发。因为英国拥有现代工业国家的各种资源，即使战争发生在地球的另一边，英国也注定会赢得这场战争。而这次战争的后果是，英国在 1842 年强迫中国签订了《南京条约》，条约不仅规定中国把香港岛割让给英国，还迫使中国在广州（一直是进入中国的主要口岸）、厦门、福州、宁波和上海建立 5 个通商口岸，这些地方的英国侨民社区不受中国政府的管制，而且享有进入中国内地进行贸易的特权。从签订《南京条约》开始，之后的整整 60 年里，许多其他西方列强（包括美国和日本）——迫使中国开放了 50 个通商口岸，加入剥削中国的行列，最终导致清帝国在 1912 年走向灭亡。然而，从 1851 年看，还有很长的路要走。

就在这一年，日本也变得像 17 世纪初以来那样，更加闭关锁国了。在日本的国土上，与其政府所在地江户遥遥相望的另一端，是长崎，位于长崎海湾的出岛上有一个小型的荷兰贸易站，成为当时日本与西方唯一有联系的地方了。1853 年，美国海军准将马修·佩里（Matthew Perry）率领的以蒸汽为动力的铁甲战舰，抵达日本东京湾，这意味着在 1851 年，领导着日本这个传统封建国家的日本幕府，被迫向外部世界开放还有两年时间（就像伦敦世博会上展示的那样）。

东南亚却是另一番景象。尽管中国南海及其周边岛屿有很长一段被西班牙、葡萄牙，尤其是荷兰殖民剥削的历史，但到 19 世纪中叶，只有英国不仅在大陆上保留了殖民据点，还保留了很多其他的殖民方式。早在 18 世纪晚期，缅甸的雍籍牙王朝的国王就确立了对邻国的侵略扩张政策，这一政策受害最深的是泰国。然而，在 19 世纪 20 年代早期，缅甸试图向印度扩张，最终导致了缅甸与英国之间的战争。战争最后不可避免地以英国的胜利而结束。1826 年，缅甸北部的一部分被迫并入印度。英缅战争最后以 1885 年雍籍牙王朝的彻底倒台继而缅甸被英属印度完全吞并而告终。

在与缅甸发生冲突前不久，英国还考虑与马来半岛的苏丹诸国达成协议，这些国家位于印度洋和中国南海之间，在欧洲对远东的贸易中具有至关重要的战略意义。尽管英国在马来半岛西岸的存在，可以追溯到1786年槟城港的建立，但它在此地区的地位最终是通过斯坦福德·莱佛士爵士（Sir Stamford Raffles）在1818—1821年建立海峡殖民地，以及在1819年建立新加坡港而得以巩固的。

远在南半球的澳大利亚和新西兰，使伦敦得以在1851年展示了完整的世界。尽管两国当时都无疑属于英国，且在地理距离上也彼此相近，但在社会和经济上截然不同。60多年间，澳大利亚一直是成千上万从英国运来服长期监禁的罪犯的目的地，在1849年年末，澳大利亚在当时已被命名为悉尼湾的地方，接收了最后两船罪犯。彼时，多数移民到澳大利亚定居的人均出于自愿，为了响应殖民当局无法忽视的当地民众呼声，向澳洲输送罪犯的活动迟早都会结束。如果当时的人们对这一天的到来还有任何疑虑的话，那么1851年2月12日人们在新南威尔士州惠灵顿地区发现了黄金，就永远地消除了这种疑虑（尽管直到19世纪60年代，在澳洲大陆的另一边，西澳大利亚还在继续接收罪犯，但这并未影响其他5个殖民地的情况）。到1851年5月底，在伦敦世界博览会开幕后还不到3周，成千上万的掘金者已经越过澳洲蓝山，加入了淘金热的洪流，其规模堪比3年前美国加利福尼亚州的淘金热。这两个淘金热也并非毫无关联，因为在澳大利亚首先发现金矿的人爱德华·哈蒙德·哈格雷夫斯（Edward Hammond Hargraves），虽然在加利福尼亚州淘金失败后刚刚回国，却能从地质构造中辨认出，新南威尔士州蕴藏着大量的金矿。但这只是个开始，1851 年 9 月，在距离墨尔本只有 75 英里的维多利亚州巴拉瑞特市附近，人们发现了含量更丰富的金矿层。几个月后，维多利亚州的金矿每周向伦敦输送半吨黄金，仅"黛朵"号一艘船就能运送 10.5 吨黄金。难怪《泰晤士报》在 1852 年 11 月形容澳大利亚的黄金回流"简直令人目不暇接"。

尽管来自澳大利亚的消息直到世博会结束后才抵达伦敦，但澳洲金矿的发现，为英国工业开辟了新市场，尤其是铁路和航运领域的新市场，这预示着 19 世纪后半叶，世界上为英国提供新的投资机会的许多其他偏远角落也将获得发展。对于这些新兴市场来说，1851 年伦敦向世界展示的工业革命成就，为前者发展奠定了必要的基础。

至于新西兰，与澳大利亚相比，可说的并不多。1850 年英国殖民者开始与整个新西兰达成协议。1840 年，根据《怀唐伊条约》（Treaty of Waitangi），英国殖民者与新西兰当地的毛利人（Maori）达成对前者极为有利的和解。在此之前，伦敦殖民办公室认为新西兰本质上是一个毛利人的国家，无论如何英国必须在这个国家为欧洲殖民者找到安身之地。这些殖民者主要关心的是如何开发殖民地的农业潜力，因为新西兰的黄金蕴藏量要比澳大利亚小得多，而且直到 19 世纪 60 年代才被发现。在 1851 年，新西兰和澳大利亚殖民地都携带展品参加了伦敦世博会；然而，官方目录却没有给这些殖民地的手工艺品预留多少空间，而是把澳大利亚宣传为"世界上最大的羊毛生产国"。但一年后，这种情况将会迥然不同。

如上所述，如果要在历史长河中看待 1851 年的世界，有一些相当普遍的观点是颇为有用的。在那个蒸汽船逐步在世界海洋中取代帆船的时代，世界上未被发现的海岸线已经所剩无几了。世界上最后一次伟大的环球帆船航行，是 1831—1836 年乘坐"小猎犬"号帆船进行的环球之旅，其中最著名的乘客是查尔斯·达尔文（Charles Darwin），但在这次航行中人类没有发现任何"新领土"。除了南极洲之外，世界其他"新领土"的发现进程是由詹姆斯·库克船长（Captain James Cook）在 1768—1780 年率领的三次伟大航行完成的，这三次航行恰逢英国工业革命的开始。

到 1851 年，铁路已经证明它有能力改变除南极洲以外任何大陆内陆的运输基础设施。在那时，再也无人怀疑工业革命的成功将会改变世界地缘经济格局。而工业革命对世界地缘政治格局的影响尚不明朗。有证据显示，随着工业革命以前所未有的规模为海外帝国主义开辟道路，各国政府，至少是欧洲各国的政府，极力抗拒变革。法国表面上看是个明显的例外，但在1789—1815年，先是法国革命，接着是拿破仑的统治，导致欧洲其他国家的统治者联合起来，最后在滑铁卢一举打败了法国皇帝拿破仑。欧洲各国的统治者为了维持现有的权力结构，几乎不惜任何代价。即使是在工人阶级中（1851年，工人阶级在国家政治中几乎从未能够发出自己的声音），也很少有人看到走法国革命道路能获得多少好处。1815年以来法国国内所发生的一切，对欧洲其他各国的民众起义产生的激励微乎其微，即使在19世纪40年代发生了起义，也均以失败告终。

然而，到了1851年，形势开始日趋明朗，时间选择站在工人阶级一边。即使是格雷勋爵（Lord Grey）1832年的《改革法案》（*Lord Grey's Reform Act of 1832*）、罗伯特·皮尔爵士1846年废除《谷物法》、J.R. 托贝克（J.R. Thorbecke）1848年为荷兰制定的具有里程碑意义的宪法等有限的改革，都被认为是为了普通民众利益而迈出的坚实步伐。如果对工人阶级城市居民而言，他们尚未在议会中获得代表权，争取权利的进程过于缓慢，那么农村地主及其依赖者，根据他们自己的观点，完全有理由以不同的方式看待问题。

人口结构的变化也推动了改革的发展；英国在人口变化方面最为显著，其人口增长主要发生在曼彻斯特、伯明翰和谢菲尔德（这些城市根据 1832 年的《改革法案》，选出了自己的国会议员）等新兴的工业城镇。来到城市的年轻人迫切需要保持与老家的通信联系，因而英国在 1840 年首创了便士邮资制，随后欧美国家纷纷效仿。该制度的成功，反映了欧洲人识字水平的普遍提高，在 18 世纪，只有瑞典等另类国家的识字率还比较低。而 19 世纪 40 年代，塞缪尔·摩尔斯（Samuel Morse）发明的电报得到广泛使用，这也极大地扩大了通信基础设施的覆盖范围。

回顾 1851 年，尽管世博会向世人展示了各种物质进步，但这一年并没有预示着和平时代的到来。19 世纪 50 年代，大西洋两岸冲突不断。在欧洲，1854—1856 年发生的克里米亚战争，使英法两国联合与俄国交手，俄国很快就学会了借助蒸汽动力运输改变陆上和海上的战争后勤，而法国施耐德钢铁厂生产的火炮和勒克鲁索军火库则拥有了具有毁灭性的新力量。

在大西洋的另一边，当人们普遍开始接受开放西部将会使美国卷入铁路时代这一观点时，美国发现，在 1861—1865 年，也就是亚伯拉罕·林肯（Abraham Lincoln）总统的任期内，美国南北之间存在一条分裂线，这条线最终导致了一场可怕的内战，造成双方各有数十万人的伤亡。在战败的南方各州，内战终结了一种生活方式和前工业时代的一种社会秩序，即奴隶制，这种制度在美国已经存在了近百年，当时的人们认为这种制度是理所当然的。

在欧洲，意大利各邦国，以其杰出领袖朱塞佩·加里波第（Giuseppe Garibaldi）为领导，在法国的支持下，以长期控制意大利的奥地利帝国为主要敌人，展开了英勇斗争，成功地争取了意大利独立，并最终实现了统一。在欧洲北部，普鲁士也逐渐成为德国统一的先锋，最终在1870年实现了德国统一。

后续章节将介绍，前所未有的发明创新如何助力制造业的发展，进而创造出1851年夏天伦敦水晶宫所展示的世界。如果1851年以前的工业革命进程反映了煤炭、钢铁、纺织品、陶瓷、化工、动力、运输等不同经济部门之间相互协调，那么在一百年前，即工业革命来临之前，这些行业或多或少都是相互独立发展的。工业革命到来之后，与其他行业建立新的联系成为每个行业取得进步的重要标志。同一时期，不同的地区，甚至不同的城镇或村庄，参与工业革命进程的各个组成部分的发展程度也有很大的差异。

在某些地区，旧世界一直延续到19世纪；而在另一些地方，在18世纪末以前，旧世界早就消失了。然而，到了

1851 年，新世界——至少在英国——几乎涵盖了地球的每一个角落。即使在农业领域，新的机械工具也减轻了劳动者在田间的劳动强度，或者至少提高了他们的生产力。所有这些都是世博会成功的秘诀。发展已经没有回头路，英国没有，到最后，世界其他国家也没有。

第二章　常压蒸汽机

托马斯·纽科门（Thomas Newcomen）的发明

1712 年，在英国斯塔福德郡的一个煤矿，一种全新的水泵发动机首次投入使用。与其他同类设备相比，这种水泵能更有效地将洪水从地下巷道中抽走，因为它配备的是一种全新的常压蒸汽发动机，结构简单，作用单一，发动机能为水泵提供全新的动力。该发动机的主要工作原理是，利用大气压力来驱动机器。这种蒸汽发动机直到 19 世纪还在广泛使用。在 17 世纪末之前，伦敦的砖房采用的还是用煤取暖的设计，而伦敦仍在进行火灾之后的重建，那时设计一台具有空前动力的水泵发动机的竞争就已经开始了。在 17 世纪上半叶，意大利一位名叫埃万杰利斯塔·托里拆利（Evangelista Torricelli）的年轻科学家，曾是伽利略（Galileo）最得意的学生，他发现地球的大气层也有重量，这意味着整个地球表面都受到大气层的压力。更重要的是，托里拆利还发明了一种测量大气压的实用方法。在他之后，法国的布莱斯·帕斯卡（Blaise Pascal）、荷兰的康斯坦丁·惠更斯（Constantijn Huygens）和英国的罗伯特·博伊勒（Robert Boyle）等著名科学家，都对大气压进行了研究。这些科学家都蜚声寰宇。

因此，当一个年轻的胡格诺派教徒丹尼斯·帕潘（Denis Papin）曾在巴黎做惠更斯的助手，但为了躲避宗教迫害，于1675年逃离法国前往伦敦，他带着惠更斯的介绍信在伦敦找到了博伊尔（Boyle），也就不足为奇了。在伦敦，他受邀向皇家学会讲解一些独创发明，所展示的发明中有一项尤其引人注目，那就是大气的压力实验。在一个两端封闭的垂直圆柱筒的上端放一个活塞，在圆筒之外，有一根绳子和一个滑轮，绳子的一端与活塞头连接，另一端与一个相当大的重物连接。在帕潘开始演示时，圆筒的底部有少量的水，其余部分则充满了空气。在圆筒底端用火将水烧至沸腾，使圆筒充满蒸汽，将活塞头推向圆筒顶端，活塞上面的空气通过单向阀排出（目前这种方法在各种充气轮胎上仍很常见）。接着，熄灭火使气筒冷却，使蒸汽凝结成水，从而使圆筒上方变成真空。然后打开一个阀门，让足够的空气从外面进入圆筒的顶部，驱动活塞下移，从而提起与活塞相连的重物。

帕潘或许很快就能成功发明实用机械了，但不久后他却转而投身于那些没有实际用途的实验中去。与此同时，一位来自英国西南某郡而且喜欢被人称为托马斯·塞维利上尉（Captain Thomas Savery）的人出现了。此人雄心勃勃、出身富裕且自命不凡，由他接替帕潘，向皇家学会展示蒸汽动力机械，于是他于1705年成功当选为皇家学会会员。与帕潘不同的是，塞维利是一个严肃的商人，他在 1698 年 7 月 25 日就已经获得了"依靠火力推动水位上升"的专利。后来，他在伦敦市中心建立了他曾设想的"世界上第一家蒸汽泵工厂"。

与塞维利做生意的矿主和煤矿老板一定会感到失望，因为他的发动机从来没有解决他们最迫切的问题，即排除矿井深处的积水。到了 17 世纪末，找到这个问题的解决办法变得更加迫切。历史上，英国矿业主要开采锡矿和铜矿，其矿石主要分布在康沃尔郡和邻近的德文郡，所以当时煤炭变得日益重要。虽然在英国的许多地方都能找到矿层，但最丰富的矿层是在英格兰东北部大河（尤其是泰恩河和威尔河）沿岸的山上。这个位置的优势是，从海上到达伦敦很便捷，而且伦敦的建筑集中区的用户构成了一个煤炭需求暴增的市场。

即便如此，第一台能够投入使用的泵用蒸汽发动机却并非诞生在这个地区。托马斯·纽科门（1663—1729 年）出生于达特茅斯的一个商人家庭。他非常忠于他的家族企业传统，所以大约在 1685 年，他与他的合作伙伴约翰·卡利（John Calley）在镇上建立了一家五金商店。作为 18 世纪早期英国的一个地方五金商，开店并不涉及批发商和制造商提供的股票交易。相反，一个五金商要想获得成功，他就必须在外乡积极寻找客户，为他们提供铁制零部件，少数情况下也会提供铜和锡等其他金属部件。

对一个德文郡的五金商来说，这意味着必须在当地众多矿山的业主中寻找客户，尤其是康沃尔的矿山，因为康沃尔拥有长期的出口市场，一直为英国的国民经济做出重大贡献。在纽科门所处的时代，与英国其他地区一样，尽管用于建筑的砖和石头以及用于机械制造的木材，都是康沃尔地区采矿作业的基本生产资料，但铁仍然是某些部件的必备原料。随着机械的精细化发展，炼铁业也在众多行业中获得了一席之地（这一情况从英格兰中部的诸多炼铁中心也可以看出端倪）。

在纽科门经商的道路上，他不仅无法回避从矿井中抽水的迫切问题，而且还遇到了抽水机械不足的问题。这些问题的关键是动力严重不足，这种动力不足依靠由马匹等畜力拉动的木制机械根本无法缓解。如上所述，纽科门可能不会知道大气压的科学理论，但可以肯定的是，他不仅知道塞维利试图制造蒸汽机来驱动水泵，而且还知道塞维利在 1698 年获得过相关的专利。

一方面，如果塞维利的专利及其商业声誉，足以使纽科门相信蒸汽动力水泵迟早会成为英国采矿业的标配，那么他一定很早就意识到塞维利的发明无法满足井下排水作业的要求。另一方面，考虑到塞维利的专利范围之广，纽科门在 1698 年谨慎地让前者成为其合伙人。从实质上讲，这一举措的目的在于先发制人（可以避免因侵犯专利权被起诉），因为没有任何关于塞维利所做贡献的记录，也没有关于他如何分享纽科门设计和安装蒸汽机所获利润的记录。从实际意义上讲，纽科门不仅是用自己名字命名纽科门蒸汽机的唯一发明者，而且还是一家经营蒸汽机销售和安装业务的企业的主要合伙人。

与塞维利不同，约翰·卡利对这个研发计划至关重要，纽科门与卡利二人合作了大约 10 年，研制出了一种内燃蒸汽机，并准备在 1710 年左右投入市场。机器的基本工作原理依然是帕潘向皇家学会展示的设备原理，但在帕潘的装置中，活塞每完成一次冲程，设备就必须重新复位一次。纽科门通过把汽缸与锅炉分离，使火不断烧汽缸下面的锅炉，从而解决了上述问题。虽然这项创新借鉴了塞维利的故障机，但这是塞维利发动机对纽科门独特设计的唯一贡献。在纽科门蒸汽机中，蒸汽通过进气阀进入汽缸，驱动活塞达到最大冲程。如果此时蒸汽被迫凝结，大气压力就会像在帕潘的装置里那样，驱动活塞下降。经过大约 10 年的反复试验，纽科门和卡利发明了一种进水阀，每当活塞达到最大冲程时，这种进水阀就会自动向汽缸里直接喷射冷水。这样，蒸汽几乎瞬间凝结，活塞的下行冲程也随之瞬间完成。这项创新足以创造出一台在未来半个多世纪都能够满足预期目的的蒸汽机。

对纽科门来说，可用蒸汽机的发明只是其向商业化生产和市场销售迈出的第一步。当时还无法预知纽科门什么时候或通过什么方式来开辟市场。但直觉表明，他的第一次尝试应该是击中了问题的要害，尤其是考虑到康沃尔矿主遭遇井下洪水的代价。

然而，这些矿主不愿购买纽科门蒸汽机，原因可能有三：第一，对一个已经存在了几个世纪而且仍在蓬勃发展的行业来说，他们持有根深蒂固的保守主义观念；第二，由于塞维利出售的发动机无法正常工作，所以市场可能已经遭到破坏；第三，纽科门内燃蒸汽机本身需要消耗大量的燃料，其有效运转必须建立在大规模煤炭生产的基础之上，因而这种机器在英国的任何一个远离煤炭储藏的地方都是没有利用价值的。

结果，1712 年，纽科门的第一台内燃机未能在英国西南各郡安装，而是安装在西米德兰兹的斯塔福德郡达德利城堡附近。这个机会源于（纽科门）与当地浸信会的主要成员汉弗莱·波特（Humphrey Potter）之间的关系，该教会与达特茅斯的浸信会长期保持着友好关系。虽然发动机的建造记录保存完好，但其实际位置和所有权却无从考证。人们只知道，它是用来从煤矿里抽水的。不用说，这些煤矿也为水泵内燃机提供煤炭燃料，而这些燃料就是那些堆积在煤矿井口的小煤块，本身也没有什么太大的用途。

　　然而，人们很快就认识到，达德利城堡用的水泵在其自身领域中只不过是一个原型机。更重要的是，现有的记录无法确切地说明纽科门的蒸汽机在 1712 年达到了哪个设计阶段。例如，发动机有各种各样的旋塞和阀门，控制着蒸汽从锅炉进入汽缸，控制着用于冷凝蒸汽的水的喷射，控制着凝结的水从汽缸排出。那么，发动机能否自行控制，从而使其横梁运动与各种旋塞和阀门能够有机地连在一起呢？人们所知道的只是，皇家学会有一位研究员，名叫亨利·贝顿（Henry Beighton），他在历史上首次发表了有关蒸汽机的科学报告。1717 年，他制作了一幅名为《用火（火的动力）抽水的蒸汽机》[*The ENGINE for Raising Water (with a power made) by Fire*] 的雕刻画，而纽科门内燃蒸汽机无疑成为这幅画的主题。

　　1712 年以后，随着蒸汽机的稳步发展，从每一次改进后的侧视图都可以看出，蒸汽机的机械系统变得日趋复杂。持续不断的创新使蒸汽机在燃料和维护方面，动力、效率和经济性都得到了提高。在 1729 年纽科门去世后，这种趋势有增无减。

　　早期最重要的创新是用铸铁汽缸代替黄铜汽缸，这一过程始于 1724 年理查德·比奇（Richard Beach）的斯塔福德郡煤矿。新型的铸铁气缸由塞文河谷的煤溪谷公司铸造厂生产。可以说，如果没有 18 世纪初煤溪谷公司的亚伯拉罕·达比一世（Abraham Darby Ⅰ，1678—1717 年）在铁器铸造方面取得的进步，就没有这种新型铸铁汽缸。铸铁虽然比黄铜重，但价格更加低廉，而且还有一个优势，那就是用铁可以铸造体积更大的汽缸。尽管如此，纽科门蒸汽机中使用的铸铁汽缸在西米德兰兹郡以外的地区推广缓慢，这无疑是因为煤溪谷公司在那里占有垄断地位。

1712 年以后，纽科门究竟从他的蒸汽机的成功中获益多少，或者直到他去世时，他对蒸汽机的一系列改进做了多少贡献，我们不得而知。但问题是，1715 年，塞维利（长期以来不参与业务管理的合伙人）去世后，他的遗嘱执行人把他所有的专利权，包括那些与纽科门蒸汽机有关的专利权，都卖给了一个财团。而这个财团反过来又雇用了一些曾经在纽科门手下工作过并积累了丰富经验的人，这些人准备改变他们的效忠对象。对这个财团，纽科门唯一的优势就是他的蒸汽机技术，以及他设计改进蒸汽机的能力，这无疑会增加蒸汽机的市场价值。然而，毫无疑问，将其蒸汽机推广到英国东北部的煤矿区，纽科门功不可没。在那里，早在 1715 年 11 月以前，坦菲尔德·利煤矿（Tanfield Lea Colliery）就有一台可使用的"内燃蒸汽发动机"。

到 1733 年塞维利的专利到期时，英国东北地区已经有

14 台蒸汽机在运行，其中至少有一部分蒸汽机是根据与纽科门签订的合同制造的。到纽科门去世时，从苏格兰的福斯湾到康沃尔的蒙特湾等英国国内的许多地方，在匈牙利、比利时、法国、德国、奥地利、瑞典，或是西班牙，到处都在使用纽科门的蒸汽机。

然而，并非所有的蒸汽机都用于矿井抽水。在巴黎，法国的蒸汽机用来从塞纳河抽水以确保城市供水。在伦敦的约克大厦自来水厂，大约 20 年前，塞维利的蒸汽机在这里曾经无法正常运行，1726 年自来水厂购置了一台纽科门蒸汽机。纽科门本人于 1729 年死于伦敦，这一事实表明，尽管他的家人继续住在达特茅斯，但伦敦可能已经成为他的行动基地。

在名声方面，历史对待纽科门并不公平。无论拥有塞维利专利的财团多么不愿意承认纽科门是第一个制造出可使用的"内燃蒸汽机"的人，人们仍然无法相信他曾经几乎一贫如洗。如果历史记录表明，纽科门本可以做得更好以更好地适应城市生活，那么同样可以得出结论：考虑到 18 世纪初英国专利法的情况，作为商人，纽科门不可能取得比这更好的结果。他在 1712 年以前的工作表明，他在逆境中具有非凡的毅力。这一切都与他对浸信会事业的奉献精神完美结合，毕竟浸信会在他获得达德利城堡蒸汽机的合同的过程中发挥了重要作用。纽科门给人的印象是非常认真、勤奋、富有创造力，如果没有这些特质，他肯定不会在工业历史上留下自己的印记。

随着时间的推移，随着蒸汽机技术不断获得提升，纽科门蒸汽机的成功也必然成就了越来越多的其他人。到1733年，纽科门去世4年之后，塞维利的专利到期，常压蒸汽机成功进入了公共领域。在接下来的半个世纪里，虽然常压蒸汽机没有竞争对手，但它的技术仍有改进的余地，市场仍有开拓的空间——事实上，技术和市场，二者相辅相成。至于技术改进，蒸汽机汽缸、锅炉和炉膛这三大件用多大的尺寸或它们之间具有何种相互关系，并无既定原则。从当代许多实例中可以看出，任何一台蒸汽机，要想有效地运转，都必须具有足够大的尺寸，使任何使用者都能感到游刃有余。因为只有巨大的一堵砖墙才能支撑耳轴，而耳轴的中点承担了横梁的全部重量，所以砖墙一般也构成了机舱的外壁。因此，由蒸汽机驱动的泵也在外面。因为需要大量的砖，出于经济原因，这些砖不可能从很远的地方进口，而蒸汽机所需的木材，尤其是巨大的横梁，也是如此，只是程度较轻而已。

因此，建筑施工在很大程度上是当地承包商和供应商应该考虑的事情。即使拥有金属部件，但是无法在现场制造，运输成本也是英国东北地区的矿主不愿将本地制造的黄铜汽缸换成从煤溪谷运来的铸铁汽缸的主要原因。

突破迟早都会到来。终于在 1752 年，北方最著名、最有影响力的蒸汽机制造商威廉·布朗（William Brown）在泰恩赛德的斯罗克利煤矿安装了一个从煤溪谷买来的直径为 47 英寸 ① 的铸铁汽缸。此举开启了一个新的进程，即可以使用更强大的蒸汽机以前所未有的规模泵出矿井积水。在 1756—1776 年，布朗亲自在英国东北安装了 22 个铸铁汽缸，另外还在苏格兰安装了 3 个铸铁汽缸。

1769 年，布朗列了一张含有 99 种蒸汽机规格的清单，其中大多数蒸汽机的汽缸直径之大，都是任何黄铜铸造厂无法做到的。在达勒姆县沃克煤矿安装的两台蒸汽机中，其汽缸直径都超过了 70 英寸。如果说在煤矿配备蒸汽动力泵一切进展顺利，那么即使到了这么晚的阶段，康沃尔的锡矿仍然前景渺茫，锡矿在很大程度上还是依靠马来驱动水泵。

另外，在靠近煤溪谷的地方，因为煤也比较便宜，所以人们就安装了纽科门蒸汽机，把水抽到水库里。这样，至少在干旱的时候，可以为水磨提供动力。这种确保全年运转的方法，被理查德·阿克莱特在德比郡克伦福德的大型棉纺厂和马修·博尔顿在伯明翰郊外的苏豪制造厂采用。

---

① 1 英寸约等于 2.539 厘米。——编者注

　　纽科门蒸汽机之所以能不断改进，往往是因为当地工程师决定提升他们直接负责的蒸汽机的性能，所以尽管它们有很多优点，在外地却往往得不到采用。就连因建造第三座埃迪斯通灯塔而颇有名气的约翰·斯米顿（John Smeaton）也曾有此遭遇。与同时代的任何工程师相比，斯米顿都更擅长用精确的数字记录不同尺寸蒸汽机的性能，并利用所获得的知识做出了许多实用创新。1811 年，乔治·史蒂芬孙由于对斯米顿大约 40 年前取得的成就一无所知，在基林沃思煤矿（Killingworth High Pit）面对一台性能不佳但仍然很新的纽科门蒸汽机时，史蒂芬孙无意中采用了斯米顿首创的应急手段来弥补其缺陷，从而使他成为一名杰出的工程师。考虑到当时的情况，这种无意中重复的努力几乎是无法避免的。

　　当詹姆斯·瓦特完成了蒸汽动力革命时，曾经在半个多世纪里或多或少独占鳌头的纽科门蒸汽机，对于亚伯拉罕·达比、约翰·威尔金森（John Wilkinson，塞文河谷最成功的铁器制造商）、马修·博尔顿、理查德·阿克莱特和约翰·斯米顿等行业领军人物仍然具有一定的吸引力。如此一来，就连纽科门本人也未曾预料到，他的蒸汽机与现在人们熟知的工业革命有着千丝万缕的联系。纽科门蒸汽机的潜力，历经百年或更长时间，才得到充分发挥。即便如此，"发明"蒸汽机的桂冠还是被詹姆斯·瓦特和乔治·史蒂芬孙等人摘得。如果没有纽科门，他们根本就不知道从哪里开始着手。

詹姆斯·瓦特的蒸汽机革命

在 18 世纪的最后 30 年里，纽科门泵用内燃蒸汽机被改造成了通用蒸汽机，能够为采矿、制造等几乎任何工业用途提供机械动力。这项工业革命的核心变革，便出自发明家詹姆斯·瓦特（1736—1819 年）之手。詹姆斯·瓦特出生于苏格兰的一个小镇格里诺克，父亲是一个也叫詹姆斯·瓦特的当地人，以经商和造船闻名。很幸运，小詹姆斯·瓦特能出生在这样的环境中。

在整个 18 世纪，作为英国从美国弗吉尼亚种植园进口烟草的主要目的地，格里诺克镇变得越来越繁荣。格里诺克镇地处克莱德河上游源头的有利位置，当时这条河依然可供船只远洋航行。老詹姆斯·瓦特在格里诺克镇建造了第一台用于码头卸货的起重机，并分享了他在这项商业活动中取得的成功，因而他在 1755 年成了格里诺克镇的财务官，1757 年又成了该镇的镇长。当时，小詹姆斯·瓦特已经离开家乡，去给一位仪表制造商当学徒。他非常胜任他的工作，因而他父亲的一个工人赞扬他说："杰米（对小詹姆斯·瓦特的昵称）

的指端有一大笔财富。"工匠的判断后来的确应验成真了。

詹姆斯·瓦特于 1754 年首先去了格拉斯哥，可能得到他母亲娘家的引荐介绍，他在这座工业一般而大学却享有盛名的城市小有成就。然后于 1755 年去了伦敦，那里仪器制造闻名遐迩。尽管他因为年龄太大几乎没机会成为学徒，或因为未曾长期为某个师傅服务而成为熟练工人，他还是在约翰·摩根（John Morgan）那里找到了一份工作。摩根在伦敦的康希尔街开了一家商店，为顾客制作各种铜制仪器。在制作尺子、天平、象限仪等在当时非常实用的仪器方面，詹姆斯·瓦特上手极快，工艺精湛，最重要的是，他是一个工作狂。毫无疑问，如果他走在国外城市的大街上，肯定会有人误以为他是在刚刚开始的七年战争中服役的人。

在伦敦断断续续当了一年学徒后，1756 年 7 月，詹姆斯·瓦特带着价值 20 英镑的材料和工具以及一本尼古拉斯·比昂（N. Bion）1723 年出版的《数学仪器构造及主要用途》（*Construction and Principal Uses of Mathematical Instruments*）返回家乡。那年年底，由于他的好运和家庭关系，他在格拉斯哥成为一名"大学数学仪器生产商"。他的第一项任务是对由一位牙买加商人捐赠给格拉斯哥大学的一批数学仪器进行检修。这批仪器在跨越大西洋的长途运输中曾饱受海风侵蚀，损害严重，因而维修任务几乎不可能完成。但是以大学为基地，他可以放开手脚开创自己的仪器制造事业。在大学里，他一生都在不断结交诸如约瑟夫·布莱克（Joseph Black）那样的良师益友，布莱克当时刚刚被任命为解剖学和化学教授，这就注定瓦特会成为18世纪最伟大的科学家之一。

詹姆斯·瓦特雄心勃勃地想要扩大生意，因而他避开了城市行会的种种限制，在一位新合作伙伴约翰·克雷格（John Craig）的资助下，在格拉斯哥的盐市开了一家商店，商店的存货包括"数学仪器、乐器、各种玩具及其他商品"。1764年，生意上的成功，使他不仅能搬到更好的地方，还能和他表妹玛格丽特·米勒（Margaret Miller）完婚，并搬进了代尔夫特菲尔德巷的新家。这时，他已经开始了他的蒸汽机实验。

瓦特职业生涯的这一转折点，源自格拉斯哥大学的自然哲学班（现在被称为科学院）要求他修理他们的纽科门常压蒸汽机模型。这个模型本身从来就没有令人满意地工作过，尽管瓦特能够正确归因，认为这至少在一定程度上是因为它的建造规模太小，但同时他也意识到蒸汽机本身的热效率太低。其症结在于，当活塞达到最大冲程时，蒸汽机喷射冷水使汽缸的蒸汽冷凝并产生临界真空，使大气压驱动活塞下降，这大大降低了汽缸的温度。

瓦特的主要解决思路是，从汽缸中引出一个独立的冷凝器，然后将汽缸密封在一个隔热套里，隔热套里则装满温度等于或接近沸点的水，从而维持汽缸的温度不变。无论原理多么合理，作为工匠，瓦特仍须用尽他的全部技能，克服制造一台比纽科门及其继任者斯米顿等人所设想的任何蒸汽机都要复杂得多的设备时所遇到的技术问题。更重要的是，在他大学的车间里，建立分离冷凝器的工作占用了他太多的时间。因此，他自己在盐市的生意受到了影响。

在这个关键时刻，约瑟夫·布莱克，这位曾经的真心朋友，伸出了援手。他不仅对潜热现象（布莱克自己的发现）等问题能够随时提供建议，还能随时为瓦特提供资金，让他继续研究冷凝器。更有意义的是，布莱克把约翰·罗巴克（John Roebuck）介绍给瓦特。罗巴克是英国工业界的老大，原因有二：第一，他首创了生产硫酸的新方法；第二，他率先使用高炉炼铁。第一项业务使他去了东洛锡安的普雷斯顿潘，第二项业务则使他去了斯特林郡的卡隆河。由于这两个地方都在苏格兰，两地之间是爱丁堡，所以像罗巴克这样的企业家几乎不可避免地会结识这座城市的顶尖科学家。

当罗巴克在苏格兰着手开拓其第三项业务时，瓦特和布莱克之间的友谊变得至关重要。这项业务就是在汉密尔顿公爵的府邸——金尼尔庄园——附近开采储量可观的煤炭，金尼尔庄园坐落在福斯湾南岸的爱丁堡西部。罗巴克从汉密尔顿公爵那里得到了煤矿开采权的租约，但很快发现他在金尼尔庄园安装的常压蒸汽机无法把涌进矿井的水抽出来。布莱克熟知瓦特分离式冷凝器的研发工作，所以他设法使罗巴克和瓦特二人走到了一起。1765 年，瓦特把工作基地搬到金尼尔庄园，好处是罗巴克的卡伦钢铁厂可以为他的研发提供材料。罗巴克做出的主要贡献是偿还瓦特的部分债务（包括欠布莱克的部分欠款），这样一来，罗巴克不仅有望从金尼尔煤矿获取利润，而且一旦瓦特的分离冷凝器在通用蒸汽机中成功投入使用，他还可以得到利润分红。

到 1768 年，瓦特在金尼尔的工作使罗巴克印象深刻，所以他就派瓦特去伦敦向议会申请分离冷凝器的专利。接着，罗巴克同意还清瓦特欠布莱克约 1000 英镑的剩余债务，并支付专利申请费约 120 英镑。作为交换，一旦分离冷凝器获得专利权，罗巴克将获得该专利三分之二的权益。瓦特在当年的 8 月 9 日及时赶到伦敦递交专利申请声明，然后乘马车返回格拉斯哥，途中绕道前往伯明翰拜访了苏豪庄园的马修·博尔顿（1728—1809 年）。

博尔顿和约翰·福瑟吉尔（John Fothergill）合伙创办了苏豪制造厂，并于 1766 年开业。两年后瓦特来访时，该厂已经雇用了 600 多名熟练技工，主要生产包括家用和一般被称为"玩具"的各种小金属物件。厂房的机器主要依靠当地的霍克利河的河水提供动力，那里曾筑有水坝，专门为一台巨大的喷水水车提供水源。为了在干旱时期将水抽回水库而安装的常压蒸汽机已经让博尔顿对纽科门最初的设计局限性了然于胸。博尔顿和瓦特两人一见如故，瓦特刚一向他展示装有分离冷凝器的改进后的蒸汽机的专利，博尔顿就立马来了兴趣。一回到格拉斯哥，瓦特就向罗巴克建议，授予博尔顿三分之一的权益。当时，瓦特还提交了一份专门为罗巴克的金尼尔煤矿设计的新型蒸汽机的设计方案。

瓦特的"降低内燃蒸汽机蒸汽和燃料消耗的新方法的发明"这一专利，于1769年1月5日封印生效，专利使用范围覆盖了英格兰、威尔士和北美的种植园。专利既没有附加任何图纸，也没有提交行动准则申请，因此可以说这项专利是有缺陷的。但当时罗巴克对专利的价值异常笃定，为了凭借自己拥有的专利权在其他任何地方使用专利，他只为博尔顿提供了在英格兰中部三郡生产蒸汽机的许可。

博尔顿对此事的反应，可以在他1769年2月7日写给瓦特的信中发现。这封信是工业革命的经典文献，文献所体现的精神，值得我们详加引用：

> 给我的提议与咱们讨论这个问题时的设想大相径庭，但我认为让我去干预这个提议又不适合，因为我并不想成为一名工程师。我很高兴我帮助你是

出于两个动机：一个是我对朋友的关爱；另一个是对一个独创的赚钱项目的热衷……为了获得最大的利润，我建议在运河边我的工厂附近建一个工厂，让我能够为完成蒸汽机的生产提供所有必要的便利，这个工厂进而将为全世界提供各种尺寸的蒸汽机。通过这些方法和您的鼎力相助，我们可以雇用和培养一批优秀的工人……而且，对于这项发明成果，转化要比不转化在成本上低20%。另外，两种蒸汽机之间的精度差距，就像铁匠和数学仪器制造商之间的差距一样大。对我而言，只为三个国家生产蒸汽机，不值；为全世界生产蒸汽机，超值。

从1769年年底开始，大约5年时间里，瓦特在金尼尔的研发工作所取得的进展微乎其微，所以他从蒸汽机的研发转向了其他工作，比如勘测苏格兰新运河的可行路线，这项工作反倒让他的生活更加美好。因而，在瓦特1772年11月7日写给伯明翰的另一位朋友威廉·斯莫尔（William Small）的信中，我们可以看出，这在很大程度上是性情使然：

我可以承诺的是，我将以工程师的方式，对一切相关事宜进行准确的调查和如实的报告……（但是）我绝对不能与工人、现金或工人的账户有任何关系，我也不会选择被束缚在一个对象上，不能偶尔为那些请我做些小事情的朋友们服务……我不是一个善于经商的人，身体也不好。请注意，不要在任何人面前对我做出过分赞扬，这样最终会害了我。尽管那该死的蒸汽机躺在那里睡大觉，但我们还有很多事情要讨论。

一周后，在第二封信中，他补充道："简而言之，当我与人打交道时，我发现我脱离了自己感兴趣的领域。"如果瓦特满足于让"该死的蒸汽机躺在那里睡大觉"，那么这对罗巴克来说是不可想象的。到 1773 年，面对在金尼尔不断增加的成本和苏格兰出现的经济危机，罗巴克被多家债主追债，完全无力支付与瓦特约定的费用。最后，罗巴克把他在金尼尔的蒸汽机产权转让给了瓦特，以换取瓦特免除他所欠的债务。无论罗巴克如何竭尽全力想保住他在专利中的三分之二的权益，他还是被迫在 1773 年 8 月与他的债主达成和解，他们以更优惠的条件把这部分权益转让给博尔顿。这反过来又导致福瑟吉尔从合伙人的位置上退下来，博尔顿和瓦特进而成为专利的独家所有人。这年 9 月，瓦特的妻子去世，这让他异常悲痛，是时候开始新生活了。1774 年 5 月 17 日，在圆满结束其勘测工作后，瓦特开始动身前往伯明翰加入博尔顿；两周后，他带着家人及随行物品抵达伯明翰，从此开启了工业革命史上一段非凡的伙伴关系。

苏豪区的博尔顿和瓦特

瓦特在伯明翰的第一项任务，就是在苏豪制造厂（博尔顿提供的地方）重新组装从苏格兰金尼尔庄园拆卸运来的那台蒸汽机。考虑到蒸汽机在金尼尔失灵的原因，重新组装蒸汽机的挑战还是相当大的。对蒸汽机进行进一步的改进也非常必要，因为博尔顿和瓦特都急于获得专利，期望能够尽早制造出真正能工作的蒸汽机。因为瓦特全力以赴地投入这项工作，所以他很快就发现了蒸汽机存在的诸多缺陷，并通过各种方法加以弥补，主要是通过反复试验来加以解决。蒸汽机最严重的缺陷是在金尼尔安装的是纯锡汽缸。这一问题是约翰·威尔金森在塞文河畔的伯沙姆解决的，他在那里的钢铁厂以能装铸铁制大炮而闻名。威尔金森是钢铁行业的行家里手，他敢于直面挑战，成功制作出一个圆柱体汽缸，使其不仅拥有完美的圆形截面——斯米顿已经做到了——而且通体都是一个真正的圆柱体。金尼尔的这台蒸汽机，只要有市场，随时可安装。博尔顿甚是乐观；这台新蒸汽机得到了如此空前的改进，尤其是在燃料消耗方面。因此，即使在使用纽科门蒸汽机成本高得令人望而却步的地方，使用它都是非常经济的。与此同时，这种蒸汽机也适用于小规模作业，因而以前很多只能在当地干的工作，现在可以脱离现场而在苏豪制造厂内完成。康沃尔的锡矿和铜矿显然是一个开放的市场；在纽科门失败的地方，博尔顿和瓦特却发现了一个新的领域。罗巴克是个大输家，但并非因其前合伙人有任何过错，他只是很倒霉，瓦特在金尼尔安装的蒸汽机辜负了大家的期望，结果是最雄心勃勃的商业投资给罗巴克带来的不是成功，相反，却导致了他于 1773 年破产。对于一个早期在卡伦和普雷斯顿潘斯大获成功从而有资格竞选爱丁堡皇家学会会员的人而言，其结局是一个悲剧。

如果说博尔顿和瓦特还有很长的路要走，那么有一件事最需要优先考虑：确保新蒸汽机获得尽可能广泛的专利保护。解决这一问题采取的策略是延长 1769 年 2 月获得的现有专利权期限。1775 年 2 月 23 日，瓦特向议会提交了一份申请书，虽然遭到相当多的反对，但在同年 5 月 22 日，延长专利期限的法案获得了皇家的同意。对两人来说这是一场胜利：最初的专利期限被延长了 25 年，而且使用范围还将覆盖苏格兰。尽管罗巴克在金尼尔失败了，但新蒸汽机肯定会有市场。

在延长专利期限的基础上，博尔顿和瓦特于 1775 年 6 月 1 日签订了正式的合作协议，认为只要专利在有效期内，二人的合作就有效。博尔顿获得了权益的三分之二，而瓦特则获得了剩余的三分之一的权益，他的年薪也定为 300 英镑。

尤其是对瓦特来说，这是美好时光的开始。1776 年 6 月，他短暂回到格拉斯哥再次结婚，他说这是 "我最明智的行动之一"。他的第二任妻子安·麦格雷戈（Ann McGrigor）是一位富有的染匠的千金。这位染匠非常谨慎，他希望在同意结婚之前先看看博尔顿和他未来女婿之间的合约。由于没有找到任何合约，所以安的父亲只能接受合约在一个伦敦律师手中的说法。1777 年 3 月，詹姆斯·瓦特和安搬进了靠近苏豪区的雷金特庄园，在那里瓦特继续从事他所有的文书工作。这时，瓦特的两台蒸汽机已经安装好了，一台装在斯塔福德郡的煤矿，另一台装在约翰·威尔金森位于什罗普郡的布罗斯利钢铁厂，用于驱动冶炼所需的通风设备。

新蒸汽机的成功，可以通过它在英国以外的吸引力加以衡量。外国人对新蒸汽机的兴趣，可以从一位从事地下交易的法国铁匠 J.C. 佩里埃（J.C. Périer）那里初见端倪。佩里埃从时运不佳的法国国王路易十六（Louis XVI）那里获悉了议会的一个决定，"授权他从塞纳河抽水为巴黎供水并建立一个公司"。当时，佩里埃不仅认识威尔金森，还知道他有一台纽科门蒸汽机，所以就去布罗斯里拜访他。威尔金森那时正计划安装博尔顿和瓦特改进后的新蒸汽机。佩里埃意识到新蒸汽机的巨大优势后，他就试图直接从威尔金森那里订购一台仿制蒸汽机，并宽慰威尔金森，说瓦特1775年的专利使用范围并未延伸到法国。

威尔金森不仅拒绝了佩里埃的订购，而且还通知了苏豪制造厂。而在苏豪，还有一位更尊贵的法国人赫隆维尔伯爵（Comte d'Heronville）刚刚来访，说他打算在敦刻尔克附近安装一台蒸汽机来排水。随后，苏豪制造厂的合伙人提出，只要赫隆维尔伯爵（在当时的旧体制下拥有良好人脉关系）能够得到议会的授权，以保护他们在法国的权利，苏豪制造厂便亲自上门安装蒸汽机。最后，苏豪制造厂获得了15年的经营权限，在敦刻尔克或巴黎进行蒸汽机实验，这充分证明了这种新蒸汽机的优越性。

最终，敦刻尔克计划一无所获。相反，一位来自法国遥远西部的煤矿主贾里（Jary）表示愿意安装蒸汽机，前提是安装前的测试可以在现场进行。这一切都发生在英法两国交战时期，但即便如此，双方还是签了合同，装了蒸汽机，这在英国之外尚属首次。不过颇为讽刺的是，贾里从来没有为他的蒸汽机付过一分钱，毫无疑问，他在利用战争作借口。另外，佩里埃确实从苏豪制造厂订购了两台蒸汽机，安装在巴黎城外的夏洛，用来从塞纳河中抽水。即使在离巴黎很远的夏洛，新蒸汽机也受到了广泛的赞赏，因而这两台蒸汽机为苏豪制造厂做了一次极好的广告。更重要的是，因为他以前和威尔金森之间的交易问题，佩里埃付清了购买蒸汽机的这笔钱，这是他的应有之举。

当法国发生这一切的时候，英国国内来自伦敦、康沃尔、法夫群以及伯明翰附近的许多订单源源不断地送到苏豪制造厂。欧洲大陆对新蒸汽机的兴趣还带来了许多游客。尽管某些客户（而绝非全部客户）和佩里埃及贾里一样不再值得信赖，博尔顿在苏豪制造厂仍一如既往地推行其既定做法，不仅对顾客表示热烈欢迎，而且自己还成为很多顾客的亲密朋友，比如 1785 年作为俄国驻英大使来到伦敦的塞米恩·沃伦佐（Semyon Woronzow）。这一切都是全球商业运营的开端。蒸汽时代的一个新纪元已经开始了。

尽管购买新蒸汽机的订单来自许多不同的地方，但截至1780 年，苏豪制造厂接到的 40 份新订单中，有 20 份来自康沃尔。虽然纽科门本人也曾把目光投向康沃尔的采矿业，但是他的蒸汽机，尽管在 50 多年的发展过程中有所改进，但进展甚微，主要原因是蒸汽机耗费燃料过多。然而，苏豪制造厂生产的新蒸汽机非常经济，足以让乔纳森·霍恩布洛尔（Jonathan Hornblower，工程师，曾在康沃尔的煤矿安装了纽科门蒸汽机）相信，如果双方在权益条款上达成一致，安装新型蒸汽机是必要的。瓦特一直想要一份基于精确实测的蒸汽机所节省成本的合同，这是他早在 1776 年就向霍恩布洛尔提出的要求，他认为霍恩布洛尔是"多疑的家伙"。

苏豪的合伙人发愁的问题是如何在康沃尔和伯明翰之间分配时间，更不用说工厂的其他产品了，因为康沃尔蓬勃发展的市场仍然需要大量关注，而伯明翰则是新蒸汽机开发、改进和销售的重要基地。他们得到了一位才华横溢的年轻苏格兰工匠威廉·默多克（William Murdock）的鼎力相助。1777 年，博尔顿一激动就雇用了他。事实证明，他是"博尔顿所见过的最积极的人，也是最优秀的蒸汽机安装工"。他被派往康沃尔，那里蒸汽机的装配数量非常庞大，需要他竭尽所能，全力以赴。同时，为了维持他们在这个艰难但又极有利可图的市场上的体面，苏豪的合作伙伴，在格文纳普山谷的考斯戈恩购置了一套"最宜人的房屋，房子坐北朝南，宽敞整洁，带有扇窗，长宽比为 2 ∶ 1，如果有需要，可用作住宅"。

日常工作都交给了默多克，就性情而言，他非常适合与桀骜不驯的康沃尔人和性能不稳的蒸汽机打交道。然而，康沃尔一直是一个潜在的麻烦来源：那里的矿主对苏豪合伙人垄断唯一可用的蒸汽机感到愤愤不平。博尔顿和瓦特认为，那些矿主早就蓄谋已久，如果时机来了，矿主们就会要求法院撤销他们的专利。因此，瓦特在第一次（根据《专利法》第四章）专利审判中，为理查德·阿克莱特提供证据并非没有原因；当阿克莱特的专利最终在 1785 年被撤销时，瓦特的担心也并非毫无根据。不久之后，他在给博尔顿的信中写道："虽然我讨厌阿克莱特这个人，但我也不喜欢通过不遵守发明专利条款而撤销专利的那件事。我是在担心我们自己的专利。"他们都是在同一条船上的人，正如一位共同的朋友伊拉斯谟斯·达尔文（Erasmus Darwin）在 1785 年 1 月 26 日给博尔顿写的一封信里说的那样，"尽管你的发明用于康沃尔排水，但它同时也为成千上万的人提供工作，阿克莱特先生就雇用了其中的上千人，所以我认为你们应该相互捍卫权利，都不做忘恩负义的人"。

从他们并不总是和平地提出反对的记录来判断，康沃尔的矿主比兰开夏郡的工厂主更懂得感恩，但两个案例几乎没有可比性。在康沃尔，博尔顿和瓦特对于他们安装蒸汽机的矿山并不拥有业主权益；阿克莱特为面粉厂设计和建造了水力系统，而他本人又是面粉厂的拥有者，所以他是双重受害人，可最后他却变得更加富有了。

到了 18 世纪 80 年代，因为瓦特比阿克莱特更聪明，当然也不那么咄咄逼人，所以他在 1781 年和 1782 年分别获得了两项新专利，从而保护了苏豪合伙人的地位。当时发生的事情太多了，合伙人双方都需要待在伯明翰。博尔顿在 1781

年 6 月 21 日写给瓦特的信中给出了原因。

> 伦敦、曼彻斯特和伯明翰的人都在为建设蒸汽动力设施而发疯。我并不想催你，但我认为在一两个月的时间里，我们就应该决定为源于（蒸汽）内燃机的某些产生旋转运动的方法申请一项专利……再也找不到第二个康沃尔了，我们的蒸汽机最有可能得到应用的领域是工业生产，这当然是一个广泛的领域。

简而言之，康沃尔作为一个市场迟早会饱和，而世界其他地方却是敞开怀抱的。

尽管博尔顿的预判将决定苏豪制造厂合伙人未来的发展方向，但在利用蒸汽机的往复运动来驱动一个或多个与之相连的轮子的关键发明上，他们在事实上已经抢占了先机。这种技术已经在许多由水车驱动的磨坊和工厂（如苏豪区博尔顿和瓦特的工厂）中得到了广泛的应用。实际上，直到 19 世纪，该技术仍然是法国或美国等很多地方的毛纺业等很多领域的标配技术。

苏豪制造厂的合伙人面临的问题是，伯明翰工厂的业主詹姆斯·皮卡德（James Pickard）和布里斯托尔的一个工程师马修·瓦斯伯勒（Matthew Wasborough），通过把曲柄及连杆与常压蒸汽机的活塞连接起来，已经生产出了该领域第一台蒸汽机。更重要的是，在 1780 年 8 月 23 日，皮卡德已经获得了这方面的专利。另外，瓦特的专利又阻止了瓦斯伯勒在其蒸汽机中安装一个分离式冷凝器。

原则上，这应该为瓦特和瓦斯伯勒交换专利许可证开辟了道路，但瓦特坚决反对这样做。作为一位发明家，瓦特更愿意接受挑战，制造一种没有结合皮卡德曲柄和连杆的旋转式蒸汽机。在一年多一点的时间里，他开发了几种替代方案。1781 年 10 月 25 日，瓦特获得了一项关于某些新方法的专利，主要是"运用蒸汽机或内燃机的振动或往复运动，产生围绕一个中轴或中心的持续循环运动或持续圆周运动，从而带动面粉机或其他机器的轮子"。

这些新方法中，只有一个是可行的，那就是太阳行星齿轮装置。瓦特在最后一刻把这种方法加进了专利，这很可能是瓦特听取了威廉·默多克的建议的结果。这种方法非常成功，因而在整个专利期内，甚至在 1794 年皮卡德的专利过期后，博尔顿和瓦特都在使用它。

太阳行星齿轮并不是瓦特在 18 世纪 80 年代的唯一发明。1782 年，他申请了双动发动机的专利，将蒸汽引入活塞头两侧的汽缸。尽管利用活塞向上和向下的冲力有效地使发动机的效率提高了一倍，但活塞和横梁之间的链式连杆——这是纽科门蒸汽机一开始就采用的标准结构——已经不能再使用了。很简单，一条链条可以把横梁往下拉，却不能把它往上推。刚性连接——假如由活塞轴顶部和横梁末端之间的金属杆提供，将对活塞的垂直运动施加不可忍受的压力，特别是在向上的冲程期间。为了解决这个问题，瓦特发明了一种更为复杂的连杆装置，以提供必要的"平行运动"，这样活塞轴顶端的多余的水平力就可以忽略不计了。一个关键的问题已经解决了，因为如果没有这项发明，摩擦损失将使发动机的效率大大降低，更不用说活塞和缸盖之间的磨损了。

瓦特自己说过，"虽然我不太担心名声，但我对平行运动的发明，比我所做过的任何其他机械发明都更感到自豪"。然而，这并不是他最后的发明。他对旋转式蒸汽机进行了持续不断的改进，尽管许多改进是在安装和维修蒸汽机过程中反复试验的结果，但也有一些改进，例如调速器（它可以追溯到 1788 年 12 月 13 日的一张图纸），就是新发明。在这种情况下，这项发明虽然具有确保发动机以恒定速度运行的重要功能，但从未获得专利。

默多克提出的一个想法，被博尔顿和瓦特否决了。这个想法就是利用旋转式发动机来驱动四轮马车。合伙人手头已经有足够多的工作，他们不必冒险进入这个新领域。他们的第一台旋转式蒸汽机是在 1783 年由约翰·威尔金森购买的，用于驱动布拉德利钢铁厂的落锤。其他的订单接踵而至，其中包括来自伦敦的阿尔比恩面粉厂的一个重要订单。该厂在1788年安装了蒸汽机，用于从驳船上卸载小麦、吊装麻袋、筛分面粉等不同目的。在伦敦市中心，这台蒸汽机一直被视为一个巨大的机械奇迹，直到1791年它被烧毁。据说这是人为纵火的结果，因为许多人有理由担心大规模的蒸汽磨粉机可能会在商业上取得成功。一个新的产业将在海港兴起，而当地的风磨和水磨将失去生意。

和博尔顿一样，瓦特也因阿尔比恩面粉厂的命运而蒙受巨大的损失，对他而言，这是一个骄兵必败的问题。面粉厂花了四年时间才建成。在此期间，因为博尔顿随时想推销他的生意，所以他放任任何感兴趣的人前来参观工厂的进展。对瓦特而言这是不可忍受的，所以他在1786年4月17日给博尔顿的信中写道："我知道，让人参观面粉厂，你的动机是好的。你想放弃我们在面粉厂拥有的部分权益，希望通过让他人获利从而换取一个许可证，但我认为，通过让面粉厂变成多数人心中的谜团，并依靠面粉厂的外在形象，我们将能更好地实现这些目的。"

瓦特总是很悲观，这是他天性的一部分。如果放任他的话，每天没过多久他就会满意地收工。这一点从一封日期标注为1785年11月5日的信中就可以看出。"总的来说，我觉得现在应该全面停止发明新事物的尝试，或尝试任何有失败风险或者执行起来会带来麻烦的事情，让我们继续干我们熟悉的事情，其余的事情就留给些既没有钱又没有个性可失去的年轻人吧。"

对于瓦特这样的人而言，成功压倒一切——至少只要博尔顿在他身边就会如此。旋转式蒸汽机的优点已经远近闻名，无论是在法国和荷兰这样的共和国，还是在大西洋另一边的康涅狄格州（1781 年以后脱离英国而独立），这款新蒸汽机都会为他们带来新的商机。瓦特已经结识了约瑟夫·布莱克和约瑟夫·普利斯特里（Joseph Priestley）等伟大的英国科学家，现在正在结识一些欧洲同行，如安托万·拉瓦锡（Antoine Lavoisier，当时最伟大的化学家）和皮埃尔·德·拉普拉斯（Pierre de Laplace，天体力学专家，可与牛顿媲美）。瓦特还为计量学做出了重大贡献，他通过测量一匹磨面的马在一分钟内所做的功，首次确立了马力作为功率单位（随着公制的引入，瓦特成为功率的标准单位才是恰当的）。

直到 18 世纪 90 年代早期，出于各种目的，通过在（英国）国内外许多地方安装最先进的蒸汽机，博尔顿和瓦特二人的事业蓬勃发展，但是他们都意识到他们的商业战略可能会失去效用。更重要的是，在 18 世纪末之前，博尔顿年近古稀，瓦特也将年近花甲，是时候照顾他们的后代了，因为一旦所有相关专利到期，瓦特蒸汽机，就像原来纽科门蒸汽机到 1769 年以后那样，将进入公共领域。

在 1794 年 10 月，一个新的公司，博尔顿及瓦特父子公司（Boulton, Watt & Sons）成立了，博尔顿的儿子马修（Matthew），以及瓦特的两个儿子詹姆斯（James）和格雷戈里（Gregory），都加入他们父亲创立的公司成为合伙人。与此同时，他们采纳一个全新的商业计划：将在专门建造的新厂房内，生产蒸汽机的整机。1795 年，他们在伯明翰和伍尔弗汉普顿运河旁边的斯梅斯威克购买的一块土地上，创建了苏豪铸造厂。该厂拥有独立的镗床，以及锻造、锻冶、车削、装配、木工、烘干、铸造和鼓风车间或厂房，所有这些建筑都与一个新建的湿船坞连接，以便提供运输服务。在所有要安装的机器中，根据威尔金逊的布罗斯利钢铁厂的设备改造而成的镗床最为重要。如果新的铸造厂要想赢利，布罗斯利钢铁厂还会提供许多必要的熟练工匠。

由于经营管理事务都交给了年轻一代，苏豪铸造厂在世纪之交后继续得以繁荣发展，尽管此时其他公司已经可以在开放的市场上自由竞争。苏豪铸造厂的成功源自其产品的高工程标准以及远远超前的商业组织模式。从那时起，老一辈的人就只能发挥顾问的作用了。

第三章　工业原料和工业动力

风与水

在 18 世纪初托马斯·纽科门发明蒸汽机或内燃机之前，除人类的蛮力或动物（马和牛，欧洲以外的水牛和大象）的畜力之外，风和水是仅有的动力来源。

虽然对帆船而言，尤其是在海水中远航的帆船，风是必不可少的，但在陆地上，风也可以用来驱动风车，无论是用来磨面粉、漂洗布，还是锯木头、驱水泵。作为一种动力来源，风不仅具有多种用途，而且风车几乎随处可"建"。然而，这并不能保证风力大小或者刮风的地点是否合适，所以磨面机的效用如何取决于当地大风天和无风天的比例能否保证磨面机实现其特定的目标。

尽管风的这些特性使其成为许多传统生产领域（无论是在海洋还是在陆地）中的最佳动力来源，但它在为炼铁厂等工业设施提供通风等任何需要持续动力的作业中几乎没有用处。即使在没有其他动力选择的海上，一艘船也不能因为无风而只停在平静的海面上，而是必须充分利用其既定航线上一年四季所遇到的风力和风向来航行。直到 19 世纪，航运时间表都依赖于这些关键因素，而从马六甲到蒙巴萨，从安特卫普到哈瓦那，从利物浦到新奥尔良，在这些大型海滨城市，这些因素决定了人们熟悉的商业变量。

归根到底，风作为一种能源，有一个根本的缺陷：其利用规模有一个内在的限制。风车帆的长度不能超过一个临界值（远低于现在用于发电的风车长度）。哈勒姆默米尔湖是位于阿姆斯特丹和北海之间的一个巨大的咸水湖，无论沿河修建多少个老式的荷兰风车，都不可能排干湖中的水。一艘船所能携带的帆的面积也有一个临界限制。对于航运来说，这意味着对吨位和货运能力的严格限制，所以历史上船舶排水量通常不超过 3000 吨。

而在那个陆上运输麻烦不断的年代，航船尺寸的限制实际上意味着远到内陆的河流都可以通航。因此，像剑桥和佛罗伦萨这样不太可能是海港的地方都被认定为"海港"。由于出口市场强劲，谷物在 18 世纪已成为英国海运的主要散货，其运输主要依靠排水量不足 100 吨的船只。虽然以今天的标准来看，如此少的荷载量在经济上是不可想象的，但是当时船舶（较小）的体积和航行所需时间都意味着海上需要大量的船只，并且所需船员人数也要相应增加。

与此同时，帆船时代的造船厂数量众多。传统工业有其特有的建筑材料，如木材、绳索、帆布，以及有限的铁或黄铜等。尽管在历史进程中，传统工业的衰落也是工业革命的一部分，但它仍然拥有自己在微观经济上的生态位，在世界范围内继续存在，因而世界上还有许多能够满足当地娱乐、捕鱼或贸易等需求的传统厂房。

利用水的动力则更为复杂。最有效的方法是使用垂直水车，其首次使用可以追溯到公元前，虽然当时的形式还比较简陋。在蒸汽时代来临之前，在集中密集供应机械动力的方面，它无可匹敌，远远超过了任何风车的能力。一位名叫毕林古邱（Biringuccio）的工程师曾在 1540 年指出，"一台水车的提升力比一百个人的提升力更强，更可靠"。水的能量来自它在内陆水道的自然流动，这本身就是重力作用的结果。水的能量又被用来驱动位于标准设计建筑外墙的水平轴上的垂直轮。磨坊的设计和建筑的比例在整个西方世界都是通用的——除了经验丰富的磨坊工人其他人根本看不出来其中的细微差别，它所包含的机械设备在本质上也是相同的。水磨的可能用途与风车的用途大致相同，但有一点例外，那就是抽水，这一点很重要。与风车相比，水磨的大小可以根据所要完成的任务和提供动力的水流的流速而有很大的不同。

早在 18 世纪末之前，上冲式水车就已经成为标准水车，这在很大程度上是现代土木工程之父约翰·斯米顿（1724—1792 年）在 18 世纪 50 年代后期进行的一系列实验的结果。他的研究结果于 1759 年发表，受到人们的广泛接受，并极大地影响了未来的水磨设计。1759 年后，斯米顿负责建造了 43 个安装了他发明的上冲式水车的工厂。其中有一个工厂，位于福尔柯克镇附近约翰·罗巴克的卡隆钢铁厂（1769年建成）内。该厂生成了苏格兰首个焦炭高炉所需的气流，这个高炉采用了亚伯拉罕·达比二世（Abraham Darby Ⅱ）在英格兰建立的模型。卡隆钢铁厂处于英国工业革命的前沿，它通过开发和生产一种新型的短程短管海军大炮而兴旺发达，从而成为 19 世纪欧洲最大的炼铁厂之一。

上冲式水车要解决的问题是，找到水道上可以筑坝的位置，使水坝上下拥有足够的水位落差，以便水车高效运行。在水坝上一个水势较高（位置靠前）的地方，将一股足以驱动水车的水流改道，使其沿着一条由支架支撑的木制水管向下流，而水管的尽头刚好位于水车顶部的上方。由于重力作用，水管中的水柱形成足够强大的冲击力，驱使轮子转动。水车不需要的水将留在坝内，流入所谓的水闸或沟槽，沿其自然水道流向水势较低的地方，并与驱动车轮的水流汇合。

水车有两个关键尺寸：第一个是直径，它无疑是由水车上下的水位差决定的；第二个是厚度，它是由可用水流量决定的，以每秒多少立方英尺[①]为单位。作为一个大致的标准，

---

① 1 立方英尺约等于 28 316 立方厘米。——编者注

我们可以认为，为了运行的经济性，水车直径必须至少是 12 英尺[①]，厚度是 2 英尺。反过来，水车直径决定从磨坊向上游延伸多远，才能使备用水足以驱动水车。这个问题也事关水道流经的地形轮廓。此问题至关重要，因为它决定了上游另一个磨坊合理的首选地址。如果当地对水磨提供的能量需求很大，那么水磨的位置往往会尽可能地靠近，以便每个水磨都有足够的备用水。

研究这一现象的最佳地点是美国东部，那里的水力使用可以追溯到北美殖民时代。虽然从 1710 年到 1940 年，水磨用于提供机械动力，但 1780 年到 1860 年水磨使用的发展高峰几乎与工业革命的高峰完全一致。1840 年，全美 872 个县有 65 000 多个水磨，这就反映了水磨的运营规模。这些水磨坊并非均匀地分布在美国各地，相反，它们主要集中在某些地区。比如，"大西洋中部的皮埃蒙特地区……那里的河流坡度有利于建设大坝，同时，沿海平原的航运港口也近在咫尺"。

水磨最集中的地区位于宾夕法尼亚州东南部的布兰迪万河流域。1840 年美国制造业普查列出了 379 家水力工厂。尽管水流坡度相对较低，但小直径水车被普遍使用，使排水区沿河每隔 2.4~5 千米便可建一个水力工厂。所提供的水力

---

① 1 英尺约等于 30.47 厘米。——编者注

用途各不相同：除了用于锯木厂和磨坊外，还有 60 台水车用于造纸厂。霍普韦尔炼铁厂使用水车来驱动必要的通风设备，也不过是常规操作而已。

直到 19 世纪，北美的经济发展仍依赖水车为其提供几乎所有的动力，甚至对于一些大型企业，如弗吉尼亚州哈泊斯费里镇和马萨诸塞州斯普林菲尔德市的美国联邦军械库也是如此。但在 18 世纪末，这种依赖在英国已经是问题重重。随着工业企业规模的不断扩大，在天然水道上找到合适的地址建造厂房以提供足够动力，变得日益艰难。1771 年，当理查德·阿克莱特决定在克伦福德建造他的大型机械化棉纺厂时，所选地址是否适合建造大型厂房成为关键，这也是他将这个毗邻德温特河的特殊地点作为厂址的一个主要因素。即便如此，在一个平均降雨量相对较高的地区，他很快就不得不使用蒸汽动力将下游的水抽回磨坊上方的水库。除了阿克莱特之外，其他制造商也面临着这个问题，英国水道的地形可能成为决定新兴工业厂房选址的一个关键因素。因此，由于缺少电力，原来在进入市场或获得原材料方面具有地理优势的地方日益被排除在外。

在一个关键的案例中，即从被淹没的矿井中抽水，风和水都注定不能作为其动力来源。风能永远不能满足连续作业的需要，而水力也被排除在外，则是因为为采矿而建造的整个竖井和巷道综合体的最高点是抽水机械唯一可放的地点。只要基本的采矿作业规模小，比如康沃尔的锡矿和铜矿，用马的力量转动特制的"绞盘"就足以抽出矿井下的积水。就算这几乎是整个 18 世纪开采"贱金属"的普遍做法，那么很明显，即使在 18 世纪初，它也达不到煤矿开采的要求。尽管托马斯·纽科门发明的常压蒸汽机解决了这一问题，但煤矿发展史上的经济背景仍需讲一讲。

煤炭和焦炭

在 16 世纪末之前，英国长期依赖煤和铁，但缺乏木材和水，这一点后来变得越来越明显。对英国的一项初步调查可能会显示，几乎整个英国的每个地方都有丰富的木材和水资源，但表象是有误导性的。先以木材为例，和世界上几乎所有其他地方一样，英国的森林资源几乎完全由自然林，而非种植园里的人工种植林组成。从英国森林里砍伐的木头用途非常多元，建造房屋、机械、船舶等对木材的需求与家用及工业用燃料对木材的需求之间，始终存在着竞争关系。家用燃料往往以木炭的形式出现，而工业用燃料，至少一直到18 世纪，主要用于家庭手工作坊而不是工厂。

伦敦不仅率先认识到木材燃料的严重短缺，而且也接受了煤炭是一种可行的替代能源。许多地区煤炭储藏丰富，开采便利，因此有理由投资建设必要的基础运输设施，以确保煤炭能够运输到最需要的地方。从经济角度看，这将使英格兰东北部的煤田与伦敦的工业联系起来。不断扩大的货车运输系统把煤炭从煤矿运往大河，尤其是可供远洋船只通过的泰恩河和威尔河，然后沿北海路线经英国东海岸到达伦敦。

如果说改用煤炭解决了因当地森林木材供应短缺而造成的家庭供暖问题（就像在伦敦那样），那么人们关于木炭的态度就更加复杂了。由于煤炭无法替代木炭，所以人们在林地就地生产木炭，这迅速破坏了森林。到了 18 世纪中期，这个问题终于有了解决办法，那就是将煤炭转化为焦炭，这一过程类似于把木头烧成木炭。然而，英国人在开采其丰富的煤炭资源时遇到了一种运用当时的机械动力无法克服的困难。

随着煤炭需求的增加，煤矿越开越深。不可避免地，当矿井深度超过某个临界水平时，煤矿将被地下积水淹没。所以，眼见着丰富的矿层，却无法开采。到 17 世纪末，这个问题变得日益尖锐起来。尽管抽水机械已经在理论上发展到可以应对矿井被淹的情况，但实际上，只有马拉绞盘在为抽水提供唯一的动力。虽然直到 19 世纪，这种方法偶尔还在使用，但必须从矿井中抽出的水量远远超过了马的能力。对于锡矿和铜矿，畜力尚可满足需求；而对于煤矿，畜力根本不可能做到，因为煤炭作为一种燃料，必须从产量更大的煤矿中获得。矿井中的锡矿和铜矿的产量都以磅[①]为单位，而煤炭的产量则以吨为单位。矿井中的应抽水量和马匹数量之间也存在类似的比例失调问题，大型煤矿积水量是小型煤矿的数倍，而马匹的数量永远不可能成倍增加。

谈及动力，矿井入口位置必然高出当地河流的水位，这就意味着，无论是煤炭，还是地下开采的任何其他矿物，都可能在重力的作用下从井口位置滑向河边，在欧洲大陆这种既定做法至少要比英国煤矿早一个世纪。这就很好地解释了为什么最早的铁路轨道的研发要比蒸汽机车研发要早几个世纪。当时所需要的只是在山脚下有一条通航水道，而这在18世纪早期的英国并不是什么大问题，前提是矿山本身的产量之大足以证明这种基础设施建设是必要的。在这里，最棘手的问题就是矿井积水，随着纽科门蒸汽机的普及，这一问题就基本上消失了。

钢与铁

在16世纪末之前，英国的炼铁工业已经成为一种资本

---

① 1磅约等于0.453千克。——编者注

主义工业。每一家炼铁厂都实行厂长负责制，厂长雇用工人，工人赚取固定工资，工厂依靠厂长获取市场和原材料。虽然从那时起工业在其经营规模和集中程度等方面发生了巨大的变化，但基本技术仍与工业革命前一样。原材料的情况也是如此，工业革命时期的主要原材料是铁矿，在18世纪被称为"铁矿石"。然而，在18世纪，燃料方面的确发生了一个重要的实质性变化；煤（或由煤制成的焦炭，其加工过程与木头烧成木炭的过程大致相同）取代了木炭，成为用铁矿石炼铁过程中使用的燃料。这一变化的结果是，几乎全英国都可以生产的价格低廉且含量丰富的煤炭燃料，取代了昂贵的木材燃料，即使在这些木材燃料无须进口时，木材也已经变得日益稀缺。这种转变，极大地增加了铁在建筑和铁制工具中的应用。到18世纪末，铁的应用拓展到熟铁和标准铸铁领域，这对于一个曾经主要依赖由瑞典进口的条铁的行业来说，是一个重大发展。

从本质上讲，炼铁只有一种方法，那就是对发现含铁的矿石高温加热。直到18世纪下半叶，这一工艺通常是在大熔炉下燃烧木炭完成的。这种炼铁炉"广泛分布于英国各地，从苏格兰高地到肯特郡的威尔德，只要树林的面积足够大，就能满足它们对木炭的贪婪需求"。18世纪中期，尽管这种分布在英国已经成为一种严重的制约因素，但在北美殖民地并非如此。北美有大量的森林资源，而且当地人口相对较少。以木炭为燃料的康沃尔炼铁厂，在 1742 年也建到了宾夕法尼亚州南部。在生产的高峰期，每天的生产需要耗费 1 英亩^①树林。这样，当该炼铁厂在 19 世纪后期关闭时，总共消耗了大约 10 000 英亩的树林。如此大规模的森林破坏在英国是不可能发生的。更重要的是，在英国，铁矿石和煤炭往往在同一地质层中发现。如有需要，这是促使人们将燃料由木炭换成煤的又一个诱因。

说起来容易，做起来难。从矿井中开采出来的煤总是含有挥发性元素，这使它无法有效地用于炼铁。木炭之所以能克服这一障碍，源于木炭特有的生产过程。这反过来为煤炭问题的解决指明了路径。将煤置于高达 2000℃的温度下，不仅能够使煤释放出它的挥发性元素，还会使煤渣聚合成适合铁炉使用的固体燃料。理论上，这种固体燃料就是焦炭，但是，并不是所有的煤都会生成焦炭。有些煤可以生成焦炭，但焦炭可能不达标，因为有残留的杂质，其中最令人讨厌的是硫。

在现代，用先进的化学技术就可以准确地判断哪些煤适合炼焦炭，而在 18 世纪，人们只能依靠反复试验才能进行

---

① 1 英亩约等于 4046 平方米。——编者注

判断，尽管在实践中，这种方法仍然足以使煤矿达到足够的生产水平，以满足炼铁厂业主的需要。焦炭的缺点是，它比木炭更难以实现高效燃烧。

要理解焦炭的这种严重不足，就必须了解炼铁高炉的运作方式。在物质方面需要三样东西：铁矿石、熔剂和燃料。此外，还需要有超强的气流来确保将这三种元素融合在一起的化学反应所需的热量。整个过程在一个大致呈梨形的熔炉中进行，熔炉顶部开有一个装料孔，底部有一个坩埚，用来接收铁水。在坩埚上方的一段距离有一根管子，被称为吹风管，而吹风管里的风则从一个巨大的风箱输入。

在开始操作之前，两个小推车，满载铁矿和溶剂的混合物（后者通常由石灰石或其基本化学成分石灰构成）或燃料（无论是木炭还是焦炭），在重力作用下沿着加料斜坡缓缓向下滑行，为炉子提供必要的原材料。然后，等熔炉装满了矿石和熔剂的混合物，并在上面加上燃料后，再将燃料点燃，借助从风箱吹出的气流，形成并一直保持熊熊燃烧的大火，以确保持续不断地生产。

一旦开始，整个生产过程中从装料口咆哮而出的噪声，1 英里外可闻其声；炉膛之内的熊熊火焰，5 英里外可见其光。之后，熔炉最底层的坩埚倒满铁水，覆盖在铁水上面的是一层质量较轻的炉渣，炉渣则由熔剂和矿石中不需要的元素混合而成。

一旦坩埚内的铁水达到一个临界水平，就要排放铁水，使其从熔炉流到装有沙子的水平铸床，然后让铁水在铸床内固定下来形成两个液态"铁锭"，最后冷却变成标准的固体铁锭。当足够冷却时，这些铁锭就会被取出并储存起来，这样，铸床就可以恢复原状，然后就可以重复整个生产过程生产下一个铁锭。与此同时，在熔炉的另一侧将炉渣掏出，炉渣是整个生产过程的副产品，它具有各种初级用途。显然，如果不去除铁水和熔渣，它们将不断融合，最后达到一个临界水平，使吹风管堵塞，进而使火熄灭。不用说，这种情况绝不允许发生。相反，当铁水和熔渣被清除后，小推车继续运送矿石和石灰石或燃料（根据需要），给熔炉提供原材料和燃料。如果要使工艺具有经济上的可行性，就必须连续作业。

只要还以木炭为炼铁燃料，炼铁厂就会被限制在树木茂密的林区。到了 18 世纪，维持长期可持续的木炭烧炉作业，已经成为一个越来越大的问题。从长远看，毫无疑问，林木资源终将被消耗殆尽，但炼铁厂业主迁移他们的企业有两个限制因素。首先，木炭非常易碎，几乎无法运输；其次，每生产 1 吨铁需要耗费多达 10 吨的木炭。

大约在 1710 年，亚伯拉罕·达比一世（1678—1717 年）

接受了用焦炭代替木炭的挑战。他是其家族当中第一个成为炼铁厂业主的人。他原本在布里斯托尔与黄铜打交道，但在1706年，他产生了一个想法，认为通过拓宽他的运营范围，并将其厂房搬迁到距离塞文河上游120英里的什罗普郡煤溪谷，他会做得更好，所以他在那里租了一个半废弃的高炉。在那里，正如他1709—1710年的账簿所记录的那样，他成功地使用焦炭替代木炭作为熔炉的燃料。甚至在17世纪末之前，其他人也尝试过同样的转变，即使他们都失败了，亚伯拉罕·达比一世想必也会从他们的错误中吸取教训。虽然他也面临不同的问题，但都得到了非常成功的解决，因而他得以在1715年开始经营第二个高炉。如果不是1717年英年早逝，他肯定会走得更远。

亚伯拉罕·达比一世的后人没有让他失望。他的女婿理查德·福特（Richard Ford）接着经营那家炼铁厂，直到亚伯拉罕·达比一世的儿子亚伯拉罕·达比二世（1711—1763年）1728年准备在那儿开始工作，并在1738年成为正式合伙人。煤溪谷的两座高炉继续使用由当地采矿合作伙伴提供的焦炭、铁矿和石灰石。1743年，亚伯拉罕·达比二世为了确保炼铁厂持续运行，安装了一台纽科门蒸汽机，将驱动水轮（水轮驱动风箱提供熔炉所需的必要空气）的水抽回到铸造厂上方的蓄水池。生铁主要用于在炼铁厂内部制造家用铸铁器具，然后再批发给西米德兰兹郡和威尔士边境的铁器商。

与此同时，煤溪谷的炼铁厂成为全英国煤矿蒸汽机用铸铁汽缸的主要制造商。这只是拓展与创新计划的开始。亚伯拉罕·达比二世在 1753 年的一份同时期的记录中记载了他在煤溪谷熔炉旁花了六天六夜忙着做实验的经历，这表明他在冶金技术上取得了重大突破。这就解释了为什么在 1755—1757 年，这些合伙人在距离煤溪谷 2 英里的地方井喷式地新建了 4 个燃烧焦炭的高炉，他们租用了采矿权，然后通过分包商进行开采。然后，他们不得不将多余的煤炭销售给当地的砖厂和石灰窑，以及建造英格兰东北部泰恩河与威尔河沿岸的煤矿长期使用的木制铁路。他们还建了一个锻铁炉，为市场生产熟铁制成的方坯、条铁和铁板，这些产品可能是第一次通过焦炭烧炉取得的。

1762 年，亚伯拉罕·达比二世的合作伙伴也同意代理销售由约翰·威尔金森生产的高质量蒸汽机汽缸。威尔金森将成为 18 世纪最成功的炼铁厂业主；他在 1775 年成为唯一能够全面满足伯明翰苏豪制造厂詹姆斯·瓦特专利规格的制造商。

亚伯拉罕·达比二世于 1763 年去世，因其具有将管理技能与技术创新完美融合的天赋，在 18 世纪中叶的英国，他的地位高于他同时代的人，后来理查德·阿克莱特在研发棉纺技术时也对前者进行了效仿。与阿克莱特不同的是，人们形容亚伯拉罕·达比"身材矮小"，而且他和所有的亲戚一样，都是贵格会教徒；虽然他在物质方面从来没有像阿克莱特那样成功，但他更平易近人。

亚伯拉罕·达比二世去世后，他在煤溪谷的生意由他的儿子亚伯拉罕·达比三世（1750—1789 年）继续管理。有关亚伯拉罕·达比三世，人们现在能记起的主要是他负责修建的横跨塞文河的铁桥，它是世界上第一座铁桥，所用铸铁出自亚伯拉罕·达比一世在 1709 年第一次用焦炭代替木炭充当燃料的同一个炉子。建造这座工业革命的伟大丰碑，成本超支了约 500%。建造铁桥的最初设想出自约翰·威尔金森和什鲁斯伯里的建筑师托马斯·普里查德（Thomas Pritchard），成本过度超支显然让亚伯拉罕·达比三世陷入了经济困境。然而，使他陷入困境的另一半原因可能是他的生活方式：装修舒适的房子，从伦敦和布里斯托尔的工匠手中购买的 28 件奢侈品，定期消费的葡萄酒和弗莱的巧克力，他的科学实验，寻觅化石——偶尔与伊拉斯谟·达尔文交换，以及两只西班牙猎犬。尽管在他去世后，他的农场和房子里的东西不得不变卖，但是直到 19 世纪，达比家族仍然是煤溪谷炼铁厂的业主。

虽然换用焦炭有效地推动了炼铁的规模经济，极大地提高了铸铁的产量，但熟铁或钢材的用途更加广泛。由于节省的生产成本被转移到了消费者身上，各种家庭用具，如锅碗瓢盆，连同"门……钉子、托梁和管子"，以前都是用熟铁做的，现在都换成了铸铁。然而，对于"犁铧、锄头、锁、螺栓和马镫零件"来说，只有熟铁才适合作原料，铸铁是不可行的。餐具和其他钢铁产品使问题更加严重，因为英国的铁矿石无法满足需要。为此，英国从欧洲大陆（主要是瑞典）进口了适当等级的矿石。

问题同样严重的是大量需要转化为熟铁的条铁的质量。从冶金专业的角度看，关键因素是熔炼后留在铁中的残余物质的化学成分，这些残留物质占全部材料的 5% 左右。这既取决于矿石本身（其成分因地区而异），也取决于焦化后煤中残留的元素——其中硫再次成为最大的麻烦。

直到 18 世纪之前，不管炼造哪个类型的钢或铁，通过反复试验，人们都会获得大量有关最佳煤矿和铁矿源的实用知识。英国皇家海军最重要的造船厂的所在地朴次茅斯，是更先进的工业产品熟铁的主要用户。与铸铁一样，在不受木炭供应的影响下生产熟铁变得越来越重要，原因几乎并无二致。熟铁的生产过程分为两个阶段：第一阶段，冶炼，在高炉内进行；第二阶段，精锻，在锻炉内完成。到 18 世纪末，这两个阶段都改用焦炭。虽然很难详细追溯这种转变，但到18世纪80年代末，供应给锻造厂的条铁中，用焦炭与木炭炼烧制成的条铁数量一样多。然而，这一结果依赖于一项重要的创新：在高炉和锻炉之间加入了精炼炉。

新的中间阶段是通过引入反射炉来实现的，反射炉以焦炭为燃料，将"灰铁"或铸铁转化为"白铁"或熟铁。反射炉的独特作业，使燃烧炉内的燃料与炉床中熔炼的金属分离。炉膛所需的热量要么由炉顶反射的辐射热提供，要么由与火炉排出的热气接触而产生的对流提供。在这里，作为辐射热的来源，烟煤比焦炭更好。从本质上讲，这一冶炼过程在很大程度上阻止了煤炭中所含的杂质与金属混合，而这是高炉无法避免的结果。

从1760年开始，授予专利的熔炉都"避免与铁和燃料直接接触"，这就促使钢铁生产商引入一系列生产专用熟铁（如制造钉子）的工业流程。理查德·雷诺兹（Richard Reynolds）在1784年的一封信中写道："如果不是用烟煤炼的铁来做钉子，钉子贸易就会在这个国家消失。"显然，他认为这只是第一阶段，他还指出："我们现在还有一个工艺可以尝试，那就是用烟煤生产条铁……"

事实上，亨利·科特（Henry Cort，1740—1800年）已经取得了关键技术的突破。作为伦敦的一名年轻"海军特使"，他很早就意识到需要提高海军军械所需熟铁的质量。1768 年，他有幸与威廉·阿特威克（William Atwick）的外甥女伊丽莎白·海沙姆（Elizabeth Haysham）——阿特威克是朴次茅斯海军基地外戈斯波特一家锻造厂的老板——结婚，这使他能够首先投资这家企业，然后在 1776 年接管了企业的管理。科特在同一近邻地区的丰特利拥有自己的制造厂，考虑到制造厂靠近海军造船厂，他认为轧制铁和精炼铁的前景光明，所以他就开始在自己的厂里展开相关试验。这就使他在 1783 年获得了一项有关使用槽辊的专利，使用槽辊能够更高效地生产展性铸铁，其质量远高于通过锻锤制成的铸铁。

在一年后的 1784 年，科特又获得了另一项专利：用煤来对生铁脱碳（生铁通常由铸铁厂商提供），使其转化为可锻铸的条铁。为达此目的，科特使用了一个以烟煤为燃料的反射炉，生产一坩埚的生铁水，这些生铁水可以通过从炉壁上的孔引入的长棒进行搅拌。到了一定的阶段，铁水会产生蓝色的"火焰或蒸汽"，这时就可以对铁水进行"搅拌"了。熟练技工站在熔炉前，依次完成"耙平、分离、搅拌和摊开"等环节，从而使铁水能够"结成环状块，其大小符合预期的用途"。当其处于焊接热的温度时，移除这些环状铁，先放在锻造锤下将其做成半圆坯，然后通过轧辊制成最终用户需要的各种条铁："……通过这个简单的过程，所有的泥土颗粒都被挤出。"这样一来，瑞典的铁矿石将失去大部分英国市场。

18世纪80年代末，理查德·克劳谢伊（Richard Crawshay）在格拉摩根郡的凯法斯弗钢铁厂（Cyfarthfa Ironworks）首次综合应用了这两种工艺，但这只是个开始。更大的成功发生在1789年4月，英国海军委员会在登广告招标主要用于制造锚栓的条铁供应商时，规定必须按照科特的专利规定进行生产。

然而，厄运很快就降临到这位发明家的头上。在开发利用他的专利时，科特与皇家海军副军需官亚当·杰利科（Samuel Jellicoe）的儿子塞缪尔·杰利科（Adam Jellicoe）合作。考虑到塞缪尔承诺提供的资金，这似乎是一个稳健的商业联盟，但事实上，其资金是杰利科通过挪用官方海军基金款项垫付的。1788年，英国海军部发现了这件事，并于1789年8月向科特讨还27 500英镑，作为杰利科的合伙人，他同样有责任偿还这笔钱。尽管这家合伙企业的生意蒸蒸日上，但其资产仍不足以偿还债务。由于海军部变卖了科特的财产和货物，他没有任何剩余的财产来偿还他欠其余债权人的债务，因此在1789年10月宣布破产。科特的债务由他的朋友们偿还，他们在1794年还为他争取到了每年200英镑的政府养老金。尽管如此，直到 1800 年去世，他仍被认为是一个未还清债务的破产者，身后留下他的妻子伊丽莎白和 13 个孩子。

"轧制"和"搅炼"这两项由科特发明的生产熟铁的创新，彻底改变了英国的钢铁工业。采用了克劳伊谢引入的工艺后，英国威尔士南部更是如此，在 18 世纪的最后二十多年，该地区一跃成为主要钢铁生产商的聚集地，这主要仰仗英国企业家的进取精神，他们不仅希望利用当地储量巨大的钢铁，也想利用市场的便利性。

与 18 世纪末炼铁厂取得的巨大进步相比，炼钢工业虽然取得了巨大的进步，但相对而言并不瞩目。在早期，炼钢工业在很大程度上要归功于纽卡斯尔附近的一个德裔钢铁工人和剑匠移民社区，从那里进口瑞典条铁（炼钢的基本原材料）比其他任何地方都更方便。适用于制造餐具、剪刀和锋利工具的所谓"纽卡斯尔"钢，成了英国在这个行业里的标准，在 18 世纪早期炼钢工业基地转移到谢菲尔德，从而使这座城市的名字很快就与最高质量的钢联系在一起，这在很大程度上要归功于邻近的唐卡斯特的一位钟表匠。

尽管本杰明·亨茨曼（Benjamin Huntsman）的名字很像英国人，但他有德国或荷兰血统，他决心寻找更好的制作弹簧和钟摆的材料。在亨茨曼之前，钢的生产包含对产于瑞典的条铁进行处理的两个阶段。第一阶段，将互不相容的条铁和木炭装入石盒，在炉子里加热一整个星期，这样就会生成不同质量的"泡钢"。然后在第二阶段，将这些"泡钢"绑成捆，重新加热和锤锻，生产出"剪切钢"。由于这种被称为"渗碳处理"的工艺是德国人研发的，所以德国在当时已经成为欧洲钢材的主要出口国。

这种工艺对亨茨曼来说还不够好。绕过渗碳处理技术，他根据以前生产黄铜的经验开发了一项工艺，取 10~12 个黏土坩埚放在熔炉上烧至白热，然后将超过 30 磅的泡钢（每块泡钢重 1 磅）和适量的溶剂平均装入每个黏土坩埚中。其产品可与标准炼铁厂生产的产品相媲美。然而，在这种情况下，无须连续作业；相反，将黏土坩埚在炉子中放置 3 小时后，撇去与熔剂融合的多余杂质，使钢液留在坩埚中，准备倒入铸锭。最后这一阶段生产出的清一色的高质量"坩埚"钢锭，为谢菲尔德从一个小镇发展为一座领先的工业城市开辟了道路，仅凭这一单一产品这座城市便蜚声世界。

亨茨曼的成功很大程度上取决于他生产了一种适合制作坩埚的黏土，这种黏土能够承受几个小时的高温，这种耐高温性是制钢过程必要的条件。这种新的坩埚钢不仅是亨茨曼的钟表同行所需的制作钟表弹簧和工具的理想材料，而且也可以用来制作剃须刀、铅笔刀和其他具有锋利刃口的工具。到了这个阶段，亨茨曼虽然仍在小规模地销售餐具和工具，但他主要关心的是为其他制造商供应坩埚钢。当本地生产商不愿购买他的坩埚钢时，亨茨曼在国外成功找到了稳定的客户，其客户遍布巴黎和圣彼得堡，以及介于两者之间的任何地方。甚至在英国谢菲尔德以外的地方，雷迪奇的制针工人和伯明翰的马修·博尔顿也成了亨茨曼钢的重要用户。然而，鉴于当时的钢铁生产工艺尚在起步阶段，大规模生产工业用钢（正如第九章所述）要等到19世纪中期才能实现，直到与贝塞麦（Bessemer）和西门子（Siemens）等名字联系在一起的新工艺出现，这一问题才得到解决。

第四章 棉花和羊毛：兰开夏郡和约克郡

阿克莱特帝国

1785 年 6 月 25 日，星期六，早上 8 点，位于威斯敏斯特大厅的王室法庭开庭审理雷克斯（Rex）控告阿克莱特一案，出席开庭的有布勒（Buller）法官和一个特别陪审团。这是一个轰动一时的大案：被告理查德·阿克莱特是英国最成功的商人。原告是阿克莱特商业上的一些竞争对手，主要来自英国棉纺织工业的中心兰开夏郡，这里也是阿克莱特经商起步的地方。他发迹的行业并非棉纺行业，而是假发制造。长久以来，兰开夏郡的棉纺工人一直对阿克莱特充满了怨恨，因为 53 岁的阿克莱特似乎手上握着所有的好牌，而且玩弄起手腕来毫不留情。对于他的最新发明，他所给出的专利授许条款简直就是敲诈勒索——没有这些专利授权，在英国不断扩张的棉纺业中无人能与他竞争。到了 1785 年，他的竞争对手准备不惜一切代价在法庭上击败他。

尽管阿克莱特天生善于寻觅合适的共事者：无论是工匠、工头还是商业伙伴，但他的成功给他带来的是更多的敌人而不是朋友。如果暴民烧毁了他的工厂，他总是可以在其他地方重建工厂；如果商业对手剽窃了他的专利，他会毫不犹豫地向法院提起诉讼。但是，后者最后成了他的致命弱点。

1785 年 6 月的那个早晨，阿克莱特的商业对手在威斯敏斯特大厅里排成一队来反对他，他们抱怨的不是他的商业策略——那确实是革命性的，而是他因为别人使用两台他自称是他发明的纺织机（梳棉机和水力纺纱机）而收取费用。1769 年，阿克莱特在棉纺品需求和原材料供应都迅猛增长的时候，获得了水力纺纱机的专利，从而彻底改变了棉纺业的发展。

早在 18 世纪 70 年代，阿克莱特就掀起了棉纱的工业化大生产，同时把他的水力纺纱机授权给他的竞争对手。到了 1780 年，他在这一领域已经遥遥领先。这就是在威斯敏斯特大厅开庭的案件背景。该案于周六上午 8 点开始，在布勒法官不知疲倦的指导下，该案的审理几乎毫不停歇地一直持续到第二天凌晨 2 点。这场持续了 18 个小时的审判充满了戏剧性。这一大群人中有 12 位英格兰的顶级律师——双方各 6 人，他们都是阿克莱特非凡的职业生涯各个阶段的见证者，还有其他许多利益相关方。审判是在一个巨大的中世纪风格大厅的一角进行的，在那里公众可以自由出入。在黑夜的最后时刻，蜡烛带来了仅有的光明。但没有人打算放弃，大家都一直等到凌晨，等待最后的审判来临。

　　阿克莱特纯粹是自找麻烦。1781年，他起诉查尔斯·刘易斯·莫当特（Charles Lewis Mordaunt）——一位成功的、人脉极广的兰开夏郡工厂主——侵犯了他的梳棉机的专利，结果法院裁定该专利因"界定模糊且不完整"而导致起诉无效。1783年，他试图通过对一个邻居（德比郡的前高级警长）提起诉讼来重新审理上述案件，这个邻居在整个郡都被称为"疯狂的彼得·南丁格尔"（Mad Peter Nightingale）。阿克莱特故意挑了个软柿子捏，结果他赢了，所以1781年的判决实际上被推翻了。事实证明，这是一次代价昂贵且时间短暂的胜利。

　　在一个只有上议院而没有上诉法院的时代，对兰开夏郡的棉纺工人来说，想要找到推翻南丁格尔案判决的办法并非易事。他们从令状式裁判文书中找到了一个正确的解决途径，即可以以王室的名义请求一个法院复审另一个法院先前的判决。阿克莱特对南丁格尔的胜诉是在民事法庭上取得的；此案于1785年7月15日在王座法庭（King's Bench）开庭审理，这是唯一有权接受令状的法庭。由王室提请法庭做出裁决的案情很简单：阿克莱特并不是他申请专利的机器的发明者；他通过约翰·凯（John Kay）从托马斯·海伊斯（Thomas Highs）那里偷来了滚轴纺纱这一技术发明，而梳棉机的基本部件曲轴和梳子是詹姆斯·哈格里夫斯（James

Hargreaves）发明的。对王室一方有利的是，海伊斯、凯和哈格里夫斯的遗孀都可出庭作证；就像许多和阿克莱特打过交道的人一样，他们也有一笔账要算。1785 年 6 月 26 日，星期日，凌晨 2 点，陪审团在法官的明确指示下，做出了对王室一方有利的裁决。第二天早晨，消息传到了曼彻斯特，人们都感觉到大快人心，纷纷奔走相告。

但是，这个在法律面前跌了一个大跟头的理查德·阿克莱特是谁呢？如果我们承认棉纺业是英国工业革命的核心，那么就必须承认他是工业革命中最大的英雄。如果这是一种历史判断，它必然遭受许多批判性意见。正如同时代的其他伟大人物一样，阿克莱特给后人留下了许多不同的印象，其中最著名的是德比的约瑟夫·莱特（Joseph Wright）所描绘的，用托马斯·卡莱尔（Thomas Carlyle, 1795—1881 年）的话说："他并不帅气，也非浪漫英雄，目空一切，拥有阿波罗的唇和使者墨丘利 ① 的手势；他是一个相貌平平、近乎粗鄙的兰开夏人，脸颊鼓鼓，大腹便便，面带痛苦的神情，但有很强的领悟能力。"

卡莱尔认为阿克莱特是一个"历史现象"，他为英国提

---

① 又名赫尔墨斯，希腊神话中的商业、旅者、小偷和畜牧之神。——编者注

供了大量棉花，为英国抵抗拿破仑侵略的战争提供了必要的资源。在阿克莱特死后，英国几乎陷入了整整 25 年的战争。1816 年，也就是拿破仑兵败滑铁卢的第二年，罗伯特·皮尔爵士——阿克莱特最强大、最成功的商业对手——对阿克莱特有如下描述："据我所知，在包括伟大的军事家在内的所有英国人当中，他是为国家赢得荣誉最多的人。"

随着棉纺业的不断发展，人们对阿克莱特的关注并未减弱；在《南与北》（*North and South*）一书中，作家伊丽莎白·盖斯凯尔形象地描绘了铁路时代初期英国北方工业城镇的情况，工厂主（也是小说的主要人物之一）约翰·桑顿（John Thornton）自言自语地诉说着自己的境况，他想象自己未来将生活在这样一种背景下，即"隐藏在理查德·阿克莱特爵士粗鲁的行为模式背后的伟大未来……"在小说第七章开头，作者引用了一首匿名短诗，尽管盖斯凯尔夫人无意影射阿克莱特，然而，这首诗却准确地概括了阿克莱特的为人：

世人都说，每个人的血液里都含有铁，

一两粒也许是必要的；

但他让我强烈地感觉到，

他的血液里含有过量的钢。

18 世纪中期英国的棉纺业到底有什么独特之处？为什么年轻的阿克莱特会卷入其中？而他又是如何改变棉纺业的？换言之，约翰·桑顿心中的"粗鲁模式"又指的是什么？虽然在解决这些问题的过程中，其他人物也登上了舞台，但阿克莱特从未失去其主导地位。在 18 世纪初，英国的棉纺业基础是如此落后薄弱，除非受到保护，否则无论在质量上还是在价格上，都无法与印度的印花布和细棉布竞争。但到 18 世纪末，借用一位著名经济学家的话来说，棉纺业已经成为"工业革命第一次腾飞时最早最重要的行业"；或者用马克思主义历史学家埃瑞克·霍布斯鲍姆（Eric Hobsbawm）的话来说，"任何人谈及工业革命，他们指的其实就是棉纺业的革命"。

棉花是一种天然纤维，是一种不适合在北欧温带气候下种植的植物。直到 17 世纪，欧洲纺织业用的原棉主要从埃及和印度等地进口。在这个阶段，英国的纺纱也才刚刚开始起步，其棉纱主要用于生产粗斜纹棉布，一种由亚麻经线和棉花纬线制成的布料。随着英国城市化的发展，这种廉价的布料的主要受众是产业工人，比如《南与北》一书中被约翰·桑顿所雇用的劳工尼克·希金斯（Nick Higgins）。虽然在这个低端市场，粗斜纹棉布和纯亚麻布料可以在价格上形成竞争，但它对于羊毛和精纺织品在质量上没有构成任何威胁。这意味着，在 18 世纪，棉布的生产商并不认为棉布制造对于其他高端纺织品是一个威胁。在这个阶段，英国的纺织工人也无法生产出足够结实的棉线作为经线——如果他们想要生产纯棉布，就必须克服这一缺陷。

阿克莱特于 1732 年生于普雷斯顿，并在那里接受教育。最初他在普雷斯顿以南 20 英里外的博尔顿做理发师，在去曼彻斯特的路上继续干这一行当，这座小镇是"全国各地多种多样的粗布贸易中心"，因而远近闻名。1750 年他第一次来到博尔顿，五年后，他结婚了，并认识了他的纺织工妹夫托马斯·伍德（Thomas Wood）。伍德于 1776 年获得了一项"丝绸、棉花及羊毛的梳理和穿线"的专利。虽然阿克莱特的第一任妻子于 1756 年去世了，但直到他 1761 年第二次结婚后，他与伍德之间的联系都没有断过。一年后，他扩大了自己的业务范围：一开始，他先当了客栈老板，但不太成功；接着，又成了一个技术娴熟、备受尊敬的假发制造商；最后，也是最为重要的是，他成为一名发明家，致力于开发一种用滚筒纺棉的机器。

阿克莱特很小的时候，就在机械方面表现出了他的天赋异禀。在博尔顿，他意识到大规模引进纺纱设备将大大增加斜纹棉的产量。而且如果能纺出更有韧性的纱线，他们就能生产纯棉布了，这一切都激励着阿克莱特投身于发明事业。

在一位铁匠和一位钟表匠的帮助下，他研制出了滚轴纺纱机的原型，这台机器后来为他带来了滚滚财源，同时也改变了英国的纺织业。

从 18 世纪中叶开始，落后的纺纱工艺就已经成为棉纺业提升产量的一大障碍。随着约翰·凯的飞梭（在 18 世纪30 年代早期获得专利）的问世，纺织工人一时都没有足够的线来生产标准宽布。人们对约翰·凯知之甚少，但对于一个来自伯里的兰开夏人来说，18 世纪 30 年代——当时羊毛和精纺织品在英国市场中仍占有最大份额的时候——并不是推广一项新发明的好时机。1753 年，一群愤怒的纺织工人毁坏了约翰·凯的房子，由此可以判断，手工纺织工人明显认为斜纹布的增产会使自身前途非常黯淡。

18 世纪 50 年代的骚乱，只不过是约翰·凯麻烦的开始，从他儿子后来写给理查德·阿克莱特的一封信中便可见端倪。信中写到约翰·凯"如何被迫离开祖国，如何为了捍卫他的专利而花费巨资起诉一群相互勾结蓄意谋杀他的纺织工；一位阿克莱特曾经雇用的工人，如何通过把自己放在一袋羊毛中从而死里逃生，这当中的重重困难是如何难以想象的"。如果这些对纺织领域的其他发明家来说还不算备受鼓舞的话，那么，棉纺业的稳步发展，不仅使飞梭得到了更广泛的应用，而且还能鼓励那些以纺织为生的人，以约翰·凯为榜样，寻求产业改革的途径；但与此同时，必须当心，避免那些迫使自己流亡的种种官司。理查德·阿克莱特的成功无人可以匹敌。他的首次成功突破，发生在18世纪60年代，是伴随着珍妮纺纱机的发展而来的，这种纺纱机普遍被认为是詹姆斯·哈格里夫斯发明的。

珍妮纺纱机的基本操作与沿用已久的手纺车并无二致。珍妮纺纱机的机械系统不是单纱锭，而是在一个人的操控下由一个纺轮带动多个纱锭——到18世纪70年代已超过100个。由于詹妮纺纱机的生产成本和场地成本都很低，因此必然得到广泛应用，所以一位制造商这样描述它的成功："从1770年到1788年，纺纱业不断发生变化，直到彻底改变。羊毛已经（在市场上）彻底消失；亚麻几乎（在市场上）全部消失；棉花成为被普遍采用的原料。"

然而，珍妮纺纱机也有与被它取代的手纺车同样的弊端：它只适用于纺粗支纱，额定产量为一磅。尽管这对于生产斜纹布（根据定义，它的经线是其他纤维，一般是亚麻）的纬线来说已经足够好了，但是如此产量使詹妮纺纱机在一个注定要生产巨量高质量纺织品行业里仍旧没有未来。而且，发明珍妮纺纱机主要是为了提高家用纺纱机的生产力，它最先是为手工操作设计的。后来，随着詹妮纺纱机的大规模量产，实践证明尽管这种纺纱机仍有足够马力来驱动，但是它不具备实用性。

对理查德·阿克莱特来说，这还远不尽如人意。1767年，他开始在沃灵顿制造滚轴纺纱机，并得到了约翰·凯的帮助。机器一完工，阿克莱特就先把它带到曼彻斯特，然后在1768年的头几个月里，在约翰·凯的陪伴下，阿克莱特回到了他的家乡普雷斯顿。在这个阶段，根据理性的商业推理，阿克莱特决定离开普雷斯顿，在诺丁汉的一个改建过的啤酒厂里继续他的发明创造（1769年获得了专利）。在那里，他和一些合伙人以及20岁的约翰·凯、一个铁匠和一个钟表制造商一起，着手组装了一台能够正常工作的滚轴纺纱机。在挑选员工方面，阿克莱特非常谨慎，因为他知道，他所设计的那种规格的机器，只有在其各种复杂的活动部件都达到最高技术标准的情况下，才能令人满意地运行。他一直坚持这种做法，这也是他能够不断超越商业竞争对手的一个主要因素。

1771年，由于诺丁汉的新厂仍处于试验阶段，阿克莱特决定从头开始，在诺丁汉西北约28英里的德文特河附近的克罗姆福德，建造一个专用新厂。这是一个重大的决定，因为诺丁汉的磨坊是由马匹转动绞盘驱动的，而克罗姆福德的磨坊是由水力驱动的，这使磨坊可以更大规模地运转。在那里，根据他们的租约，他们拥有"完全自由的权力和权限……装配和建造一座或数座纺纱厂，用于纺纱、绞纱、抛丝、精纺，生产亚麻、棉花或其他材料；同时还需要他们认为对有效使用磨坊比较有帮助的水车、仓库、商店、铁匠铺和其他建筑物，银行和水坝、摆渡车和其他便利设施"。不经意间，租赁者为工业革命起草了一份章程。

骄兵必败，这是铁律。直到1781年，阿克莱特一直忙于扩展他的生意。至少对他自己来说，基于他的水力纺纱机，他已经拥有了一个纺纱厂王国。然而，这个王国并不和平，尤其是在阿克莱特的家乡兰开夏郡。1779年他在比尔卡克雷开了一家新的纺纱厂，到那年秋天，"部分额定数量的纱锭已经投入工作……生产的纱线或细线的质量远高于现在市场上的任何棉纺线"。在美国内战导致贸易萧条的时候，西兰开夏的手工业者看到自己的生计受到威胁，开始起来反抗。"1781年10月4日，星期一，一群四五千人左右的暴徒，手持大量的火力武器和其他进攻性武器，几乎未遇到任何抵抗力量……闯入磨坊，毁坏了所有的机器，然后用鹤嘴锄和斧头捣毁了这些厂房。而后，他们采取了更加简单粗暴的方法：一把火将其夷为平地。"

此时，阿克莱特已经开始向潜在的商业竞争对手出售他的水力纺纱机和梳棉机，不仅可以获得可观的资本总额，而且还收取了专利许可费。这注定是有争议的，在莫当特一案中，他失去了梳棉机的专利，尽管 1783 年他在法庭上对阵彼得·南丁格尔时获得的胜利在一定程度上使他的地位恢复了一些。

在莫当特一案的判决向所有人开放了梳棉机的专利后，一个新的产业应运而生，大约有 10 万英镑投资在阿克莱特的厂房和机器上，这为大约 3 万名劳动者提供了就业机会。因为在阿克莱特准备授权他的专利时，相关条款规定，如果（被授权方）只在白天纺纱，那么按每锭每年 5 先令的费率来收取……晚上的话，再多加 5 先令。他的预期收入无疑是惊人的，因为当时人们拥有的纱锭已达几十万个。因此，他的竞争对手千方百计来推翻阿克莱特诉南丁格尔的判决（前者胜诉）也就不足为奇了。

对簿公堂的结果就是 1785 年 6 月 25 日在威斯敏斯特大厅发生的事件，对阿克莱特的判决使他声称属于自己的每一项发明都进入了公共领域。然而，这一切都为时已晚。阿克莱特不再需要用他的专利来扩张他的商业帝国。已经积累起来的财富能够保证他每一次新的冒险所需的资本。在一个完全自由的市场中，他仍然比任何竞争对手都要强大——尽管罗伯特·皮尔爵士等人也在创造财富。到了这个阶段，阿克莱特也处于半退休状态。他的儿子们被教导要接管和管理他的商业帝国，在他们的领导下，其商业帝国在 1792 年阿克莱特去世后继续蓬勃发展。

颇为矛盾的是，在棉纺织品的新领域，与阿克莱特在克罗姆福德建造的纺织厂规模相当的其他纺织厂里，生产棉纱的关键并不是水力纺纱机（1785 年王座法庭对其发明进行了辩论），而是另一种纺纱机——萨缪尔·克朗普顿（Samuel Crompton）发明的走锭纺纱机，或称骡机，它结合了水力纺纱机和珍妮纺纱机的优点，这也解释了它的名字的来由。水力纺纱机是用来纺适合生产经纱的棉纱的，珍妮纺纱机是用来纺适合生产纬纱的棉纱的，而走锭纺纱机可以纺具备这两种用途的纱线，所以在工厂作业中，具备这种两用功能是它作为一项不可替代的发明获得成功的主要原因。

1753 年，克朗普顿出生于博尔顿附近的一个村庄，11 岁时就开始了他的织布工作。15 岁时，他尝试用新近获得的珍妮纺纱机生产适合纺经纱的棉纱——一旦获得突破，他将可以通过生产纯棉布来代替斜纹棉。在大约 5 年后（1773 年），这一目标首次得以实现，尽管不是克朗普顿自己实现的，但这并未使他放弃；事实上，他几乎把 18 世纪 70 年代整整 10 年的时间都用来研制一种可以克服珍妮纺纱机缺陷的新型纺纱机。1778—1779 年，克朗普顿研制出了他的原型机，融珍妮纺纱机的纱锭与水力纺纱机的滚轴为一体，成为一个可以带动 48 个纱锭来同时纺织经纱和纬纱的自动纺纱机。1779 年 10 月，当骚乱从兰开夏郡蔓延到博尔顿的时候，与阿克莱特正好相反，天生谦逊的克朗普顿，隐匿了他的发明，从此再未为此申请专利。

骡机最大的优势，在于它能生产出几乎和从孟加拉（当时为英国殖民地）进口的手工纺纱一样细的棉纱。有了骡机，兰开夏郡和苏格兰就能够生产出足以和孟加拉棉布媲美的英国棉布，从而在 18 世纪 80 年代开创了一个全新的为高端市场生产棉布的家庭手工行业。而在阿克莱特及其竞争对手（即众多纺织厂业主）发财致富的更广大的低端市场，人们仍然使用水力纺纱机和珍妮纺纱机。但从长远来看，克朗普顿骡机的内在优势必然会日益显现。彼得·德林克沃特（Peter Drinkwater）于 1789 年在曼彻斯特建造了第一家骡机棉纺厂，配有蒸汽驱动的梳棉机。据记载，1797 年，曼彻斯特首次使用蒸汽机来驱动骡机，尽管早在 1792 年，兰开夏郡就引进了用水轮驱动的骡机。

1810 年克朗普顿亲自对英国棉纺业进行了第一次普查。1811 年完成普查时，调查对象共包含主要位于兰开夏郡的 650 家工厂。据统计，近 400 万纱锭中有 88% 的纱锭用在他首次发明的骡机上。尽管还有一些用在水力纺纱机和珍妮纺纱机上，但很明显，它们快要过时了。克朗普顿一直活到 1827 年，他从他的发明中获利很少，虽然他的发明已成为他的纺织业务上的帮手。在此基础上，他在 1808 年发明了一种改进的织布机。在性格上，他与阿克莱特完全不同，他"害羞""敏感""缺乏自信""不谙世事"。除了在音乐和庄严肃穆的宗教中能够找到些许慰藉，他在野外运动，以及享受羊羔肉、小牛肉和新鲜土豆等美食方面都不在行。他的发明最终在理查德·罗伯茨（Richard Roberts）的手中得以完善。罗伯茨（1789—1864 年）在 1790 年获得了他的第一个专利——自动化全机械驱动的骡机。事实证明，这台骡机充其量只不过是个原型机。在此基础上，罗伯茨又花费了 40年时间和 1.2 万英镑的研发经费，最终才研发出一款能够实现市场化的全自动骡机。直到 20 世纪这种设计在该领域都一直占主导地位。在 1830 年，这种产品的市场范围就已经远远超出了英国。即使罗伯茨的骡机在世界各地驱动着 50万纱锭，但他获得的利润根本抵不上它产生的成本。根本问题在于他在发明上投入的时间太多，而在商业上投入的时间过少。正是找到了两者之间的平衡点，阿克莱特才得以成为棉纱之王。

美国的棉纱

根据 1783 年《美英凡尔赛和约》（*Treaty of Versailles*）

的规定，英国承认美国独立。随后，美国南方各州很快成为英国原棉的主要供应地。大西洋两岸都已经认识到，美国种植园的棉花如果脱籽运往英国，售价会更高。1793 年，这种希望变为了现实，新英格兰的一位校长伊莱·惠特尼（Eli Whitney）发明了"棉花脱籽发动机"，用机械方法实现了这一目的。惠特尼的"轧棉机"，至少在早期，是通过马力绞盘实施机械驱动的。在种植园采摘棉花的地方，人们用绞盘驱动轧棉机将原棉里大量的棉籽除去。这意味着运往英国以及最终运往欧洲其他国家的棉包的重量会立即大幅度减轻，这会为进口商带来相当大的价格优势，这一点在曼彻斯特交易所的交易大厅也马上得到了体现。惠特尼的发明不仅激励了佐治亚和南、北卡罗来纳等州的种植园主由种植水稻、木蓝或烟草等转为种植棉花；而且更重要的是，从长远来看，它还鼓励人们在一直延伸到密西西比河和更远的南方腹地的新土地上定居。田纳西州已经为人们指明了前进的道路，那里在 1796 年被承认为一个独立州的时候，就已经有人开始种植棉花了。

在田纳西州的引领下，沿着密西西比河下游的地方迟早一定会跟进，但是前方的道路还是问题重重。直到 1803 年美国购买了路易斯安那州后，除了佛罗里达州（当时属于西班牙），整个密西西比河下游都成为美国的领土。此时，棉花种植园已经从路易斯安那州的巴吞鲁日向密西西比河上游开始发展，但向内陆的扩张遭到了美国原住民的阻止。这些原住民占据着密西西比州西南一个相对较小的角落、亚拉巴马州一半以上的领土，以及佐治亚州西部的大部分地区。

1811 年，北方一位颇有影响力的印第安部落酋长特库姆塞（Tecumseh）鼓动美国南方印第安人联合起来反对美国殖民者，捍卫自己的权利；与此同时，美国人也选出他们自己的管理者来确保定居者在这一整片领土可以安居乐业。当田纳西州在 1796 年成为美国的一个州时，来自北卡罗来纳州的年轻律师安德鲁·杰克逊（Andrew Jackson，1767—1845 年）当选为该州的第一个国会议员。一年后，州立法机关选举他为参议员，每州仅有两名参议员。在华盛顿任满一届后，他回到家乡，当了州里的民兵少将，并在田纳西州首府纳什维尔郊外他的庄园里成为一名成功的棉花种植园主和奴隶主。

杰克逊就是被派去田纳西南部地区抗击印第安部落的那个人。1814 年春天，他指挥大约 3300 名士兵，在亚拉巴马州的马蹄湾战役中取得了决定性胜利。因而《杰克逊堡条约》（*the Treaty of Fort Jackson*）在他的主导下得以签订，该条约规定将 2300 万英亩的印第安人土地割让给美国，并对来这里的定居者开放，不久定居者就迫不及待地开始种植棉花。密西西比和亚拉巴马两州先后于 1817 年和 1819 年，分别并入美国。

美国南部各州的地缘经济正在发生变化。在大西洋沿岸最适合种植棉花的南卡罗来纳和佐治亚州，由于没有像弗吉尼亚州这样的低洼海岸做通航河道，就很难把棉花运到像查尔斯顿和萨凡纳这样的港口。密西西比河及其众多可通航的支流提供了更为广泛的交通基础设施。靠近密西西比河河口的新奥尔良已经是一个在吞吐量方面无可匹敌的港口，而位于亚拉巴马河入海口处的莫比尔，很快将超过查尔斯顿和萨凡纳。与此同时，1820 年开始引进的蒸汽船，极大地增强了整个地区的经济潜力。

随后，棉花种植园迅速向西延伸，跨越大片领土，从墨西哥湾向内陆延伸一段距离，这一带被称为"棉花带"。在那里，土壤与气候条件都适宜棉花种植。位于密西西比州以东的佐治亚州西部，以及亚拉巴马和密西西比等州都加入了田纳西州棉花种植的行列，成为主要的棉花生产州。没过多久，密西西比河以西的路易斯安那州、阿肯色州和得克萨斯州也加入了棉花生产的行列。对新定居者而言，他们要遵循一个既定的基本原则：棉花种植园只能雇用非裔美国奴隶来干活。实际上，美国种植园主和英国棉纺业主一直都在联合起来出资支持非洲奴隶贸易。尽管 1807 年英国议会宣布国际奴隶贸易是非法的，美国也几乎立即效仿，但宣布废除奴隶制并不意味着在美国，或者在英属西印度群岛，奴隶制就已经终结。相反，事实上，美国奴隶人口一直保持自然增长，这当然有利于美国种植园主与加勒比地区的潜在对手进行竞争。直到 1860 年，美国南部数百万的奴隶劳工，不仅为以英国为主导的欧洲纺织业提供了必不可少的原棉，也使美国成为全球最大的棉花生产国。

在英国，原棉进口以惊人的速度增长：18 世纪 80 年代早期，每年不到 1000 万磅，而到了 19 世纪最初 10 年就增加到原来的 10 倍；19 世纪 40 年代早期，增加到 50 倍——几乎所有进口的原棉都来自美国。1791—1821 年，美国的棉花产量从 22 万磅增加到 1.82 亿磅。在美国和欧洲大陆，棉纺业主想当然地认为，美国南部的种植园在扩大棉花种植面积方面几乎具有无限潜力。随着密西西比河以外新土地的开辟，随着新州的加入，棉花产量持续不断地增加。阿肯色、路易斯安那、得克萨斯，以及密苏里等这些新加入美国的州，拥有广袤土地以及适合棉花种植的地理条件，变得与密西西比河以东各州一样，具有举足轻重的地位。

棉纺业的蒸汽动力

大西洋两岸大幅增加的棉纺业产能引发了这样一个问题：什么时候以及在多大程度上棉纺业需要采用蒸汽动力？美国有着丰富的水力资源，这意味着蒸汽动力在很晚的时候才被采用。而在英国，早在 1777 年，阿克莱特在参观了伯明翰郊外的博尔顿和瓦特公司（Boulton & Watt）在苏豪的制造厂后，就前往克罗姆福德咨询有无安装往复发动机的可能性——但显然不是为了给水力纺纱机提供动力。这似乎并未取得什么成果，但在 18 世纪 80 年代，阿克莱特就已经在他位于曼彻斯特的米勒街的厂房里进行了蒸汽动力试验。略显不明智的是，他并未从博尔顿和瓦特的公司订购机器，于是他最后只有一个能"将流过水车的水抽回到蓄水池"的发动机；其他工厂偶尔也会使用风车来实现这一目的。至少在詹姆斯·瓦特看来，阿克莱特在蒸汽动力方面缺乏应有的知识，他在给岳父的信中写道：

> 几年前，他曾经两次写信向我们征求意见，我们不辞劳苦地在一封或多封长信中回复了他，但他从来没有给过礼貌的回复，而是跟着自己的突发奇想走，直到他白白扔掉了好几千英镑，也在全世界

面前暴露了自己的无知，最后因厌恶而放弃了这个
计划……我们的旋转式蒸汽机现在已经非常完善。
只要把纺织厂建在一个城镇或一个建成的厂区，我
们的蒸汽机当然非常适合用于棉纺厂的生产，它的
便捷性就足以弥补煤费及其他额外费用。

詹姆斯·瓦特说得很对：旋转式蒸汽机非常适合用于棉
纺厂的生产，而且在棉纺业的大规模扩张中是不可或缺的，
尽管这一整个过程非常缓慢，一直持续到 19 世纪。并且，
这是在一个水力资源并不充裕的国家。在水力资源比较丰富
的国家（正如之前提到的美国），蒸汽动力出现的时间还要
更晚些。

最终，经济方面的考量战胜了工业界的保守主义。因
为，结果反复表明，伴随着动力需求的增长，蒸汽动力的单
位成本稳步下降，而水力的单位成本同样稳步上升。在从水
力到蒸汽动力的转换中，兰开夏郡的棉纺厂在意料之中地引
领了潮流，因为蒸汽动力的灵活性使它能够比水力更好地满
足工业发展的需求。

1835 年，人们首次对蒸汽和水对棉纺厂动力的相对贡
献做了统计分析。在英格兰北部，蒸汽动力与水力之间的
比为 4.35 : 1；而在英格兰中部该比例正好倒过来了，为

1：2.74；在苏格兰该比例为1.3：1，介于前面两者之间。然而，真正重要的是，大约84%的工厂位于英格兰北部，其中绝大多数位于兰开夏郡。这种工业集中程度显然远远超出了当地河流的供水能力，而且是在一个拥有巨大煤炭储量的地区。

与此同时，随着理查德·罗伯茨最新发明的自动纺纱机的使用，工人的劳动产量几乎是1780年的15倍，而当时克朗普顿发明的骡机首次应用于纺纱工业后的劳动产量是18世纪初印度手工纺纱机的370倍。骡机可驱动的纱锭数量从1788年的5万支增加到1811年的460万支，这一事实证实了纺纱业的惊人增长。毋庸置疑，这种增长一直持续到19世纪。

那些年里，在纺纱取得惊人发展的同时，织布行业却未取得与之相匹配的进步，高效能机械直到19世纪30年代才投入使用。这或许是因为对发明者来说动力织机在技术上更具挑战性。与此同时，尽管手工织工的工资很低，但他们更加抗拒变革。直到1833年，终于开发出高效能机械的时候，英国仅有10万台动力织布机，与此同时，却拥有25万台手工织布机。

在随后的几年里，直到1850年，兰开夏郡的综合棉纺厂占到整个英格兰蒸汽动力新增的77%，在工业中越来越占主导地位。虽然该地已经达到了前所未有的集中化和专业化水平，但是在 1856 年只有 35% 的工厂同时从事纺纱和织布。

1830 年后，随着从利物浦到曼彻斯特的铁路的开通，英国铁路网迅速扩张，从而不可避免地加速了英国工业以蒸汽为核心动力的转变过程。事实上，在大约 60 年的时间里机车只能由蒸汽驱动，因而以罗伯特·史蒂芬孙和布鲁内尔为首的铁路工程师在改进蒸汽动力技术方面投入了巨资——巨大的铁路建设规模从经济上说明这种斥巨资改进技术的过程是必不可少的。

英国工业在整体上得益于人们在铁路领域所取得的技术进步。更重要的是，铁路不仅可以把蒸汽驱动的机械设备，还几乎可以把机器需要的煤炭燃料带到任何新建厂房。到 19 世纪中期，英国工业的主要部门，如著名的兰开夏棉纺厂，已经和新的交通基础设施融为一体了。毋庸置疑，新铁路不仅有助于将生产资料和原材料输送到新的工厂，而且还有助于在英国各地甚至更远的地方分配生产。

羊毛与精纺毛料

在一项关于工业革命的研究中，尽管棉花排在了第一位，但毫无疑问，来自英国各地放养绵羊的羊毛才是英国传统的天然纤维。如果随着时间的推移，羊毛出口经济的起源已被遗忘，那么在有记载的英国历史中，羊毛出口经济一直非常重要，而依赖羊毛出口的那些地区也是英国最繁荣的地区之一。到近代早期，主要出口到低地国家的原羊毛，已经让位于成品布的出口，成品布完全是家庭手工业的产物，而这种手工业，至少在一年中的某些季节和某些不同阶段，为数百万英国农村居民提供生计。

一直到18世纪，英国的农业结构以及土地所有权，长期以来确保了这个国家的某些地区用于放牧绵羊，当然这些地区还必须同时具备有利的土壤和气候条件，而绵羊饲养业的发展反过来又支持了当地的羊毛纺织品的生产。早在工业革命之前，英国西南各郡，东盎格里亚，尤其是西约克郡的经济，都以生产羊毛和毛料为主，以供应外部市场。当地的农业在为经济提供劳动力储备以及养活劳动力方面起了关键作用。事实上，在村庄一级，根据季节不同，在每年的农业生产周期里，人们会在田间耕作，并在羊毛织物生产的许多不同阶段进行劳作。从季节性剪羊毛到为裁缝准备布料，整个制作过程极其复杂。在这个过程中，纺纱和织造这两个纺织生产的核心工序都是中间环节。

羊毛在纺制之前，必须经过粗梳和精梳来使毛纤维大致平行。这是通过操作两个带钢丝齿的梳理器来回移动来实现的，一个固定在一个直立的框架上，另一个可以自由地在上面移动。这种梳理工作，通常涉及用更细的梳齿来重复梳理几次，其重要性可以从以下事实看出来：在英格兰西部，对于相当一部分劳动人口来说，梳毛是一个独立的行业。在英格兰西南部，羊毛粗梳工要占到成年男性劳动力的 10%。

值得注意的是，1775 年获得专利的梳毛机是一贯重视自己商业利益的理查德·阿克莱特的众多发明之一，他本来打算将其用于棉花生产，而不是羊毛。在 18 世纪 80 年代，人们在通过改装发动机来处理羊毛时遇到了相当大的阻力，因为这威胁到了当地人的就业。根据 1786 年在利兹发表的一份请愿书，梳毛机的引入将导致大约 4000 名工人和 4000 名学徒失业。即便如此，到 18 世纪 80 年代末，梳毛机在约克郡西赖丁得到大规模的使用，在那里，它们有时与水力驱动厂的珍妮纺纱机结合在一起使用，珍妮纺纱机也是棉纺业的一种改良机。在很大程度上，这些梳毛机是由富裕的制衣大师拥有的股份公司运营的，他们经常会给现有的缩绒厂增添一些新的设备，这是将一个家庭手工作坊转变为一个工厂化生产企业的关键阶段。

18 世纪 90 年代，制衣商们试图在英国西南各郡实现同样的变革，但遇到了很大的抵制。1795 年是变革实施的第二年，这种抵制达到了高潮，这一年很不巧又赶上粮食歉收，当地民众骚乱。到了1795年5月，不满情绪蔓延到了羊毛产业，韦斯特伯里的梳毛机操作者毁坏了两台梳毛机的发动机。到了同年8月，威尔特郡地方当局因无法控制骚乱，开始请求伦敦陆军部派遣军队来维持秩序。虽然当一队骑兵被派去支持当地的义勇兵后，和平得到了恢复，但制衣商们在引进新机器时就变得极为谨慎了。

虽然与当地社会结构有关的诸多因素解释了为什么毛纺业的机械化（以及由此产生的工厂化生产）在西赖丁是可以接受的（即使早期遇到一些阻力），在西南各郡却不被接受，而这个差异对这两个地区未来的影响却是深远的。到19世纪初，随着利兹和哈德斯菲尔德等新城镇的发展，西赖丁已基本实现城镇化，而西南部地区仍是农村，200年后依然如此。今天谁还能想象将西南地区的威斯伯里或者弗罗姆和西赖丁的利兹联和哈德斯菲尔德相提并论？尽管直到18世纪末西南地区才被西赖丁所赶超。

梳毛是制布的初始阶段，缩绒是后期的一个环节，与梳毛同等重要，缩绒之前是纺织环节。缩绒涉及两个环节：煮练和增厚。煮练旨在洗出杂质，只需将布浸入含有适量溶剂的水中进行搓洗即可。到中世纪，这种溶剂已经变成了一种类似黏土的物质，被简单地称为"漂白土"。为了增厚，要用清水将洗涤后的污水残留物冲洗干净，然后用木槌对布料进行捶打，这个过程被称为"缩绒"。缩绒是一个费时费力的过程，从 12 世纪开始在英国缩绒是由水磨来完成的。随着 18 世纪末梳毛工艺的机械化，家庭手工作坊仍保留了纺纱和织布的中间工序，而原毛的最初加工和布料的最后处理都是在工厂进行的。

完成缩绒以后，布料仍然需要一些必要的"装扮"，18 世纪以前，通常布料需要染色，然后才能作为成品销售。因为染色需要重型机械，并且依赖进口原材料，所以很早以来，染色就集中在相对较少的几个企业中，而且这些企业必须在有河流的地方选址建厂，因为河水可用作溶剂，并为工厂提供动力。当时染色所需的相对较高的资本水平要求染厂将浆洗等纳入其提供的服务中。因此，在西赖丁的三个主要的商业中心：哈利法克斯、韦克菲尔德和利兹，毛纺业中分别出现了专门的布料装饰和染色部门。这一发展再一次预示了西赖丁在工业革命中的领先地位。

到 18 世纪末，梳毛和缩绒，更不用说染色和装饰，都越来越多地依靠水磨来驱动了。因而，毛纺业也可以效仿棉纺业的做法，将同样的动力用于纺纱和织布。然而，这种转变直到 19 世纪才发生。其中一个原因就是习惯于家庭手工业工作方式的人认为他们的生计受到了威胁。反对创新的呼声在利兹最为强烈，因为这里的精加工生产在地理上更为集中，而哈德斯菲尔德和哈利法克斯则相反，工人们发现很难组织起有效的反对活动。

与其他和英国羊毛业相关的许多问题一样，我们必须对粗纺和精纺加以区分，尽管这两个领域都在各自特定的生产中心占据主导地位。精纺毛料是由长绒毛纺织而成，任何专业裁缝都会这样解释：精纺毛料是一种完全不同的布料，之所以不同，是因为它经过独特的工艺加工而成。精纺毛料属于一种"新织品"，它是由荷兰的新教移民带来的。1565年，为了促进诺维奇的贸易，这些移民受邀到此定居。"精纺"的英语"Worsted"一词来源于沃斯特厄德教区的英文地名"Worstead"，该教区位于诺维奇北部的一个名叫沃斯特厄德的村庄，这个村以饲养肉肥毛长的绵羊而闻名。这种长绒羊毛位居所谓的"诺维奇商品"之首，在17世纪英格兰出口贸易中占有很大的分量。在伦敦皇家交易所，长绒羊毛的交易非常活跃，对伦敦的繁荣做出了重大贡献。

在17世纪的第二个25年里，以诺福克郡老生产商的利益为代价，西赖丁的精纺毛料生产获得长足发展，从而成为工业革命的一个关键因素。因此，西赖丁探索出了一种更好的商业模式，即在以当地各种布料展厅为中心的市场，织工、制造商、代理商和批发商之间进行合作。这种模式在促进西赖丁自身发展方面起到了决定性的作用。并且，到18

世纪末，西赖丁在距离上接近棉纺业中心也对其自身发展起到了同样关键的作用，因为与毛纺业相比，棉纺业总是走在创新的最前沿。毕竟，理查德·阿克莱特在德比郡克罗姆福德的大厂离哈德斯菲尔德和利兹要比离诺维奇近得多。在精纺毛料方面，西赖丁赢了东盎格鲁，如同在毛纺业方面西赖丁赢了西南各郡一样。

在西赖丁，由于精纺在 18 世纪才成为一个独立的行业，其生产"从一开始就具有资本主义的特点"，所以较少受到各种保守乡村力量的限制，而这种限制恰恰是英国传统粗纺业的主要特点。这种特点使精纺毛料作为纱线时，比毛料更像棉纱。精纺毛料比粗纺毛料更适用于水力驱动的对轮旋压工艺。所以，西赖丁的第一家精纺厂便于 1787 年在沃夫河畔的艾丁顿建成开业。这里粗纺业还相当落后，因此，到 19 世纪 20 年代，西赖丁的手工精纺还不多见，而手工粗纺却远非如此。无论如何，在 18 世纪末 19 世纪初，因为当地有大量未充分就业的女性劳动力，所以她们就在家里安装了技术更先进的手动骡机，这种骡机只有 18 个到 24 个纱锭。但是从 1818 年开始，羊毛价格居高不下，加上精纺技术的不断革新，"每架纱锭的数量和每锭纺纱的数量均大幅增"，这意味着家用纺纱机不再具有竞争力。这也意味着，只在家里工作的织工只能吸收纺纱工人生产的一小部分纱线；大量的过剩产品不仅在英国，而且在欧洲其他纺织地区都找到了很好的需求市场。所以，早在1774年，约克郡的羊毛毛料和精纺毛料就占了英国出口总额的一半以上。

粗纺纺纱机的地位就大不相同了。动力驱动的骡机是1830年以后才出现的，即使在这么晚的时候，它们的规模也无法达到精纺纺纱机的经济规模。因为梳毛和缩绒都已经是水力驱动的，所以就算粗纺业终于迎来了机械化，该行业也倾向于使用与原来相同的动力来源（由于精纺毛料不需要缩绒，其情况就截然不同了）。

这一领域的伟大革新者是利兹的实业家本杰明·戈特（1762—1840年），但与他在棉纺业的对手理查德·阿克莱特相比，简直就是小巫见大巫。富有的父亲为戈特提供了3660英镑的资金支持，不到30岁的戈特，正值当地的纺织业处于鼎盛之时，便已经成为西赖丁一家主要商行的高级合伙人。毫无疑问，阿克莱特在克罗姆福德取得的成就，使戈特深受启发，所以1792年他在西赖丁的比恩伊恩（利兹市外的一片绿地）兴建了第一家大型毛纺厂，取名比恩伊恩毛纺厂。如此一来，他迈出了从商人转变成制造商前所未有的一大步。当1793年比恩伊恩毛纺厂开业的时候，它拥有了生产和精加工布料所需的全部机器。尽管有些机器是由一台专门购买的博尔顿和瓦特蒸汽发动机（Boulton & Watt steam engine）驱动的，这台发动机并未用于珍妮纺纱机、织布机和精加工设备。一代产品之后，戈特在他的比恩伊恩毛纺厂安装的纺纱机，直到 1813 年还是在由两个男孩来操作；事实上在纺纱机的机房里根本没有动力（全由人力驱动）。1799 年，一场大火烧毁了毛纺厂，即使后来厂房的重建也没有给机房动力提供任何革新的机会。事实上，在理查德·罗伯茨的自动骡机出现并在棉纺机上首次成功使用后，毛纺业的走锭纺纱才开始采用动力驱动。到 19 世纪 30 年代，罗伯茨的自动骡机终于受到市场认可，但蒸汽机，而非水车，才刚开始成为动力来源。

戈特将其产业帝国扩展到三家工厂，这些工厂都靠近利兹，到 1819 年三厂总计雇用工人 1000 多名。尽管戈特几乎没遇到过阿克莱特常常遭遇的那种暴力抵制，但 19 世纪初，当地的整个织布业都对他和其他一些想法与之相似的商人成为生产商的方式感到担忧。一些小的独立制衣商立即意识到，从长远来看，这将毁掉他们的生计。短期内，戈特先以优惠的价格为他们提供梳毛和缩绒服务，他能够帮助他们；但他同时作为一个商人购买他们的成品布匹。他总是卖出比他自己纺织厂产量多三倍的布料，然而，所有这些情况出现的时间都是相对短暂的。

整个西赖丁，到 19 世纪中期，最终还是形成了一个由生产商兼批发商所有的集生产与销售于一体的纵向整合的大规模毛纺业综合体，工厂位于高速发展的城镇，如哈利法克斯，在中心工业区的山上建有一排可供数百名工人居住的宿舍。当时，约克郡的工业城镇和奔宁山脉另一边兰开夏郡的工业城镇在外观上几乎没有什么区别，只不过兰开夏郡的整个工业都是以棉花为基础的。即便如此，约克郡的家庭作坊织工、纺纱工，尤其是毛纺业工人，在半个世纪后依然可以操持旧业。约克郡采用蒸汽动力的速度要慢得多，甚至在其相对较小的棉纺业中也是如此。19世纪30年代末，在约克郡，水车的总体功率仍然高于蒸汽动力，而兰开夏郡拥有全英国一半以上的棉纺厂，水车在总功率中所占的比例还不到12%。

在约克郡更为古老、更加保守的毛纺业中，蒸汽动力，即使在它占英国纺织业（不仅包括羊毛和棉花，还包括亚麻、黄麻、大麻和苎麻）动力总成的72%的时候，依然还有很长的路要走。一方面，无论利兹欠本杰明·戈特多少情，也都比曼彻斯特欠理查德·阿克莱特的情要少得多。另一方面，毫无疑问，与阿克莱特相比，这位约克郡人更加平易近人。

第五章　发明、工业和制造业共同体

工厂和厂主

在 18 世纪，耐用消费品的大规模生产和销售，改善了无数英国家庭的生活质量。这些商品主要是在商店等新的贸易网点销售，而这些贸易网点常常远离生产商品的工厂和车间。尽管最有利可图的市场不可避免地出现在富裕家庭（宫廷和贵族等）中，但从长远来看，只有当消费需求延伸到无数相对普通的家庭时，工业生产才有意义。要实现这种合理的发展，必须满足两个条件。第一是消费能力的稳步增长，除了最贫困的家庭外，其他家庭的消费能力都在增长。第二是运输基础设施的改善，使大量的货物能够安全地进行长途运输。同时符合这两种条件的商品不仅必须耐用，消费者还得愿意把钱花在茶叶、咖啡和糖果等奢侈品上。然而，当他们更愿意购买家装饰品和着装饰品，或用陶器来取代锡制杯和木制托盘时，专业制造商就会随时准备满足他们的需求。

从本质上讲，英国工业舞台上的革新者，是人类社会的新人。他们通常在传统意义上没什么历史的城镇经营，这些城镇既没有成为当地农业经济的中心，也没有成为教会或政府的中心。其中最重要的两个城镇（至少在本章中）是伯明翰和特伦特河畔的斯托克，二者都位于英国中西部，但沿南北轴线相隔约 40 英里。在整个 18 世纪，这两个城镇使英格兰的一部分地区蓬勃发展，使交通变得越来越便利：首先是通过建设收费公路，使其达到适合四轮马车长途货物运输的标准；其次是通过运河将塞文河、特伦特河和默西河等主要通航河流连接起来。这些交通方面的进步并非巧合，而是对急于扩大市场的制造商的需求的回应。他们的野心不仅限于英国的海岸；新的航道使新的货物得以从布里斯托尔和利物浦运往美洲大陆，从赫尔运往欧洲大陆。海外贸易也创造了大量可用于购买新消费品的财富，其中伯明翰和特伦特河畔的斯托克都是各有特色的生产地。

这两个城镇的共同点是它们都与某些特殊的制造业相联系。伯明翰的制造业涵盖钉子、锁、镰刀、搭扣及枪支等几乎所有小型铁制工业产品的生产。产品之多，以至于早在 1538 年，一位当地人约翰·利兰（John Leland）曾写道："镇上有各种各样的铁匠，有许多生产各种刀具和切削工具的刀具匠，有很多生产嚼子的马具匠，还有很多制钉匠……因此，在很大程度上，是这些从斯塔福德郡购买铁和焦炭的铁匠在供养这个城镇。"当时，伯明翰只是众多毗邻而居的小镇之一，这些城镇的人从事的几乎都是同一行业。但到了

18 世纪初，伯明翰便从这些小镇之中脱颖而出，它拥有数百家生产新奇产品和小饰品的锻造厂，这些产品的原材料不仅有铁，还有铜、黄铜、银和镀金。1730 年，伯明翰的人口只有 1.3 万，但按照当时的标准，它已经是一个大城镇了。而且每隔一代，它的人口就会翻一番。然而，伯明翰不是一个享有自治权的城镇，这意味着它在威斯敏斯特的议会中没有代表。从很多方面来看，这也是不幸中的万幸，研究一下考文垂的政治就可以看清这一点。考文垂镇位于伯明翰东仅 20 英里，二者均属沃里克郡。送往威斯敏斯特的两名议员是通过选举产生的，但选举程序既腐败又复杂。无论是对相对少数有资格投票的人，还是对大多数被剥夺选举权的人，这两名议员都无法为其选区争取任何利益。与此同时，考文垂还不得不与那些既得利益者（如当地的手工业行会）所长期享有的无数特权作斗争。

而伯明翰居民则在沃里克郡享有更广泛的特权，因此，仅仅依靠人数的力量，在选择谁将在威斯敏斯特的议会上代表他们这一方面，他们的声音都显得举足轻重。事实上，伯明翰居民普遍接受沃里克郡的一名成员将担任他们在威斯敏斯特的发言人。与此同时，他们享受着不受上级干涉的自由；在地方层面，由于没有手工业行会的干涉，企业家可以自由地以自己的方式开展业务。伯明翰居民还享受宗教自由，这是因为 1689 年英国议会颁布了《宽容法案》(*the Toleration Act*)，允许浸信会教徒、长老会教徒和贵格会教徒在他们自己的教堂和会堂里做礼拜，其子女可以在不同的院校接受教育。尽管法案规定了异见者应该团结起来的原则，但在威斯敏斯特几乎没有什么响应。这些异见者有很多人都是成功的商人，但在 18 世纪，他们并未被任何政党的政治家视为威胁。伯明翰异见者对稳步发展国家经济做出了巨大贡献，所以他们享有相互会见和交换意见的自由，不管他们对现有的政治体制有多少批评，人们都认为这是一个值得付出的代价。

特伦特河畔的斯托克和伯明翰的工业情况颇为相似，尽管二者的城市特点大不相同。一开始，斯托克不是一个城镇，而是所谓的"五镇"集散地。蹊跷的是，这所谓的五镇原本却有六个：汤斯顿、伯斯勒姆、汉利、斯托克、朗顿和芬顿。它们共同的特点是利用当地棕色和黄色的黏土资源，以各种不同的形式制造出后来被统称为"瓷器"的东西。尽管不断改进的制造工艺最初是在 18 世纪初从英国以外的地方引进的，但没有哪个地方像斯塔福德郡的"陶瓷厂"这样大规模地应用这些工艺并取得如此大的成功。这个地区到处都有烧制黏土制品的巨大窑洞；更有一位同时代的人描述的时常笼罩在这个乡村上空的那层云，它厚得"使两人经常相互碰了头，使游客常常误了路"。有陌生人曾说："它非常令人讨厌，和埃特纳或维苏威火山的烟雾没什么两样。"这些特点，使整个地区一眼就能辨认出来了。

尽管在陶瓷行业，异见者的影响不如伯明翰那么明显，但同样存在着宽容的氛围，这种宽容也延伸到了有大教堂的城市利奇菲尔德和斯塔福德，这两个城市都已成为自治城镇，可以向威斯敏斯特议选送自己的议员。如果这个郡（斯塔福德郡）本身就是由大地主主导的，那么他们就会很乐意通过与陶器行业的新兴工业家合作来开发地产中蕴含的自然资源。18世纪中叶，斯塔福德郡的一名技工詹姆斯·布林德利（James Brindley）开始大力拓展运河，并让安森勋爵和高尔勋爵等当地著名的土地所有者相信，如果他们想实现自己财产的全部价值，就应该在陶瓷行业投资。同样重要的是，这两位贵族勋爵还居间牵线，把两位国会议员介绍给了利奇菲尔德的商人。诸如这种有利于工业发展的因素，使当地商人享有和伯明翰商人一样的自由。

工业革命史的制造业史部分，正如它在英国中部的发展那样，有两个名字非常引人注目：在伯明翰制造玩具的马修·博尔顿和在伯斯勒姆（"五大"陶器重镇之一）制造瓷器的乔赛亚·韦奇伍德（Josiah Wedgwood）。就算此二人在自己的领域都不是垄断者，他们也都是同行中的佼佼者。然而，英格兰中部地区的工业远不止伯明翰的玩具或陶瓷厂的瓷器；同任何工业一样，制造商依赖原材料的供应、进入市场的机会、熟练的工匠和整体较为宽松的政治环境。

考虑到整个社会的利害关系，那些积极推动新制造业的人之间形成了稳定的利益共同体，在当时旅行依然费时费力的时候，他们彼此靠近，必然会增进友谊，而且随着时间的推移，这种友谊会发展成有组织的团体。至少，18世纪下半叶发生在月光社（Lunar Society）的一切就是如此。月光社聚集了一批才华横溢、富有创见但又饱受争议的成功人士。而这一切都始于1757年马修·博尔顿和伊拉斯谟·达尔文之间的非正式友谊。伊拉斯谟·达尔文并非制造商，而是利奇菲尔德的一名医生，他刚刚在那里开设了自己的诊所。这座有大教堂的城市因赛马而远近闻名，同时也是著名的文化中心，尤其是因为英国的著名男演员大卫·加里克（David Garrick）以及后来因为编撰词典而出名的塞缪尔·约翰逊（Samuel Johnson）都是当地土生土长的人。伊斯拉谟·达尔文在剑桥和伦敦完成学业后，在爱丁堡完成了他的医学训练。爱丁堡的原创性思维在整个英国都首屈一指。到了利奇菲尔德，无论是在职业上，还是在社会交往上，伊斯拉谟·达尔文都可谓是马到成功。他发现博尔顿同样是个爱交际、渴望接触整个世界的人；两人之间的友谊很深厚，这种友谊也自然而然地延伸到他们各自的妻子及整个家庭。

这就是一个朋友圈子的开始，他们因共同的兴趣而联系在一起，这些兴趣可能是工程方面的，比如修建新运河，也可能是科学（当时称为"自然哲学"）和发明方面的。前者把乔赛亚·韦奇伍德，后者把氧气的发现者约瑟夫·普利斯特里和威廉·斯莫尔带进了这个圈子。23岁的威廉·斯莫尔曾被任命为弗吉尼亚州威廉玛丽学院的数学和自然哲学教授。1764年回到英国后，他决定不再住在伦敦或苏格兰，虽然在那里他可以继续他的学术生涯，而是住在伯明翰，在那里，他从阿伯丁大学获得了医学博士学位，虽然这个学位有点可疑，但是凭借这个学位，他可以购买一个正在营业的诊所。在那里，他的患者不仅包括马修·博尔顿，还有博尔顿的朋友约翰·巴斯克维尔（John Baskerville）——英国最伟大的印刷师。威廉·斯莫尔受到大西洋两岸所有认识他的人的喜爱和钦佩。在威廉玛丽学院，托马斯·杰斐逊（Thomas Jefferson，1743—1826年）是他的学生之一，杰斐逊钦佩他传播自由主义观点的天赋，但更重要的是，他也是本杰明·富兰克林（Benjamin Franklin，1706—1790年）的朋友。在威廉·斯莫尔回国的同时，富兰克林也来到英国，在那里度过了大约11年。

富兰克林在物理学上的发明和发现为他赢得了英国皇家

学会的会员资格，他曾在费城当印刷工［他也是畅销书《穷理查智慧书》(*Poor Richard's Almanac*) 的出版商］。作为皇家学会会员，他早在 1758 年就已经在伦敦与巴斯克维尔见过面，当时他作为宾夕法尼亚议会的代理人在伦敦待了两年。1764 年，他回到英国，受威廉·斯莫尔的邀请，住在伯明翰。在那里，通过巴斯克维尔，他已经结识了博尔顿。他很快就以荣誉会员的身份受到了朋友们的欢迎，这些朋友后来被历史称为"月光社人"(Lunar Men)。

18 世纪 60 年代对英国来说是一个动荡不安的年代。1763 年结束的七年战争让这个国家背上了沉重的债务。英国取代了法国（在佛罗里达英国取代了西班牙），成为密西西比河以东整个北美大陆的主人，同时也成为印度大部分地区的实际统治者，但这些胜利并不能让人感到多少安慰。1760 年，乔治三世 (George Ⅲ) 登上王位，导致的后果是，两年后，他的前任导师布特勋爵 (Lord Bute) 领导的政府不受欢迎，因为该政府试图通过将英国的税收范围扩大到北美殖民地来偿还国债。结果在北美大陆殖民地和英属西印度群岛引起了轩然大波；收税变得几乎不可能。然而，在英国，北美殖民者抵制英国商品的威胁导致了制造商的强烈抗议，使威斯敏斯特议会不能坐视不理。1763 年，布特勋爵的保守党政府倒台。两年后，也就是 1765 年，辉格党人 (the Whigs)

罗金汉姆侯爵领导的政府废止了向美国征税的法案。

此时，富兰克林已经回到了英国，在接下来的 10 年里，他抗议英国议会向美国殖民地征税，却不给殖民地代表权，但是他的努力终将是徒劳。当布特勋爵第一次试图向美国征税时，乔赛亚·韦奇伍德曾警告说："政府似乎决心在美洲征服其臣民……我告诉他们，美国人会为自己制定法律，如果我们继续我们的政策，美国人在很短的时间内也会为我们制定法律。"对他的声音，以及许多持相同意见的人的声音，威斯敏斯特都充耳不闻。英国议会无视北美臣民的利益，一直试图对他们征收新税，富兰克林的耐心已经耗尽。1775年，他回到英国，在审议北美殖民地问题时发挥了主导作用，最终导致 1776 年 7 月 4 日《独立宣言》(*Declaration of Independence*) 的发表。

在乔治三世（1760—1820 年）统治的前期，与北美事务有关的一连串事件无论在哪个阶段都没有促成能够推动英国议会改革的有效行动。英国宪法否认绝大多数英国人的代表权，就像否认北美殖民者的代表权一样，这一做法遭到人们的广泛批评，尤其是遭到像"月光社人"那样的圈子的批评，但直到 19 世纪，实质性的改革才提上议事日程。那些 18 世纪工业革命的先锋们——不管他们是不是"月光社人"——都从经验中学会了必要的时候如何在申请新专利或申请圈地权等事情上获得议会的批准。马修·博尔顿和乔赛亚·韦奇伍德都有一种超凡的天赋，能够让统治阶级相信他们之间拥有共同的品位和利益；制造商通过提供自己生产的最佳产品，往往能够说服占统治地位的和拥有土地的绅士，通过开采矿产资源或修建运河，后者都有利可图。而开采矿藏和修建运河对工业革命都至关重要。没有任何重要的议会改革行动，并不一定意味着英国的生活是和平安全的。相反，直到19世纪，英国几乎没有一年未出现过暴动和内乱，英国政府的统治持续遭到威胁。英国人普遍认为殖民地的安全状况比国内更糟，这种看法是错误的，这可以从富兰克林的一封信中看出：

> 那么，你们英国人还假装谴责北美殖民地的暴动吗？看看英国国内吧！在一年内，我目睹了全国因玉米发生的骚乱、因选举发生的骚乱、因济贫院发生的骚乱、因矿工发生的骚乱……在美洲，如果有一群暴徒打碎了几扇窗户，或者在一个告密的流氓浑身涂上柏油和粘上羽毛，那就叫作"叛乱"，因而必须向那里派出部队和舰队，军法处置被认为是世界上最体面的事情。而在这里（英国），人们确实会认为暴动是治理模式的一部分。

法律和秩序的力量几乎无法遏制这类事件，因此议会常常将更加严厉的惩罚视为唯一的补救措施。一些犯罪头目被判处死刑，或者在澳大利亚成为流放地之后被流放，但英国政府对使他们犯罪的根本原因几乎没有采取任何行动。议会和人民都在寻找替罪羊。1763 年，约翰·威尔克斯（John Wilkes，一位强烈批评布特勋爵延长消费税法案计划的国会议员）因煽动诽谤罪受审，导致暴徒们在伦敦街头高呼"威尔克斯与自由"。当时在伦敦的乔赛亚·韦奇伍德指出，"这件事在这里引起了普遍的反感，是镇上每个政治俱乐部的普遍话题"，但这些都没有直接帮助到威尔克斯，所以他在年底前逃到了法国。四年后，他作为一个受欢迎的英雄回来了，起初他被关进监狱，并被剥夺了在议会的席位；但在1771 年，他被选为米德尔塞克斯郡的高级警长；在 1774 年，他被选为伦敦市长，并再次成为国会议员。从这一连串的事件中，议会本身并没有吸取什么教训，也没有人预料到会有其他结果。人们在俱乐部和咖啡馆里，可以像"月光社人"在他们的小圈子里一样自由地交谈，只要是在更高层次的谈话中，他们就会谈论约翰·洛克（John Locke）和大卫·休谟（David Hume）的政治哲学或伏尔泰（Voltaire）的"启蒙"之类的话题。就像几乎所有人都意识到的那样，在这个层面上，英国是一个崇尚空谈而非行动的国度。

　　正是在这个阶段，"月光社人"决定通过正式建立月光社，更加精心地组织他们的会议。之所以叫月光社，是因为它每月的会议都安排在最接近满月的周日，对于这种定期活动人们通常会这么选择活动日期。在黑暗降临后，他们可以圆满结束。这一决定是在 1775 年的新年前夜做出的，这一年，威廉·斯莫尔的去世让整个月光社都为他感到悲伤。在前一年，詹姆斯·瓦特以博尔顿在苏豪制造厂的合伙人的身份加入了月光社，并受到了热烈欢迎。1775 年，威廉·威瑟林（William Withering）的加入也同样受到了热烈的欢迎，随后博尔顿便任命威瑟林接替威廉·斯莫尔担任他的科学顾问。在接下来的几年里，由于商业原因（例如，请博尔顿或瓦特去康沃尔的锡矿），"月光社人"未能去中部地区，这意味着严格的时间表更多的是被违背而不是被遵守。然而，当朋友们能够聚在一起时，他们既能讨论最新的科学发现，也能讨论最近的政治发展，从中获得了极大的乐趣和益处。

　　对"月光社人"来说，重要的是，他们生活在一个能够容忍异见人士的新教时代；与天主教不同，它没有颠覆性的政治维度——也许苏格兰除外。在一个世纪里，议会和英国国教在其权力和影响力达到顶峰时紧密联系在一起。但是，随着美国革命的爆发，更重要的是法国革命的爆发——在英国都有相当多的民众支持，英国既有政治和宗教势力的地位变得更加不稳定。在政治方面，无论是在议会还是在全国范围内，民众对于 1770—1782 年由诺斯勋爵（Lord North，1732—1792 年）担任首相的保守党政府执政，一直是强烈反对的。

夺回北美殖民地一直是一项无望的事业，但直到 1781 年英国军队在约克镇战役中决定投降后，诺斯勋爵才意识到这一点。这意味着诺斯政府的终结，以及在继任的辉格党政府的领导下，1783 年英国与美国签订《凡尔赛和约》。和约承认了英国在北美的殖民地的独立地位，同时也确定了未来美利坚合众国的边界。尽管诺斯政府的失败经常被归咎于他与乔治三世的亲密关系（乔治三世对失去他所认为的美国殖民地极为不满），但其强大的辉格党对手并没有利用这层关系来推进议会的改革事业。像著名的议会演说家埃德蒙·伯克（Edmund Burke，1729—1797 年）这样支持美国殖民独立事业的人，并没有被认为是颠覆者。在 18 世纪 80 年代，埃德蒙·伯克本人在建立英美友好关系方面发挥了重要作用，使英国制造业一度丢掉的北美市场失而复得，马修·博尔顿和乔赛亚·韦奇伍德等人认为这是最受欢迎的发展。

随着法国大革命的爆发，这种立场发生了根本性的变化。尽管 1789 年巴士底狱的陷落让英国人欣欣鼓舞，革命的发展方式却让民众和议会都感到了恐惧和焦虑。1793 年年初，法国国王路易十六被处决，随后法国进入了恐怖统治时期并对英国宣战，公众对法国理想主义革命的支持变成了偏执的敌意。早在 1790 年，埃德蒙·伯克就在一份名为《反思法国大革命及伦敦某些团体有关该事件的行动的会议纪要》（*Reflections on the Revolution in France, and on the Proceedings in Certain Societies in London Relative to that Event*）的里程碑式的出版物中指出，法国大革命导致了文明的衰落、既定制度的崩溃以及"计算师和经济学家"对文化和规则的破坏。法国是"迄今为止世界上最能干的毁灭缔造者"。所有这一切都与伯明翰以及其他许多地方表达的民众对异见者的敌意相呼应。

在"月光社人"当中，很多人都和博尔顿和瓦特，以及达尔文和韦奇伍德等人一样保持低调，约瑟夫·普利斯特里（1733—1804 年）却截然不同。他鼓吹支持法国大革命，当时议会正在讨论废除《审查法案》（*the Test Acts*）——该法案剥夺了非英国国教教徒的政治权利。埃德蒙·伯克反对该法案，引用了普利斯特里出版的著作中威胁要摧毁英国国教的章节和诗句。1891 年 5 月 1 日，普里斯特利在伦敦为著名的持不同政见者理查德·普莱斯（Richard Price）举行的葬礼上向悼念者布道时曾表示，毫无疑问，他认为法国大革命是一项"正义事业"。废除《审查法案》的法案未获通过对英国政治改革是一个重大挫折，当普利斯特里回到伯明翰时，路易十六和他的王后玛丽·安托瓦内特（Marie Antoinette）被囚禁在巴黎的杜伊勒里宫。

同年 7 月 14 日，普利斯特里在一个名字不太合时宜的酒店——皇家酒店——组织了一场晚宴，以纪念攻陷巴士底狱。在那里，他们首先提议为"国王与宪法"干杯之后，其他人接着分别提议为"法国爱国者国民大会""人权""美利坚合众国"而干杯。普里斯特利出于谨慎没有参加晚宴，但还是有一小群人聚集在酒店外面，当晚宴的客人——其中许多是月光社的人——在 5 点左右离开时，那些群众向他们投掷了泥土和石头，不过都没有砸中。后来，更大一群更不守规矩的暴徒闯进旅馆，发现参加晚宴的人都已离开，便打碎了所有的窗户。他们接着摧毁了普利斯特里的新会议厅，然后是他的家，普利斯特里在最后一刻才离家逃走。第二天，其他异见人士的房子，包括普利斯特里藏身的地方，也都遭到了猛烈的攻击，损坏极其严重。普利斯特里和他的妻子逃到了伦敦，而在接下来的几天里，骚乱蔓延到伯明翰周围的村庄，最终导致 8 名暴徒和 1 名特别警察死亡。留在伯明翰的马修·博尔顿终于松了一口气，因为苏豪大厦和工厂都没有受损。乔治三世对结果很满意，埃德蒙·伯克也很高兴。内政大臣亨利·登达斯（Henry Dundas）担心这些暴民有一

天会反对政府——两年后确实发生了，而首相威廉·皮特
（William Pitt）却只字不提。埃德蒙·伯克表示他对法国正
在发生的事情感到担忧，对此皮特首相回答道："不要害怕，
伯克先生，相信我，我们会一直这样走下去，直到末日审
判"。就当时政府的国内政策而言，这是一个不错的表述。
"这一切对改革事业都没有任何作用，暴动和肆意破坏财产
总是如此。"［皮特首相后来全力支持他的朋友威廉·威尔
伯福斯（William Wiberforce）废除国际奴隶贸易的运动，
最终取得了成功。］两年内，在皮特首相的领导下，英国与
法国开战，这种情况持续了 20 多年——中间只有一次短暂
的中断。

苏豪制造厂

在 18 世纪，伯明翰的西米德兰镇作为工业、商业和城
市化的集大成者，在工业革命中发挥了比其他任何一座英
国城市更大的作用。它的工业以生产"玩具"而名声大振，
"玩具"一词涵盖了为消费市场生产的各种小型制品。不管
哪种小型企业，他们的性质都是根据他们用哪种材料来制造
哪类产品来界定的。当时的材料主要有金、银、龟甲、钢、
铁等；而产品则包含开瓶器、烛花剪、表链、带扣等，尤其

是带扣之类的产品，因为在18世纪，带扣被认为是制作鞋子和马裤时不可或缺的东西。在18世纪下半叶，马修·博尔顿很快成了一流的制造商。早在1749年，他就已经成为他父亲的玩具制造公司的合伙人和总经理。

博尔顿是一个勇于开拓进取的人。早在成为他父亲的合伙人之前，年仅17岁的他，就已经研制了一种新的搪瓷扣，为顾客的商品清单增添了新产品。一旦成为合伙人，他不仅继续开发新产品，而且还通过自己的两次婚姻扩展了自己的生意。第一次是在1756年，他娶了玛丽·罗宾逊（Mary Robinson），她是博尔顿的远房表妹，是利奇菲尔德市一位富有绸缎商的大千金，他们一家也是伊拉斯谟·达尔文的朋友。几乎在她公公去世的同一时间，玛丽突然撒手人寰，让博尔顿成了鳏夫，一年后，博尔顿娶了玛丽的妹妹安妮。每一次婚姻都给博尔顿带来了14 000英镑的巨额财富，他选择用这笔钱投资扩大他从父亲那里继承来的生意，这样他就可以在后来说，他本来可以选择过绅士的生活，却选择了成为一名实业家。

肩负实业家的使命，博尔顿不仅拓展了产品范围，还大大增加了经营规模。他具有非凡的才能，不仅能识别他人的创造天赋，而且还能赢得他人的信任，彼此成为朋友。这种天赋让他与乔赛亚·韦奇伍德合作，用钢嵌套制作浮雕珠宝饰物；与谢菲尔德的工匠大师合作，制作谢菲尔德镀银制品，也就是在家用铜器表面镀上一层银，使其变得银光闪闪；最后，也是他做得最成功的一件事，是他与詹姆斯·瓦特合作，生产了世界上最先进的蒸汽机。在装饰器皿方面，博尔顿是公认的镀银和镀金大师。他的镀金制品客户包括乔治三世国王和夏洛特（Charlotte）王后，后者曾为温莎城堡和白金汉宫购置过镀金藏品。这充分证明了博尔顿的社交天赋，其人脉遍及整个英国社会，这也是因为他还是一位颇受欢迎和很有爱心的雇主。

有了这些优势，再加上非凡的进取精神，博尔顿很难满足于他父亲那样的经营规模。他的眼界更高，利奇菲尔德和特伦特河畔伯顿的怀亚特家族（Wyatt Family）拥有当时最顶尖的建筑师和测量师，他充分利用了这一优势。因为博尔顿诚实守信，他与怀亚特家族许多家庭成员都保持着良好的关系。其中有一位，名叫约翰·怀亚特（John Wyatt），是他在伦敦的经纪人。在他们的帮助下，他得以将自己的家和生意搬到伯明翰以北约 3 英里的斯塔福德郡汉兹沃思荒原这个新地方。

在汉兹沃思的一个山顶上，怀亚特夫妇为博尔顿建了一个新家，取名为苏豪之家。后来，在接下来的两三年里，苏豪制造厂，当它在 1766 年开业时，几乎立即成为一个工业展览品——博尔顿尽一切努力促成这一发展。此时，他还为工人建造了宿舍、车间和仓库。所有这些，必须通过史无前例的大规模生产实现利润剧增才能得以实现。例如，生产纽扣等小商品以满足大众市场的需求；推出新设计的产品，用以各种纪念活动，例如，用博尔顿自己的话说，"国王一年一度的生日"；同时，向这些贵族介绍哪些花布可以随意使用，哪些花布是最考究的，可用于装饰那天他们穿的衣服。博尔顿不仅在伦敦搜罗有声望的客户（在伦敦的时尚市场上，博尔顿总是以低于当地银匠和其他手工艺人的价格销售相关产品），而且这些客户在苏豪区也受到欢迎，许多人都乐意去那里参观，而且常常不止一次。

然而，无论苏豪制造厂的"玩具"有多么华丽，也不管那些购买"玩具"的人有多么显赫，这些都不足以让博尔顿赚到钱。随着时尚的不断变化，甚至在 18 世纪末以前，其市场就已经衰落了。博尔顿作为一名企业家，与詹姆斯·瓦特（见第二章）在蒸汽机设计与安装方面密切合作，挽救他于破产。

博尔顿还参与了许多其他的商业冒险，其中包括经营一家铜币铸造厂，该厂于 1789 年在苏豪制造厂旁边的一个地方建成。

人们一直认为皇家铸币厂垄断了金币和银币的生产，但

到 18 世纪 80 年代末，很明显，人们对铜币的需求远远超出
了铜币资源的供应。原则上，博尔顿比任何竞争对手都更有
能力填补这一空白，但政治阻碍了他的道路。直到 1797 年，
英国发生了严重的金融危机，因而财政部同意他铸造铜币，
即著名的车轮铜币，当年 7 月 26 日王室发布公告，宣布该
铜币为法定货币，总面值为一先令。在接下来的几年里，王
室把许可范围扩大到半便士和四分之一便士。此时，财政部
已经受够了，开始在伦敦塔山建造一座全新的皇家铸币厂。
1806 年 7 月 30 日，财政部把价值 16 990 英镑的铜币铸造合
同给了苏豪铸造厂。原因很简单，在英国没有其他企业能够
实现这种规模的生产。博尔顿于 1809 年 8 月 25 日去世，6
个月后，也就是 1810 年 2 月，皇家铸币厂这座小建筑才建
成并投入使用。苏豪造币厂，虽然存在的时间很短然，但它
是博尔顿最成功的商业运作案例之一。

英国和欧洲的陶瓷业

　　除了钢铁，18 世纪最引人注目的工业变革就是陶瓷业
的巨变。在英国，这首先与一个叫乔赛亚·韦奇伍德的人以
及他所在的北斯塔福德郡有关。虽然陶瓷的生产可以追溯到
古代，但直到 18 世纪，它才从一个以农舍为基础的行业发

展成一个以工厂为基础的行业。

17 世纪初，英国陶瓷工业的成就并不起眼。虽然乡村陶匠也制作陶器，但质量更高的瓷器，要么来自中国，要么是荷兰代尔夫特的仿制品。因为价格昂贵，所以只有在最豪华的餐桌上才能找到它。早在 17 世纪初，欧洲和英国的情况就开始发生变化。1709 年，有一位专门为萨克森国王服务的炼金术士约翰·伯特格尔（Johann Böttger），其职责是寻找将"贱金属"转化为黄金的方法。通过反复试验，他发现了如何用当地的黏土制作中国瓷器。他的产品最终在撒克森小镇梅森投产，这款瓷器以撒克森王国的首都德累斯顿命名，很快就声名远扬了。

虽然伯特格尔竭力对瓷器工艺进行保密，但在 17 世纪上半叶，它就已经传遍了欧洲，特别是在法国的圣克劳德、文森、赛夫尔等著名制陶中心德累斯顿瓷器厂已经建成投产。1766 年 4 月 1 日，布兰卡斯家族的路易斯 – 费利西特（Louis-Félicité），也是法国洛拉盖的一位伯爵，因为曾参与了这种瓷器的制作过程，他便写信给英国著名的实业家，伯明翰的马修·博尔顿，提出要出售他的专利权。当时，在英国的各个地方都已经有了瓷器制造商，但由于缺乏合适的黏土，他们的产品还算不上真正的瓷器。此外，瓷器的确必须含有一种特殊成分——骨灰，而且与陶器相比，瓷器的质量更为上乘，所以其瓷器制造技术的确已经取得了一些重要进展。

瓷器在英国取得重大突破，源于 1768 年普利茅斯化学家威廉·库克沃西（William Cookworthy）在当地发现了一种适合制造真正瓷器（像中国瓷器那样）的黏土——高岭土。他的瓷器制作工艺于 1768 年 3 月 17 日获得了专利。尽管库克沃西多年来一直在普利茅斯仿制瓷器，但由于当地缺乏煤炭供应，他只能用木头来烧窑。这个短板导致他搬到布里斯托尔进行瓷器生产。在那里，由于当地没有合适的黏土，他又不得不使用一种被称为花岗石的次等替代品。在普利茅斯，他有黏土，但没有燃料，而在布里斯托尔，他有燃料，但又没有黏土。造化弄人，他便把公司卖给了当地的商人理查德·钱皮恩（Richard Champion）。1775 年，钱皮恩向上议院申请延长库克沃西 1768 年的专利；上议院在韦奇伍德和斯塔福德郡其他主要制陶商散发的小册子的狂轰滥炸下，做出限定：只有康沃尔黏土才能用于制造瓷器。这对斯塔福德郡来说是一场胜利，这里的康沃尔黏土储量丰富，直到 21 世纪仍在开采，为整个陶瓷产业提供了最佳原材料。

在康沃尔旅行的韦奇伍德，在 1775 年就已经意识到这里黏土的巨大潜力，同时注意到纽科门蒸汽机在当地煤矿中的巨大作用。3 年后，斯塔福德郡的一个制陶财团从钱皮恩手中买下了库克沃西的专利。钱皮恩虽然已经投了资金，但还是自己关闭了在布里斯托尔的制陶店，从而终结了英国真正的瓷器生产。

1782 年，韦奇伍德向博尔顿和瓦特订购了第一台蒸汽机，几乎成为英国第一位在工厂使用蒸汽动力的制造商。更重要的是，博尔顿不仅因为 1766 年洛拉盖的那位伯爵向他兜售瓷器专利而对瓷器有所了解，而且他还是韦奇伍德的朋友，韦奇伍德和斯塔福德郡财团的其他成员一起开发利用了从钱皮恩那里买来的专利权。有了从康沃尔经海路和运河购进的黏土，加上当地拥有既能窑用又能机用的丰富煤炭储备，制陶商生产各种陶瓷的条件日趋成熟。瓷器创新之路的大门也随之开启，例如，18 世纪 30 年代首次出现的奶油色双釉陶器，就采用了精细的铅釉，与瓷器非常相似。

陶瓷行业的发展蒸蒸日上。18 世纪 50 年代汤斯顿的伊诺克·布斯（Enoch Booth）首次提出了两次烧制陶瓷的方法，这是陶瓷最早的创新之一。陶瓷土坯经过第一次烧制，就可以开始上各种釉。韦奇伍德一直是各种釉色组合实验的领军人物，所使用的原料来自英国各地。在他去世的时候，他留下了 7000 多个样本。他使用过的原料包括盐、铅、玻璃、钡、燧石、铁、钴、铜、锰等。他将几种材料组合起来生成各种不同的釉料，但其中只有相对较少的釉料具有商业价值。

但韦奇伍德也取得了一些令人瞩目的成就，比如他在1763 年推出的"皇后陶器"。韦奇伍德是一个未受过专业训练的化学家，他的朋友约瑟夫·普利斯特里当时也没有——后来却因为他在气体方面的开创性工作，现在被认为是化学科学的奠基人之一。韦奇伍德让他的几个儿子都接受了 18世纪后期所能接受到的最好的科学教育。他虽然对爱丁堡不感兴趣，但自己也在那里待了一段时间，以便在大学接近二氧化碳的发现者约瑟夫·布莱克（他的儿子约翰也是该校的学生）。韦奇伍德的公司还证实了"18 世纪的科学是如何在英格兰中部和北部工匠和工业家建立的协会——伯明翰的月光社、曼彻斯特文学和哲学协会（Manchester Literary and Philosophical Society）等——的推动下而获得发展的"。

韦奇伍德只是众多陶器创新者之一。1793 年，托马斯·明顿（Thomas Minton）在特伦特河畔的斯托克建立了自己的工厂，他是陶瓷表面着色工艺的首创者，利用这种工艺可以把几种不同的颜色同时印在陶器上。还有许多其他的知名人士［如斯波德（Spode）］，他们在历史上率先实现陶瓷的工业化大规模生产，并且产品面向大众消费市场。尽管这种趋势在 18 世纪下半叶更加引人注意，甚至在普通家庭中，瓷器盘子也取代了木制盘子，但斯塔福德郡不得不为这种成功付出高昂的代价。当地环境的恶化并非没有原因，制陶地区被称为"黑色之乡"，这是烧煤和由蒸汽动力驱动的新工厂运营的必然结果。18 世纪最后 25 年里，斯塔福德郡所取得的成就为现代工业，尤其是在纺织领域，树立了典范。

第六章　人民、政治与工业

农村与农民

在英国国内长期稳定的初期，人们很容易认为，在某种程度上，英国是一个以大量小农为主的单一农业经济体，人们保持着传统的生活方式，全国各地，几乎千篇一律。这种想法未免过于简单。18 世纪早期，丹尼尔·笛福（Daniel Defoe）在他的《大不列颠全岛游记》（*Tour through the Whole Island of Great Britain*）中描绘了当时的英国是如此丰富多样，尤其是在职业方面。

英国许多农村地区仍然居住着大量人口，住在农舍的普通百姓都过着半工半农的生活。英国西南各郡、东盎格利亚和约克郡尤其如此，这些地方的土地最有利可图的营生就是放羊。与此同时，还有许多地方全部都是矿工和渔民，他们的生活完全脱离了农业（种植）领域。

尽管如此，南方的家庭手工业由于缺乏创新而日渐衰落，而这对于西赖丁而言却大有裨益，那里的新兴纺织厂甚至需要从遥远的苏格兰高地购买原羊毛。1720 年，在威尔特郡的威尔顿开始兴起的地毯制造等新兴产业甚至可以阻止当地的经济下滑。即便如此，到 18 世纪末，毛毯产业的中心已经向北转移到了塞文河谷的基德明斯特（那里现在仍是地毯业的中心）。除了以羊毛为基础的产业，采矿业也因市场因素而不断发展，而煤炭和铁矿石的开采成了工业革命的核心产业。

在一个人口长期稳定增长的历史时期，这些变化意味着数十万人不仅要另谋职业，还要背井离乡另找新家。原则上，1662 年英国颁布了《定居与搬迁法》（*the Act of Settlements and Removals*），本应以立法的形式阻止这一进程，但实际上并未奏效。企业对作为生产要素的劳动力需求太大，而传统的就业机会又过于有限。城市人口，尤其是谢菲尔德的伯明翰这样的新兴工业城市的人口，不断增加；农村人口和日渐衰落的旧城镇的人口并未增加，这些城镇通常是埃克塞特和约克这样有大教堂的城市。其结果往往是毁灭性的。

考虑到 18 世纪初英国经济的性质，税收的负担主要落在土地上，更确切地说，是落在那些拥有土地的人身上。特别是，17 世纪末新土地税的实行，以及光荣革命后政治气候的变化，都表明地主必须根据自己能赚到多少钱而不是能供养多少佃户来看待他们的地产。因为农业实际上变成了一种以市场为导向的产业，所以生产要素——甚至是在田间劳作的劳动者层面上——都不得不按货币来衡量。

　　根据与土地所有人商定的租赁条款，佃农可以租用大量土地，进行大规模经营，所以佃农通常会雇用劳工，并以现金的方式为劳工支付工资。要实现大规模经营，必须以失去传统权利的贫穷小农为代价进行圈地。在 1688 年，将近 90% 的英国人口从事农业，而到 18 世纪 60 年代，这一比例已降至 50% 以下。从这一变化可以看出，在圈地运动的过程中，大量小农已经无法在农村继续生活下去。而这种局面是议会无数次颁布法律导致的结果。因此，到 1760 年，英国总圈地面积达到 338 177 亩，刚好超过英国土地总面积的 1%。

　　历史学家对圈地运动的"是非功过"存在明显分歧。平民主义者将小农数量的减少归咎于圈地运动，因为圈地运动导致小农失去了之前用来放牧的公地，从而导致牲畜数量也相应减少，同时也导致了他们的可耕地的粪肥减少。在这种恶性循环中，小农别无选择，他们只能把他们的小农场卖给大地主，然后在工业领域另谋生计。另一些人注意到，在某些关键时期，比如长期的对法战争（1793—1815 年）时期，小农场的数量不仅没有减少反而得到增加，因而他们坚持认为人们并非普遍反对圈地运动。来自农村的男性，大多是未婚青年，在较高的工资的吸引下，自愿进入工业领域工作。这就解释了在新兴的工业城市中，当死亡率超过出生率时，这些城市的人口为什么还会稳步增长。

采纳哪种观点并不重要，重要的是圈地运动的结果，即以市场为导向的农业用地面积增加了，而从事农业的人口却反倒减少了，对这一事实唯一合理的解释，就是农业生产得到了更加有效的管理。如果英国要养活不断增长的人口，加强农业生产管理是必不可少的。重要的是，1808 年是英国拥有可供出口的盈余农产品的最后一年。毫无疑问，到那时，从农业经济到工业经济的过渡已经基本完成。

考虑到英国常年战争所需的纳税负担，土地所有者不仅有很强的愿望来提高土地的生产效率，而且他们当中的大多数人实际上也实现了这一愿望。他们所采用的方法，例如引进苜蓿、胡萝卜等饲料作物，通常都源于北海对岸的荷兰。在荷兰，早在 18 世纪之前，这些方法就已经是当地的标准做法。开垦荒地也是如此，例如 17 世纪的东英吉利沼泽地排水造地，这为农业生产创造了大片肥沃的新土地。这又是一次以牺牲传统职业为代价的做法，只不过这次涉及的传统职业是捕鱼、偷猎和猎取水鸟等。18 世纪的卡姆登勋爵将这些消灭传统职业的人描述为"性情残忍，脾气粗暴，嫉妒心极强的人"，而笛福则将他们形容为"因散漫、懒惰……而臭名昭著的人"。

总而言之，尽管在沼泽地谋生且不愿改革的这类边缘群体有各种不同的缺点，但是 18 世纪的英国还是出现了这样的情况：生产一定数量的粮食所需的劳动力大幅减少，同时一定土地面积上的粮食产量也同样大幅增加。产生这种情况的部分原因是，由于煤炭贸易的发展，不断有人把石灰作为肥料来使用。

虽然新的作物使冬天喂养牲畜变得更加容易，四季畅通的道路却是把牛肉运到伦敦的必要条件。正是这种依赖雇佣劳动力的网络以及参与其中的人的职业，构成了 18 世纪英国不断变化的物质经济的特征。农业生产力的提高在主要增加了土地所有者的财富——这是他们一直以来的目标——的同时，也促进了现金经济的出现，被这种经济影响的范畴远远超出了农业领域。正如第五章开篇所述，这种经济是以人们对于茶叶和蔗糖等商品的消费日益普及为特点的。

尽管在 18 世纪，农业革命导致了在土地上工作的人口数量大幅下降，但包括英国在内的欧洲人口仍以农村人口为主，这主要是因为在农村每个家庭从事工业、运输或其他工作的人员数量增加了。当时的家庭通常都属于核心家庭，每个家庭都期望除了幼小的孩子，其他家庭成员都应该以这样或那样的方式挣钱养家糊口。虽然他们以个人而不是团队成员的身份工作，但他们的收入通常会被汇集起来，以满足整个家庭的消费需求。

家庭手工业产品通常包括面向市场的服装和纺织品，但也包括金属、皮革、木材以及陶瓷等制品。这是对市场机会的内生反应，这种市场机会不仅来自快速发展的城市，也来自海外，尤其是北美殖民地。因为这种各谋生计的家庭结构，本质上是在家庭的土地资源已经大抵消耗殆尽之后的一种维持现状的策略，所以这种家庭结构迟早都会难以为继。因此，英国乡村的家庭手工业为工业革命提供的是劳动力，而不是消费者。

新中产阶级

那些背井离乡的农民为斯塔福德的制陶业，以及塞文河谷的煤炭和钢铁等产业提供了大量劳动力，这些都是 18 世纪英国经济多元化过程的一部分。这一过程导致的另一个结果是作为一个重要的社会阶层的中产阶级在英国出现了。

一个典型的中产阶级家庭可以根据其雇用的仆人和对商品的消费方式来加以辨别，所消费的商品包括在外购买的衣服等耐用品和食品等即时消费品。仆人微薄的工资主要花在衣服上，而他们的主人则把钱花在定制家具、瓷器餐具、大窗户和配套的窗帘上。在某些情况下，用英国制造的产品（如地毯）来替代从波斯等国进口的昂贵物品，为家居增添了一个新的维度。

18 世纪初，在高端消费方面，托马斯·川宁（Thomas Twining）于 1706 年在伦敦斯特兰开设的茶馆提供了一个极好的案例。川宁出生于 1675 年，起初为东印度公司商人和茶叶进口商托马斯·德伊斯（Thomas d'Aeth）工作，但在他 30 岁的时候，他已经拥有了足够的财力和专业资源，可以开创自己的事业了。于是他买下了一家老牌咖啡屋，将其改造成茶馆，服务于伦敦大火后为人们提供新家的繁华现代住宅小区，小区里有许多房子作为办公室用房一直保留至今。

川宁的这一创新可谓是马到成功，女士们在马车里等候的时候，马夫就会为她们端来一杯川宁茶。从售卖茶水开始，川宁把生意拓展到销售茶叶和咖啡粉，这一创新迅速打开了市场。1749 年，其销售市场已经扩展到北美殖民地，连马萨诸塞州州长都成了他的客户。至此，在英国和欧洲西北部等主要消费地区，茶叶价格已经便宜了许多，但销量增长了好几倍，因为即使是穷人也能买得起茶了。

川宁家族（21 世纪仍在斯特兰德经商）作为店主之所以异常成功，其部分原因是此类生意在 17 世纪晚期才刚刚兴起。川宁茶馆一马当先，不仅在伦敦，而且在整个英国乃至北美殖民地，成千上万的人都纷纷效仿。世界上恐怕只有荷

兰共和国才有资格说它在这方面更加领先，因为荷兰有很多
商业街，如乌得勒支的特拉，虽然历经了几个世纪的沧桑，
依然是一条繁华的商业街。

　　商店不仅出售茶叶，还出售糖、咖啡和烟草，在奢侈
品市场还出售可可，因而商店引发了一场零售业的革命，商
店取代了传统集市和市场，尽管在 18 世纪早期，传统集市
和市场的经营规模依然庞大。 这一点从笛福对 9 月初在剑
桥仲夏公园举行的斯特布里奇市场的描述中可以看出，他
在描述中特别提到了"形形色色的商店……销售各种各样的
产品……金器店、玩具店、铜器店、食铲店、女帽店、男帽
店、男女帽店、绸缎店、布料店、锡器店……所有的店主都
待在帐篷或货摊里"，但是市场的零售商与批发商没法相比，
批发商有"杂货商、盐商、铜器商、铁器商、毛纺品生产经
销商等"。批发商通过各种信用形式进行付款，而零售商则
通过现金进行支付。

　　在 18 世纪，零售业逐渐以我们今天熟知的商店的形式
固定下来，成为一个独立的行业。商店有固定的场所，每周
都有固定的营业时间。零售商店、茶馆和咖啡馆等出现在同
一条街道上，这种形式不仅改变了传统集镇的市场结构，也
改变了伦敦及其他大城市的市场结构。

　　从 17 世纪后期开始，新兴的温泉疗养中心，如坦布里

奇韦尔斯^①的潘提尔斯等地，陆续开放。能为乘坐长途汽车到达的游客提供服务是它们成功的关键，而它们的成功反过来又取决于更高标准的在建公路。高标准的公路是由收费高速公路信托公司负责修建的，他们在 18 世纪改变了英国的公路网，从而使英国交通流量增长了 3 倍，汽车票价却在稳步下降。

商业与金融

上文提及的各个行业从本质上讲都属于商业，其发展不仅提供了除农业以外的大量就业的机会，而且还需要依赖中产阶级典型职业（例如会计）的行政基础设施。事实上，这一切之所以能成为可能，是因为 17 世纪后期以来新兴金融服务业的发展。以吸收存款、贴现票据和发行纸币等为特征的现代银行业于 17 世纪初在荷兰共和国首次出现。早在 17 世纪末之前，人们在伦敦就创建了以金匠公司（Goldsmiths' Company）为代表的现代银行业。尽管这些发展在对外贸易中发挥了极大的作用，偿还债务无须运输黄金，但很快人们就清楚地认识到，这些发展在国内也同样有用，尤其是通过支票支付等创新形式来扩大金融服务。

---

① 英国英格兰东南部肯特郡西南部的自治市。——编者注

1694 年成立的英格兰银行成了中央银行的典范，尽管它在 20 世纪 40 年代末被工党政府收归国有之前是一家上市公司，并在伦敦证券交易所交易股票，这些事实多少有些不同寻常。重要的是，英国财政部可以放心地将自己的资金委托给英格兰银行，但这也意味着，英国财政部可以以非常有利的条件借款，借款利率从 17 世纪 90 年代的 14% 降至 18 世纪 50 年代的不足 4%。

当时，英国的公共财政在国内外都享有比其他欧洲国家更诚信、更高效的声誉。英格兰银行也变成了"银行家的银行"，因此它集中提供金融交易的清算服务。商业企业，比如川宁的茶馆，之所以将其业务范围拓展到银行领域，是因为银行为商业带来了极其重要的便利，无怪乎利物浦勋爵（Lord Liverpool）在 1825 年指出，"任何小商贩，任何杂货商或奶酪商，无论财产有多么匮乏，都可以在任何地方设立银行"。

保险业是 17 世纪全面设立的仅次于银行业的重要金融服务。其主要功能是抵御火灾、海难或者其他任何原因造成的损失风险。与银行业一样，保险业的成功不仅反映了安全稳定的经济环境——至少以英国历史上任何较早时代的标准来看是这样——而且还有助于创造和保持这种环境。例如，用砖建造房屋有助于降低房屋被大火烧毁的可能性；建造更好的船只、安装哈里森第四代精密航海仪这样的导航辅助设备，以及享受皇家海军更有效的保护，将有助于降低船只发生海难的可能性。

总而言之，这些新的金融机构，连同其他新兴的商业企业，不仅为中产阶级而且也间接地为他们的雇员提供服务。与此同时，新的繁荣，加上促成繁荣的战争成本，意味着新的赋税。新赋税的出现，就像对茶叶等商品征收的消费税，反过来又导致人们需要一个官僚机构来征收赋税，尽管这种官僚机构的效率不高。如此一来就形成了一个拥有空前的购买力的消费型社会，因此，像马修·博尔顿和乔赛亚·韦奇伍德等人开创的新产业，就有了一个亟待开发的市场优势，出口到海外的产品更是如此。

尽管如此，市场是他们自己帮助创造的，因为18世纪的资本主义不仅创造了由勤劳的工人组成的新型劳工阶层，而且还创造了新兴的消费阶层。随着时间的推移，这两个阶层的一致程度便成为衡量整个国家繁荣程度的一个标准，但这种协调发展属于19世纪。

地主阶级的统治

直到18世纪末，英国国会都是由大地主控制的，因为他们都是上议院的贵族。下议院席位通常是由上议院的议员赠予的，后者可以厚颜无耻地把下议院的席位赠予自己的家族成员，包括自己的儿子和继承人。诺斯勋爵的案例只是众多案例当中的一个。他是一位资深的国会议员，在1770—1781年担任英国首相，人们普遍认为他对美国殖民地的丧失负有责任，这多少有些不公平。他是第一任吉尔福德（Earl of Guildford）伯爵的儿子兼继承人。

1845年出版的《西比尔》（*Sybil*），又名《两个民族》（*The Two Nations*），是19世纪最伟大的小说之一，其作者本杰明·迪斯雷利后来成为英国最成功的首相之一。他为我们提供了历史上被称为辉格贵族的地主阶级的一个简短的描述。其核心内容是，辉格贵族是"在一个世纪里掠夺教会以摄取人民财产而在另一个世纪里改变王朝以获得王权的一些家族"。

"一个世纪"是指16世纪，当时都铎王朝从修道院掠夺财产用以帮助其主要支持者；"另一个世纪"则是指17世纪，荷兰执政官威廉三世（William Ⅲ）受邀登陆英国，取代詹姆斯二世（James Ⅱ）成为英国国王，詹姆斯二世因皈依天主教而使自己的君主地位岌岌可危，而将其流放法国是拯救其家族的唯一办法。威廉三世对英国的贡献是建立了一套金融体系，至少英国政治家、小说家迪斯雷利是这么认为的。

当这套金融体系被用来管理他新统治的王国所拥有的更为可观的财富时，这套金融体系便可以为对法战争（荷兰长期深陷其中）提供资金。

如果一个议会的议员"除了坚持基本原则，对其他的一切都持开放态度"，那么这个议会就必然能想到它不能没有"有钱人"，不管这些人富裕程度如何。引用纽卡斯尔公爵（Duke of Newcastle）的话，"东印度人，西印度人，公民和经纪人……名望都不高，麻烦却不少"。与法国相比，在英国真正重要的是，传统的土地所有者和新兴的商人都认识到他们同属一个利益共同体，许多人都准备在对方的阵营中建立一个据点并利用好这个据点。例如，邓唐纳德勋爵（Lord Dundonald）就开发了其濒临破产的苏格兰庄园的矿产资源。

两个阶层之间的这种相互交往，即使并非普遍做法，也仍然是公认的成功方案。不仅如此，这一过程创造的财富远远超出了议会中所代表阶层所能创造的最大财富，与此同时，它还促进了银行和保险等机构的发展，而这些机构在为工业革命融资这一方面发挥了关键作用。此外，英国的地产既可以通过继承获得，也可以通过购买获得。例如，像来自牙买加的贝克福德家族这样在英国以外获得财富的大富豪和种植园主，一旦回到英国，就可以将其财富用于他们的政治发展和奢侈生活。

在执政近一个世纪后，辉格党最终在 1783 年失去了政权，被威廉·皮特领导的政府所取代。24 岁的皮特成为英国最年轻的首相。寡头政治幸存了下来，但当皮特"把二流乡绅和肥胖的牧场主变为贵族"时，辉格党的寡头统治集团变成了"平民贵族"。尽管正如迪斯雷利所指出的那样，这种做法早在皮特的保守党政府之前就已经开始，但迪斯雷利得出这样的结论：这种做法不仅改变了上议院议员的构成特点，而且还增加了议员的人数，这一结论仍然成立。然而，直到 19 世纪，议会的变革才可以说改变了工业革命的进程。

工业革命中的人力代价

由工业革命让人联想到的情景中，最熟悉的莫过于那些人类为了发展而付出巨大代价的情景。弗里德里希·恩格斯的《英国工人阶级的现状》（ *The Condition of the Working Class in England* ）长期以来一直被奉为马克思主义经典，而 19 世纪伟大的小说家对这一主题的描述却更为多样。要想获得英国工业革命这个世纪的全方位视角，就必须既考虑到本杰明·迪斯雷利的《西比尔》，还要考虑到查尔斯·狄更斯的《艰难时世》（ *Hard Times* ）、夏洛特·勃朗特的《雪莉》（ *Shirley* ），尤其是伊丽莎白·盖斯凯尔的《南与北》。《南与北》这本书突出了英国南北两部分所形成的不同世界，一边是新兴工业重镇兰开夏郡中廉价的连排式房屋里难以形容的恐怖生活，而另一边则是南方士绅向往的田园乡村生活，这种田园生活却被书中的主角所抛弃。在英格兰南部，当兰开夏郡的纺织业蓬勃发展时，诺福克的历史表明，乡村生活远非田园诗歌。乡村失去了传统的精纺贸易，县城诺里奇也失去了丝绸工业。到 1850 年，诺福克以及东英吉利其他大部分地区已经共同构成一个以农业为主的郡，这里许多靠工资糊口的家庭比在英国西北部新工厂工作的同胞更加贫困。

上述贫困问题本质上是一个人口问题。当农业对劳动力的需求低于工业对劳动力的需求，甚至低于目前人口增长水平的需要时，农业就会停滞不前，农村就会破败不堪。其结果是，在很多情况下，人们就从南方的农村地区移居到北方的新工业城镇，无论如何这都是一个艰难的选择，这种选择刚好回应了一个耳熟能详的加尔文主义的定义："你做了将会被诅咒，你不做也会被诅咒。"

在苏格兰高地，相反的情况也导致了同样可怕的后果。在英国西南各郡和东盎格利亚失去羊群的地方，为了满足新约克郡纺织厂对羊毛的需求，苏格兰大地主剥夺了大量小佃农的土地，把他们的土地变成了放羊的牧场，而这些牧场只需要相对较少的牧羊人。一些小农靠在苏格兰高地以外干些季节性零活维持生计，而这些零活都是家政服务业或南部新建铁路创造的机会，但大多数人不得不选择留在苏格兰沿海当贫苦小农场主，或移民到英国不断发展的海外帝国新开放的地区。

早在 1811 年，苏格兰一位年轻的理想主义贵族塞尔柯克勋爵（Lord Selkirk）从哈德逊湾公司（他是该公司的股东之一）获得了现在位于加拿大马尼托巴省的一块 11.6 万平方英里[①]的土地，并向来自苏格兰和爱尔兰的移民开放。这些移民的生活并不容易，因为位于红河和阿西尼博因河交汇处的这片土地，遭到了梅蒂人（Métis）顽强的争夺。梅蒂人是法裔加拿大人和美洲原住民的混血后裔，他们长期以来一直在开发这里的海狸和水牛等自然资源。最后，红河殖民地不仅得以幸存，而且还欣欣向荣。梅蒂人最终在 1870 年 8 月被英国的一次军事远征所驱散。很少有人认识到梅蒂人也是英国工业革命的受害者，但如果从约克郡毛纺厂到苏格兰高地，再（穿过大西洋）到红河殖民地，把三者联系起来看，人们就会明白究竟是怎么回事。

所有这一切都是全球化进程的一部分，没有全球化，兰开夏棉纺厂永远不会繁荣。但在进一步研究全球化对英国以

---

① 1 平方英里约等于 2.589 平方千米。——编者注

外的人口产生的影响之前，我们应该更深入地研究一下全球化对兰开夏棉纺厂工人的影响。从他们所投入的时间之长和参与的人员之多来看（男女老少，几乎所有家庭成员都参与到了棉纺行业中），他们对棉纺工作的投入，远远超过了他们以前在农村所付出的一切。

在煤气灯的使用使工厂在白天以外的时间运行成为可能后，工人首先受到时钟的支配。更重要的是，他们没有权利在工资水平如此之低的情况下放弃工作，因为他们在由新工业推动的消费经济中没有发挥重要作用。人们普遍认为，由于劳动人口的工资仅高于维持生计的水平，其购买力对经济发展的贡献不大。

从 1851 年成千上万人来到伦敦参加世博会的方式就可以看出，直到 19 世纪 30 年代铁路出现后，工人的情况才开始改变。尽管如此，就业之外的其他选择还是很可怕的：根据 1834 年的《济贫法修正案》（*Poor Law Amendment Act*），济贫院成为救济穷人的标准方式，这种济贫方式一直持续到20 世纪。在济贫院，丈夫、妻子和孩子被强制分开，生活条件比监狱里好不了多少。的确，进监狱也是一种宿命，不仅是那些被判有罪的人的宿命，也是无数债务人的宿命，正如查尔斯·狄更斯的小说《小杜丽》（*Little Dorrit*）所示，他们因为自己的小过错而陷入了艰难的境地，大量的罪犯被流放到澳大利亚。

在工业革命对人类造成的损害这个问题上，没有人比弗里德里希·恩格斯更出名、更有说服力。恩格斯一直被公认为马克思主义的主要理论家。《英国工人阶级的现状》一书是基于他自己在 19 世纪 40 年代初在英国的实地考察撰写而成的，他对英国新工业城市中穷人生活状况的全面描绘无人可以比拟。这本书是用恩格斯的母语德语写成的，这一点意义重大，似乎恩格斯想向德国的商业阶层展示如何避免英国工业革命的弊害，但在这方面他并未取得显著成效。恩格斯在其著作的德语版序言中写道："在英国造成无产阶级苦难和压迫的根本原因在德国也存在，并且从长远来看必然会产生同样的结果。"他的读者几乎没有做出任何建设性的反应。

然而，作为一本具有革命性的小册子，恩格斯的著作最终获得了他无法想象的成功，这主要归功于他在 1895 年去世后偶然出现的历史发展。值得注意的是，这本书的第一本英文译本直到 1886 年才在美国出版。因此，在当时的背景下，这本书的重点是恩格斯在 19 世纪 40 年代早期做出的考察报告的内容，对这些内容最好的总结是恩格斯自己所用的一些副标题："贫民窟的总体描述""工人住所的内部""人口过度拥挤""工人的服装"等。恩格斯对每一个副标题涉及的境况的描述都非常细致入微，读后让人倍感身临其境。

　　这个过程不可避免地有些重复，因为在一个又一个城镇都会观察到同样的情况。人们可能会想当然地认为，恩格斯几乎总是看到工人生活最糟糕的一面，但在他那个年代，很少有像他这样社会背景的人能看到城市贫苦人民的生活。就像他谈到自己在英国的居住地曼彻斯特时说的那样："这个城镇本身的构造很特别，因此一个人可以在里面住上几年，每天进进出出，只要他把自己生活范围局限在做生意或散步消遣之内，他就不会接触到劳动人民的聚居区，甚至无法接触到工人。"结论总是如此："成千上万勤奋而值得敬佩的人，他们比伦敦所有的富人都更值得敬佩、更值得尊敬，但他们的确发现，自己生活在一种非人的环境中。"然而，恩格斯描绘的只是舞台，而不是演员。事实上，他的论点的核心是，个人主义在工业无产阶级的世界中没有任何地位。工人阶级的英雄在他的戏剧人物中没有位置，这解释了为什么狄更斯的书总是更好的读物，就像他在《艰难时世》中对"平凡的主角"斯蒂芬·布莱克浦（Stephen Blackpool）的介绍：

　　在焦煤镇最艰苦却又支撑该镇发展的地方，在那个丑陋不堪、幽深隐秘，犹如堡垒的"防御工事"里，大自然被砖墙完全遮挡在外，犹如污浊的空气被砖墙完全密封在内。在这迷宫般的街区中心，狭窄的小院一个挤一个，封闭的街道一条接一条。这些零零散散建起来的街区，每一个小院都是为了某一个人的目的而火急火燎建成的，各个小院放在一起就显得极不自然，小院与小院之间犹如行人爆满的街道，人与人之间，肩顶肩，脚踩脚，人挤人，乱得要死。这个巨大的街区犹如一个收容器，在其尽头的角落里，为了增加空气流通，建着各种各样矮小弯曲的烟囱，仿佛昭示着在每一个小院里可能出生的人会长成什么模样。在焦煤镇里住着一群人，通常被称为"人手"，如果上天允许他们只有手，或者像海边的低等生物那样只有手和肚子，那么这个族群会更受某些人的青睐。在这个族群中，住着一个名叫斯蒂芬·布莱克浦的人，年仅 40 岁。

"人手"就是恩格斯所说的无产阶级，但狄更斯明确表示，上帝认为让他们只做"人手"是不合适的。斯蒂芬·布莱克浦仍然是《艰难时世》的主角，尽管：

> 在那些杰出的"人手"中，他没什么地位，他们多年如一日，利用零碎的闲暇时间，积少成多，最终掌握了各种艰深的科学原理，获得了一些超乎

寻常的知识。在能发表演说和进行辩论的"人手"中，他没有什么地位……但他是一名优秀的动力织机织布工，也是一位非常正直的人。如果他身上还有别的什么品质的话，就让他自己去表现吧。

本章其余部分说明了上述现象是如何实现的。狄更斯笔下的焦煤镇和恩格斯在杜西大桥上所看到的曼彻斯特并无二致。狄更斯的主要观点是，19 世纪英国的工业工人阶级远非同质化，每个人都有机会改变自己在工业工人阶级中的地位，甚至有机会超越工人阶级，跻身中产阶级，这一点基本上被恩格斯忽略了。与此同时，任何参观过棉纺厂的人都知道，动力织机织工可不仅仅是看着一台巨大的蒸汽动力机器一码一码地生产布料。如果斯蒂芬·布莱克浦不是一名优秀的动力织机织布工，他可能会失业。那么，对于工业革命鼎盛时期英国工业贫困人口的状况，就讲到这里吧。

充实的劳动力

19 世纪上半叶，英国的经济状况的确与托马斯·马尔萨斯（Thomas Malthus）《人口论》（*Essay on Population*）中的观点相吻合。根据马尔萨斯的观点，如果不加以控制，人口的增长速度将超过生产型经济所能维持的速度。换句话说，任何提高穷人生活水平的企图都必然会自掘坟墓。尽管历史很快就证明马尔萨斯主义是错误的，它的基本原则仍然可以为那些不愿改善穷人生活条件的人提供借口。

实际上，与美国企业不同，英国企业还可以利用大量的劳动力储备，这种劳动力储备主要是通过在工业领域以外创造不利于传统职业的条件来实现的。即使这种政策并非经过深思熟虑制定出来的，但它肯定为工业雇主带来了便利，正如本章前面给出的来自苏格兰、东英吉利和西南各郡的案例所示。

1830 年后，利物浦和曼彻斯特铁路开通，铁路建设为上述进程（出现大量劳动力）增添了新的维度，并在 19 世纪 40 年代的铁路热中达到顶峰。大型建筑工作需要大量流动性较高的劳动力，这种需求主要是靠大量爱尔兰苦工来满足的。其他来自爱尔兰的人则在苏格兰佩斯利的新毛纺厂找到了工作。长期以来，伦敦一直有一个爱尔兰移民社区，其成员在 18 世纪早期就以削弱英格兰劳动者的竞争力而闻名。他们的存在完全归功于伦敦高度多元化的当地经济提供的较好就业机会。无论以何种标准衡量，爱尔兰在经济上都不如英格兰繁荣，但到 19 世纪 40 年代，由于多种原因，英格兰的这种繁荣进入了长期衰退状态。

在 18 世纪区域农业发展的背景下，传统的家庭手工业在爱尔兰得以存活，亚麻的广泛种植和绵羊的饲养支撑着亚麻和羊毛的家庭纺织工业，以及手工编织、刺绣和花边制作等当地工艺的发展。与此同时，牛的饲养为当地制鞋业提供了皮革来源。但是，到 1830 年，爱尔兰这些家庭手工业都无法与莱斯特等英国城镇工业进行竞争，因为英国市场为其国内产品提供的更好的准入条件带动了工业投资，而这种投资水平是爱尔兰无法承受的。

尽管随着人口的稳步增长，英国对爱尔兰谷物、黄油、新鲜猪肉和熏肉——更不用说活牛了——的需求在 1800—1826 年翻了一番，但这仍不足以维持全国范围内以商业性农业为基础的单一行业经济。一方面，圈地运动在爱尔兰起到了和在英格兰一样的作用：生产率的提高不需要相应的劳动力增加。其结果是，大量快速增长的农业人口只能依靠最贫瘠的土地勉强度日；而一些小农户则因为小麦和大麦等传统作物很难找到市场，转而种植土豆，以此来维持生计。

在发现美洲大陆之前，土豆在欧洲并不为人所知，而美洲大陆正是土豆的发源地。土豆不仅能在各种不同的土壤和气候条件下茁壮成长，而且营养丰富，种植方法简单。难怪在 18 世纪末，土豆取代粮食作物获得了广泛的市场；或者在 19 世纪，土豆成为农村贫困的象征，文森特·凡·高

（Vincent van Gogh）1885 年的名画《吃土豆的人》（*The Potato Eaters*）就说明了这一点。

19 世纪 40 年代，极度贫困的爱尔兰小农选择把土豆作为主要作物，这为该国家带来了灾难性的后果。从 1845 年开始，爱尔兰的土豆遭受一种称为晚疫病菌的侵害，造成土豆大面积腐烂继而失收，导致本已减少的人口中有 100 多万人死亡，300 万人背井离乡。在这些离乡的人中，有些加入了爱尔兰苦工大军，进入英国工作，但大多数人去了美洲大陆。说英国的工业革命导致了爱尔兰大饥荒可能有点夸张，但两者之间的联系是无可争议的——就像英国几乎没有采取措施缓解数百万爱尔兰人的痛苦一样无可争议。他们中的许多人在美国或澳大利亚找到了新家，从而对这两个国家都产生了重要的政治影响。

生活水平的提高：抗议与政治

尽管城市工人阶级和他们的统治者之间几乎没有什么对话，但二者都适时地采取措施改善了城市的生活条件。尽管 19 世纪末工人阶级的生活与 18 世纪末相比有了不可估量的改善，但这种改善过程起步非常缓慢。直到 20 世纪后期，由民众不满引发的内乱在中产阶级中引发的是恐惧，而不是工人阶级命运的改善。不安全感是当时的常态。

历史学家会认识到，在改善城市生活条件的进程中，发生了许多我们熟悉的里程碑式的事件，如戈登暴乱、勒德分子事件、托尔普德尔蒙难、彼得卢大屠杀、宪章运动等，这些都是劳工暴动史上的重大事件。1780 年，在长达 6 天的戈登暴乱中，一群伦敦暴民为了回应乔治·戈登勋爵（Lord George Gordon）向议会提交的一份反天主教请愿书，大肆破坏和掠夺财物。乔治·戈登是一名有些精神错乱的宗教狂热派议员。这种规模空前的内乱，虽然反映出英国本土人对爱尔兰劳工根深蒂固的偏见，但对暴动者所在的阶级没有任何好处。相反，从后来法院对参与策划暴乱的人的判决中可以看出，这些暴乱只是增强了统治阶级执行法律和维护秩序的决心，在 26 个案件中策划暴乱的人都被判了死刑。从某种意义上说，暴乱是一个早期的警告，即内乱总是隐藏在城市贫困的表面之下。

在 1811—1816 年的 5 年时间里，这种内乱终于爆发了，英格兰中部、约克郡和兰开夏郡的纺织工人，在一个被称为"拉德将军"（General Ludd）的神秘领导的带领下，毁坏了他们曾经使用的机器。这场运动由许多小组共同组织，根据当地纺织业的特点，每个小组都有一个特定的袭击目标。例如，在兰开夏郡，勒德分子把目标对准了动力织机。贫困的背景及其在地方层面所涉及的内容，为夏洛特·勃朗特的小说《雪莉》提供了背景：

> 痛苦产生仇恨。这些遭受痛苦的人痛恨机器，他们认为机器夺走了他们的面包；他们痛恨那些放置机器的机房；他们痛恨拥有这些建筑的制造商。

与拿破仑统治的法国开战，导致了英国的贸易萧条，尤其是在由于失去欧洲毛纺产品主要市场美国而导致高失业率和高物价的时候，所有这一切都反映出，机械化的进步对传统劳动形式产生的威胁。正如夏洛特·勃朗特所观察到的，正是由于"统治英国的暴君，鬼迷心窍，坚持打一场既不合理、又无胜算的毁灭性战争，才使国家陷入现在这步田地"。最后遭受苦难的不仅是工人，许多雇主也"在破产的边缘瑟瑟发抖，用绝处求生的力量坚守和平"。

原本发生在城市的卢德运动于 1830 年在农村产生了回响。当时，在神秘人物"斯温上尉"（Captain Swing）的带领下，农业工人毁坏了因夺走其冬季就业机会而遭人痛恨的脱粒机。抗议者不仅放火焚烧了谷物仓和干草垛，还在英国农业的核心地区举行了罢工。罢工行动只持续了几个月，而镇压一旦到来，就和半个世纪前镇压伦敦戈登暴乱一样残酷，共执行了 19 起死刑。

在农村地区，1834 年的"托尔普德尔蒙难者"联盟工会表现较好。事实上，这 6 名农业工人在托尔普德尔郡多塞特村组成了一个工会分会，在他们因进行 1797 年一个法案所禁止的非法宣誓而受到审判后，按照当时的标准，被判处不超过 7 年的流放。即便如此，这种对和平（就算是有组织的）抗议（降薪）的惩罚，激起了人们对请愿活动和大规模示威的广泛支持。最终在 1838 年，这 6 人获得赦免，本次运动大功告成。

然而，1819 年 8 月 16 日发生的"彼得卢大屠杀"表明，和平抗议仍然会遭遇当局的野蛮镇压。这场游行发生在曼彻斯特的圣彼得广场，这意味着参加这场游行——有组织的、广泛呼吁激进改革——的 3 万人中，许多是当地棉纺厂的技工和劳工。同样，"更短的工时，更高的工资，废除《反结社法》（Combination Acts）和结束资本主义剥削"是改革纲领的部分内容。这些内容足以让地方法院召集自耕农骑兵队逮捕抗议领袖。无论从哪个标准看，这次集会都可谓声势浩大。

这次抗议的结果是法律和秩序几乎完全崩溃，直到自耕农骑兵队开枪打死 11 名抗议者，打伤数百人之后危机才得以解决。尽管暴力执法遭到媒体一致谴责，但最后被利物浦勋爵的保守党政府起诉的是这些改革者，而不是镇压者。保守党政府随后通过了所谓的《六法令》(*Six Acts*)（亦称《限制言论自由法令》），加强了维护治安的力量，以防止在未来可能与参加改革运动的民众发生冲突。然而，政府确实吸取了教训，自耕农骑兵队不适合充当维护治安的地方力量。至少有一个人走得更远。1829 年，罗伯特·皮尔爵士说服威灵顿公爵（Duke of Wellington）领导的另一届保守党政府建立了伦敦警察厅，以维持伦敦的治安；1833 年，其他地方政府被允许仿效伦敦模式建立自己的警察机关；1856 年开始，各地方政府被要求必须建立自己的警察机关。

一方面，如果如上所述，有组织的民众抗议在试图改善工人阶级生活的过程中往往适得其反，那么依然值得考虑的是，统治阶级取得了什么（如果有的话）。一直到 19 世纪，政府的行动都遵循这样的原则：通过新的立法进行镇压，是对付民众要求改革的最佳方式。1799 年和 1800 年通过的《反结社法》代表了这一进程的早期阶段，随后又通过了新的法规，如针对特定事件而通过的《六法令》。

另一方面，1802 年颁布的《工厂法》(*Factory Act*) 规定了棉纺厂贫苦儿童的工作时间，紧接着 1833 年的《工厂法》又规定了整个纺织业儿童的工作时间，并首次提供了有效的执法手段。1847 年的《10 小时工作制法案》(*The Ten*

Hours Act）和 1850 年的《工厂法》规定了女工每天最长的工作时间；1844 年、1847 年和 1867 年的《工厂法》也将早期的立法扩展到纺织工业以外的其他制造业，包括小作坊。工作时间的缩短并不是唯一的结果。由于 19 世纪中期的立法，工厂也变得更加安全。1830 年利物浦和曼彻斯特铁路开通后，英国铁路的不断扩张也带来了新的列车安全立法。1840 年英国颁布了第一个关于依法进行安全检查的法规；1873 年的《铁路管理法案》（Regulation of Railways Act）巩固了当时所有的安全法规。尽管新法规的通过更多是为了铁路乘客的利益，而不是铁路公司雇员的利益，但对于铁路公司雇员的要求在一定程度上提升了他们的专业精神和公众认可度，使铁路工人成为工人阶级的精英。

1846 年，在当时已经成为首相的罗伯特·皮尔爵士的争取下，《谷物法》得以废除，这在一定程度上是对"反《谷物法》联盟"发起的抗议的回应，该联盟最有力的支持来自兰开夏郡的棉花产业。其结果正如预期的那样，面包价格大幅下降。在 1867 年《迪斯雷利改革法案》（Disraeli's Reform Act）颁布之前，工人阶级几乎没有普选权；在 1870 年《格莱斯顿教育法案》（Gladstone's Education Act）颁布之前，工人阶级的子女几乎无法享有基础教育权。

毋庸置疑，工人阶级当时的福利和发展呈现出不断向好的趋势。所有这一切在一定程度上是对欧洲大陆工业革命进展方式的回应。特别是奥托·冯·俾斯麦侯爵（Prince Otto von Bismarck），他首先在普鲁士，然后在统一的德国，带头为大工业中心的工人提供健康、福利和安全等保障，这对英国是一个明显的挑战，尤其是在至关重要的军备领域。

工人阶级的状况不断向好的另一个因素在一定程度上也归功于铁路的发展，企业逐渐认识到工人阶级对其提供的商品和服务的消费潜力。1851 年伦敦世界博览会就是对英国社会这种看法的最好证明。与此同时，大众教育以及邮政、电报和铁路服务的普及为工人阶级的大规模组织创造了条件。现代形式的工会可以追溯到 19 世纪 50 年代，并受到 1871 年格莱斯顿（Gladstone）推动的《格莱斯顿工会法》（*Gladstone's Trade Union Act*）的保护。

欧洲殖民主义的经济代价

如果说，至少在工业革命的早期，以英国为首的国家在工业革命的过程中都很少关注劳动人口所付出的巨大代价，那么在其他地方，远离工业革命中心的其他地区的人口遭受的痛苦要大得多。

工业革命的成功依赖于对自由贸易基本原则的修改，世界在经济上被分成两个部门：一是占主导地位的生产部门，专门为（欧洲）国内外市场生产商品；另一个是从属部门，被迫为生产部门提供原材料和商品销售市场。占主导地位的生产部门由以英国（气候温和、贸易和制造业历史悠久）为首的许多国家组成。这些国家虽然构成了一个经济利益共同体，但彼此之间的竞争极其激烈，在必要时为了国家利益甚至可以发动战争。

在漫长的 18 世纪，英国在军事上的优势与它作为工业革命的先锋息息相关。世界上的从属部门，包括欧洲和北美以外的世界大部分地区，也有共同利益，那就是保护其传统经济（主要是在热带地区）不被欧洲殖民列强侵占。

早在 17 世纪末，南亚和东南亚等世界重要地区在经济上就已经被英国东印度公司和荷兰东印度公司无情地掠夺了。经过 17 世纪两国之间的激烈竞争，到 18 世纪，英国在印度占主导地位，而荷兰则在东印度群岛占主导地位。

在美洲大陆，对工业革命贡献最大的是热带经济，绝非当地的传统经济，它是建立在依靠外来劳动力开发的外来种植作物的基础上的。烟草是一个例外，因为它是美洲大陆的本土作物，但是烟草种植园，就像糖和棉花等其他作物的种植园一样，仍然需要进口劳动力。

棉花在英国经济中的历史表明，当"新大陆"取代"旧大陆"成为原材料的主要供应来源时,一切都发生了变化。在整个 17 世纪,英国原棉和棉织品的主要来源是印度,印度也向法国和荷兰提供原棉和棉织品(虽然数量较小)。由于与其他欧洲传统纺织品(尤其是羊毛和亚麻)相比,这一贸易规模较小,因此并未被视为对原有的市场构成严重威胁。到了 18 世纪,这种情况发生了根本性的变化。

这里的关键是,最有利于印度棉花种植区的交换经济是一种基于纵向一体化管理的交换经济:棉制品,尤其是印花棉布,是主要出口产品。我们有充分的理由相信,如果对其放任自流,这将是当地经济发展的方式。事实上,在 17 世纪,这种模式已经成为伦敦东印度公司广泛接受的经营原则。假如情况允许,18 世纪印度将会继续沿用这种模式。事实并非如此,因为即使是作为羊毛和亚麻替代品的原棉,也对英国的农业利益构成了威胁,而棉制品带来的竞争也威胁着英国长期建立的以农村为主的棉花纺织业。

最终,英国为了平衡相互冲突的利益做出了一系列的妥协。而印度最终失去了面向全球市场发展先进工业经济的机会。更糟糕的是,1757 年克莱夫(Clive)在普拉西取得决定性胜利后,英国的统治变得更加牢固,印度不仅失去了法国的大部分出口市场,而且别无选择,只能成为英国商品(从长远来看,主要是兰开夏棉纺厂生产的商品)的垄断市场。不用说，所有这些都是以牺牲本地制造业为代价的。1857 年英国政府实行直接统治后，这一局面进一步加剧，并拉开了在 20 世纪人们所说的"从属模式"的序幕。这是圣雄甘地在 20 世纪的印度领导土布运动时的重要背景，土布运动在印度争取独立的斗争中发挥了关键作用。数以百万计的英国印度臣民所付出的代价是，他们被剥夺了参与现代工业经济的机会，而在 18 世纪初，参与现代工业化进程会为其带来可观的发展前景，尽管他们几乎没有认识到。

美洲大陆的奴隶制

在讨论工业革命的人力代价问题时，有一个主题是不可忽视的。从 17 世纪到 19 世纪，强制把非洲原住民从他们的家乡非洲运送到美洲大陆做奴隶，是当时的国际贸易不可分割的一个组成部分。从 17 世纪中叶开始，欧洲的消费经济以及英国在北美殖民地的消费经济，都集中在热带种植园的农产品上。

铁路时代之前的物流运输极为不便，殖民地种植园在经济上唯一可行的地点要么是靠近大海，要么是靠近海船可以通行的河流。在大西洋两岸，18 世纪的人们见证了五种农产品消费的稳步增长。由于气候和土壤的原因，这些农产品不太适合在英国和阿尔卑斯山以北的欧洲地区种植。不管是什么原因，那里的农业用地日益短缺。这五种产品分为两类：一类是咖啡、茶和可可；另一类是糖和烟草。前三种产品在 17 世纪只有上层阶级才能买得起，主要是从（亚）热带地区的当地市场购买来的。这些地区可能是阿拉伯半岛、中国或中美洲。在这里，欧洲商业面临的主要问题是在这些（亚）热带地区的当地市场找到适合交易的贸易商品——实际上就是工业制成品。

此外，糖和烟草是两种完全不同的情况。考虑到海运在经济上的必要性，最适合种植蔗糖的地区主要是巴西西北部、南美洲大陆的圭亚那和北美墨西哥湾的沿海地区，然后是加勒比海的无数岛屿。在欧洲殖民的早期，这些地区内几乎没有一个岛屿有任何原住民，而大陆海岸线周围的居民既不能提供市场，也不能提供任何潜在的农业劳动力。很简单，糖不是本土作物。

烟草是一种本土作物，可赢利的种植仅限于英国在美洲的殖民地的一个极小的地区。这个地区被称为切萨皮克，这一地区内不仅拥有切萨皮克海湾，还有詹姆斯河、拉帕汉诺克河和波托马克河等潮汐大河。欧洲和殖民地市场的主要烟草生产地以弗吉尼亚州为主，马里兰州次之，北卡罗来纳州后来加入。

更重要的是，由于对烟草的普遍需求高于对糖的需求，弗吉尼亚州第一次经历了种植园劳动力的严重短缺。在殖民地的早期，人们试图通过从英国运送犯人或向英国农村贫困人口提供短期合同工就业机会来解决这个问题。两种权宜之计都只取得了非常有限的成功，尽管早在1619年，第一艘运送非洲奴隶的船只就到达了殖民地，但直接从非洲进行大规模运输必须等到1663年皇家冒险家公司（Royal Adventures）进入非洲并垄断了这一贸易。

对于大多数被船只运到大西洋对岸的美洲大陆去工作的非洲人，其目的地是糖料种植园。在这方面，巴西东北海岸的葡萄牙种植园主走在了前面。因此，早在1630年，人们就认为非洲奴隶是美洲大陆任何劳动密集型热带或亚热带作物种植的必要条件。

到17世纪末，在放弃了其他失败的农业投资之后，英国种植园主在西印度群岛将这一劳动力使用原则应用到甘蔗种植园上，在这一点上他们已经超越了葡萄牙人。在美国独立战争前夕，他们在西印度群岛拥有大约1800个种植园。至于劳工，此时大约有150万非洲人被运入不列颠群岛，在臭名昭著的"中间通道"中不幸遇难的人更是不计其数。规模经济加上高效的管理，使糖产量获得了惊人的增长，从而使糖在英国和北欧能够以大多数人负担得起的价格进行销售。奴隶为棉花工业的革命付出的代价可能是最高的。到 18 世纪末，英国进口的原棉有四分之三来自奴隶种植园。1793 年，伊莱·惠特尼的轧棉机的采用极大地提高了奴隶种植园的生产力。从 18 世纪中期到 19 世纪早期英国进口的棉花增长了五倍，其中四分之三来自美国，由此可以看出惠特尼的轧棉机的成功。在 1860 年美国内战前夕，其奴隶人口接近 400 万，如此庞大的奴隶人口带来的后果是灾难性的。亚伯拉罕·林肯在 1858 年曾引用过来自南卡罗来纳州的国会议员普雷斯顿·布鲁克斯（Preston Brooks）的论述："当这个政府最初建立的时候，没有人会想到奴隶制会延续至今……我们政府的缔造者不具备那些只有从经验中才能汲取的知识——经验和轧棉机的发明教会我们，奴隶制的延续是必要的。"英国人难辞其咎，因为在北美和英属西印度群岛，当地的黑人人口都是非洲奴隶的后代，最初都是为了英国的利益而"进口"到此的。哈里特·比彻·斯托（Harriet Beecher Stowe）的经典著作《汤姆叔叔的小屋》（*Uncle Tom's Cabin*）于 1852 年首次出版，在有关工业革命的人力代价的文献中也占有一席之地。

第七章　河船与铁路

汽船革命

当蒸汽船开始盛行的时候，英国的蒸汽动力正在改变棉织品和钢铁的生产。蒸汽船的关键突破，在于使用了詹姆斯·瓦特于 1781 年获得专利的旋转式蒸汽机来驱动轮船的明轮。然而，英国的水路运输并不是一个有前景的市场。即使是最小的常压蒸汽机，其体积和重量也使它们不适合用于沿海和内陆交通的小船。船只不仅要为发动机预留空间，还要为燃料预留空间，而在英国燃料只能是煤。此外，运河还确保了水运可以为任何工厂带来它所依赖的原材料和蒸汽机所消耗的煤炭。因此，如果将标准的运河小船改装为由蒸汽动力驱动，将毫无用处。

另外，在北美，许多流入大西洋的大河，如康涅狄格河、特拉华河、萨斯奎哈纳河、波托马克河、詹姆斯河、萨凡纳河，尤其是哈德逊河，虽然可以让远洋航行的船只通行，却不适合英国靠马拉的小船。正是在这些河流，而不是欧洲的任何河流，人们研发了带有旋转式蒸汽机的明轮蒸汽船。

这一领域的开拓者是法国人乔佛罗伊·阿本斯（Jouffroy

d'Abbans）侯爵，他曾于 1778 年 6 月尝试在杜河上驾驶蒸汽船，但是失败了。五年后，他的皮侯斯卡夫号（Pyroscaphe）的确获得了成功。1783 年 7 月 15 日，他驾驶皮侯斯卡夫号在索恩河上游行驶了 15 分钟。然而，革命很快阻碍了蒸汽船在法国的进一步发展，把这一领域留给了美国企业。1790年，美国的约翰·费奇（John Fitch）在特拉华河上建立了一条服务线路，将宾夕法尼亚州的费城和新泽西州的特伦顿连接起来。

随后，在 18 世纪末之前，人们在康涅狄格河和哈德逊河上也取得了类似的成功。然而，一直等到罗伯特·富尔顿（Robert Fulton）的克莱蒙特号（Clermont）出现后，蒸汽船才拥有了可靠的服务和固定的时间表。这艘船是富尔顿受罗伯特·利文斯顿（Robert Livingston）的委托而发明建造的。1798 年利文斯顿获准在纽约州水域行使蒸汽船的垄断航行权，条件是他必须在 1805 年成功驾驶一艘蒸汽船。尽管克莱蒙特号 1807 年才开始服役，但利文斯顿的垄断地位一直维持到 1824 年 2 月，才被美国最高法院推翻。因此，从费奇到富尔顿再到其他人，每一次进步都是为了满足美国东海岸主要河流的交通需求，这为改进风帆技术提供了足够的动力。

很难说富尔顿就是蒸汽船的创新者，因为克莱蒙特号的明轮曲轴是依靠一个 20 马力的詹姆斯·瓦特蒸汽机驱动的。克莱蒙特号设计的是一艘 100 吨的客货两用平底船。富尔顿既是一位商人，也是一位发明家，他驾驶着这艘船在纽约和奥尔巴尼之间的哈德逊河上进行观光旅行。一位同时代的人称这艘船为"一个在水上活动的怪物，乘风破浪，喷火冒烟"。这艘船用的燃料不是煤而是松木，它的速度高达每小时 5 英里，比以往任何蒸汽船都要快，首次航行距离就达到了 130 英里。短短的 3 个月内，这艘船就赚了 1000 美元，而船的最初成本是 2 万美元。

然而，富尔顿的蒸汽船很快就因为高压蒸汽发动机的发展而被取代。瓦特本人早就知道高压蒸汽发动机的潜力，但考虑到使用高压蒸汽发动机工作而带来的高危险性，他一直十分谨慎。历史常常证明他是对的。在蒸汽动力的新时代，锅炉爆炸的危险时刻都有。如果单从操作简单和用途广泛的角度来看，高压蒸汽发动机是蒸汽机历史上的一个里程碑。由于其传奇色彩，更由于其在经济史上的重要性，将蒸汽动力用于内河航运成为工业革命的一个重要方面。然而，它对英国的影响相对较小，主要是因为运河的建设规模太小。

因此，在 19 世纪上半叶，在内陆水道上使用蒸汽动力船这一方面，美国处于遥遥领先的地位。从 20 世纪 20 年代开始，这种创新集中在河水流入密西西比河及其支流的广大地区。至少从长远来看，更重要的是安大略湖、伊利湖、休伦湖、密歇根湖和苏必利尔湖这五大湖中，除了密歇根湖，美国其他的湖都与加拿大共享。在阿巴拉契亚山脉以西的美国人和在加拿大的英国人面临着基本上相同的问题，那就是他们急需开发一个广阔的地区，该地区不仅拥有大量的毛皮、木材和矿物等自然资源，还要有更大的工农业发展潜力。然而，尽管欧洲早已认识到水运比陆运具有更大的优势，但在19世纪初的五大湖和密西西比河流域还没有形成一个可行的交通基础设施。即便如此，在19世纪上半叶，阿巴拉契亚山脉以西新加入美国的各州的经济发展需求，只能通过发展沿密西西比河及其支流以及横跨五大湖的水路运输系统来满足。至少在密西西比河，没有蒸汽船，这些需求是不可能满足的。

蒸汽船成功从美国东海岸进入内陆，使相关人员将目光转向密西西比河及其支流，尤其是在驱动船只逆流而上时，没有什么可以实际替代蒸汽发动机。罗伯特·富尔顿和罗伯特·利文斯顿这两位纽约人首先接受了这一挑战，因为1807年他们通过克莱蒙特号已经在哈德逊河上提供了常规的汽船服务。他们以克莱蒙特号为模型，在匹兹堡建造了新奥尔良号（New Orleans）蒸汽船。1811年10月，新奥尔良号开始了首航，只用了10个星期就到达了新奥尔良（这艘船就是以这个城市命名的）。尽管取得了这样的成功，但由于船体太深，不适应频繁的浅水航行，所以新奥尔良号还是不适合在密西西比河上航行。因此，这艘船后来只能在纳奇兹以下的河段进行营利性经营，随后在 1814 年被一场大火烧毁。富尔顿和利文斯顿也在一年后相继去世。

同时也在 1807 年，亨利·施里夫（Henry Shreve）委托建造了一艘船，由于施里夫掌握了更多密西西比河及其支流的一手信息，因而这艘船的设计充分考虑到了密西西比河复杂多变的特点。它在第一次航行中便取得了巨大的商业成功。在施里夫的指挥下，这艘船首先从匹兹堡（靠近它的建造地）沿着俄亥俄河向南一直行至伊利诺伊州的开罗镇，也就是俄亥俄河与密西西比河交汇之地，然后从开罗镇沿河水逆流而上，装载上一船来自远在圣路易斯以北的加利纳河上矿场的铅。这些铅被装上一艘特制的平底船，沿着河流一直拖到新奥尔良；再把所有的铅转运到一艘开往费城的纵帆船上，最后在费城把这一船铅全部出售，施里夫便赚了 11 000 美元。

尽管这次航行很成功，但施里夫还是意识到他的第一艘船，就像富尔顿的新奥尔良号一样，并不适合在密西西比河航行。后来他在一艘长 136 英尺、宽 28 英尺的平底船中找到了解决方案。由于船体太浅无法安装笨重的机械设备，施里夫便在船上铺上甲板，再把发动机和锅炉安放在甲板上。然后，在这些机械设备上面又盖上第二层甲板，在这层甲板上建造驾驶舱，舱后面有两个高耸的烟囱，用于为两个独立的高效轻型高压蒸汽发动机通风，每个发动机都装有一个水平锅炉和活塞，专门为一个侧轮提供动力。华盛顿号（Washington）就是按照这种设计在俄亥俄河上游的惠灵市建成的一艘船，这艘船于1816年6月4日以施里夫为船长，开始了它的首航。

华盛顿号两个锅炉中的一个在首航时发生爆炸，造成数人死伤。施里夫几乎马上就重新振作起来，安葬死者，修好船只，然后一路航行到新奥尔良，再也没有发生任何意外。一到那里，他就把船调转方向，依靠蒸汽动力创下24天内返回俄亥俄州路易斯维尔的纪录，从而将人们对未来蒸汽航行存在的所有怀疑和偏见一扫而空。

施里夫曾设计和建造了首艘密西西比明轮蒸汽船，并亲自担任该船的船长，这艘船后来成了许多代明轮蒸汽船的标准模型。沿用施里夫的基本设计的西方蒸汽船，与富尔顿从纽约带来的大不相同——由于几乎不具备抗耐磨性，前者的寿命都很短，也很浪费燃料，但高压蒸汽发动机造价很低。这种船的设计是客货两用的，按照今天的标准，当时的乘客不得不接受一个相当可怕的安全纪录。船只主要由木头建造，锅炉爆炸和火灾都可能在几分钟内烧毁货物，断送乘客性命。这是一个不同于阿巴拉契亚山脉东部的世界，那里使用的是专门的客船，快捷舒适、经久耐用，采用的是低压发动机，建造成本要高得多，而客船运输量相对较小。到 19 世纪 50 年代，在那里溯河而上只需要短短 4 天时间，那里船只的总吨位比大西洋沿岸和五大湖的所有船只的总吨位都要大，但是施里夫的蒸汽船是美国工业革命中最显著的成就。

到 1840 年，蒸汽船已经达到最先进的状态，其发动机的平均功率是陆地工业用发动机平均功率的 3.5 倍，蒸汽船发动机总功率占美国全部蒸汽功率的五分之三。19 世纪 50年代，新奥尔良的运输量超过了纽约，美国一半的出口货物都经过新奥尔良。与此同时，密西西比河和俄亥俄河的经济发展沿着这两条河延伸至整个河段。圣路易斯位于密苏里河和密西西比河的交汇处，19 世纪中期已发展成为美国的第四大城市，成为密西西比河和俄亥俄河两河流域的枢纽。这也难怪，这里的汽船受到世界各地——远至西伯利亚、拉丁美洲、非洲的埃及和刚果等——的推崇和效仿。

然而，到 1840 年，铁路建设彻底改变了美国的交通基础设施。19 世纪中期，水路交通和铁路交通在经济上既相互补充又相互竞争。从广义的地理角度看，密西西比河水系基本上是南北走向，而铁路系统基本上是东西走向。在美国内战（1861—1865 年）之前的早期，河流交通占主导地位；毕竟，驾驶蒸汽船航行比铁路全面开通要早上 25 年，直到 1852 年，太平洋铁路公司才第一次完成了密西西比河以西的一段铁路建设。

美国内战对密西西比河水运的未来繁荣产生了致命的影响；四年的战争实际上使南北双方的水路运输贸易都暂停了。南方腹地以棉花为基础的种植园经济失去了世界范围内的出口市场，这一市场将永远无法完全恢复，而北方拥有更先进的铁路网，可以充分利用美国的工业革命，主要通过供应国内市场而实现繁荣。

1825 年，南北战争（即美国内战）爆发的几十年前，由美国内陆水道所构成的基础交通设施因为伊利运河的开通而发生了改变，这条运河将奥尔巴尼北方的哈德逊河与伊利湖连接起来。引用一句标准历史评述，这是"一项伟大的工程壮举"。在运河开通的开幕式上的一个演讲中，有人夸口说纽约"以最短的时间、最少的经验、最少的资金建造了世界上最长的运河，拥有世界上最好的公用设施"，这种说法是有道理的。当英国和欧洲大陆运河交通正值鼎盛时，美国在运河事业的规模上远远超过了任何欧洲竞争对手。

新运河具有重大的战略意义，主要原因是，伊利、休伦、密歇根和苏必利尔这四大湖的上游共同形成了一个巨大的"内陆海"，与密西西比河水系一样，穿过阿巴拉契亚山脉，进入美国的心脏地带。流入这些大湖的河流极少，因此，一个将这些大湖与密西西比河水系全面连接起来的内河水道系统需要修建内河水道来连接这些大湖。在1825年伊利运河开通后的30多年里，运河项目分多个阶段完成。之所以做出如此的路线选择是为了在尽可能短的距离内将主航道与伊利诺伊河和沃巴什河等可通航的支流相连。伊利诺伊－密歇根运河，在密歇根湖下游连接芝加哥河，在拉萨尔连接伊利诺伊河，虽然只有短短96英里长，但这条运河无疑是最重要的。然而，直到1848年运河才得以开放，这就意味着伊利诺伊州快速发展的铁路网削弱了运河的作用。

早在1825年伊利运河开通之前，出于政治和地理上的双重原因，只有纽约州关心这项事业，而来自宾夕法尼亚、马里兰以及弗吉尼亚等其他大西洋沿岸各州的企业家，未能找到合适的方法来开展这项事业，不然早已做好了与之竞争的准备。除了对纽约获得的经济利益相当不满之外，他们还可以辩称，伊利运河本身并没有提供任何通往密西西比河水系的直接通道。如果这一缺点能够被克服——就像在19世纪第二个25年里所发生的那样，通过运河将五大湖和密西西比河的支流连接起来——那么修建运河将密西西比河水系和大西洋沿岸各州直接连接起来的理由仍然非常充分，足以使这些州的大量投资者相信这是值得他们投资的领域。起码他们可以指出五大湖在冬天结冰这一事实。

最有希望带来收益的运河路线是沿着波托马克河逆流而上，而起点则放在华盛顿特区以北，因为那里的河水不受潮汐的影响。1785 年，延长波托马克河上游河道的想法已经促使乔治·华盛顿（George Washington）成立了波托马克河公司，尽管他坚信应该修建水道将东海岸与俄亥俄河和五大湖连接起来，但他自己的公司几乎没有什么作为。直到1820 年，新的切萨皮克和俄亥俄公司才买下了波托马克公司所有的股权，并聘请曾在伊利运河公司担任总工程师的本杰明·赖特（Benjamin Wright）担任总工程师，继续规划修建一条连接波托马克河和俄亥俄河的运河。事实上，波托马克河是弗吉尼亚州东部的边界，而俄亥俄河是弗吉尼亚州的西部边界，因而这个项目对乔治·华盛顿的家乡所在的州特别具有吸引力。

此外，如果没有波托马克河另一边的马里兰州的合作，什么事也做不成，而且几乎肯定会引火烧身。尽管 1828 年 7 月 4 日，美国总统约翰·昆西·亚当斯（John Quincy Adams）举行了开工仪式，但该工程在马里兰州已经陷入困境。直到 1850 年最终停工时，运河才延伸到马里兰州的坎伯兰，而且运河尚未修完就已经过时了。由于有阿勒格尼山脉横亘在坎伯兰和俄亥俄河之间，运河远未到达原定的目的地。这次计划的失败，部分原因在于找不到一条穿越阿巴拉契亚山脉的路线。这条运河要穿过阿巴拉契亚山脉，群山对其构成的自然障碍远比它们对通往纽约西部的伊利运河的开通所构成的障碍要大得多。1828 年，历时 8 年修建的伊利运河全线开放已有 3 年。

而在阿巴拉契亚山脉之外连接大片土地的其他运河也难逃厄运。需要转运到马拉船的长途运输，在新兴铁路的挑战下实在难以为继。到 1850 年，人们已经清楚地认识到，现代运河的建造规模必须达到使运河能够容纳内河蒸汽船甚至远洋蒸汽船的地步。但到了这个阶段，美国和英国一样已经过了工业革命的鼎盛时期。

因此，我们必须回溯过去，看看蒸汽动力运输的另一面，即成功地采用蒸汽动力火车机车以及进行相应的铁路建设。美国在内河船方面遥遥领先，但直到一代人之后铁路才开始在美国盛行。而在整个历史进程中，英国则在铁路这一领域走在世界前列，对工业革命产生了世界性影响。

陆上蒸汽动力运输

尽管马修·博尔顿所见过的最优秀的"发动机组装师"

威廉·默多克，曾向他和他的伙伴詹姆斯·瓦特建议，可以将他们的常压蒸汽机用来驱动火车车厢，但他的两个雇主并不认同。考虑到英国最好的收费公路的路况以及在公路上行驶的最大的货车的尺寸，即使是最先进的蒸汽机也不可能适用于火车机车。默多克的想法简直就是一个白日梦，所以也就难怪没什么结果了。

有点矛盾的是，在旋转式蒸汽机的发明过程中，人们一旦发现效果还可以，几乎立即就会将其用于煤炭运输和地下采煤工人的运输。一台能够带动外围缠绕有超长缆绳的滚筒沿水平轴旋转的蒸汽发动机，如果被用于将笼框吊到矿井上，能够承载的重量远远大于蒸汽动力出现之前用马提供动力的机器。同样，用它把马车拖上山也是如此。正是旋转式蒸汽机提供的更强的动力以及其他各种因素，促进了19世纪早期蒸汽机车的发明。然而，蒸汽机车不是用来在公路上行驶的，而是用来在铁轨上行驶的。

煤炭开采为火车机车的研发提供了历史背景和理论基础。由于地质原因，煤层和许多其他矿产资源一样，主要产于山区，因此，在重力的作用下，首先用一辆马车把煤从任何指定的矿井运下山是很有必要的。最终的目的地将是一段水路，为了进入水路，在水路起点附近建有可供货车通过的转运码头。

1603 年，出生于英格兰一个矿主家庭的亨廷顿·博蒙特（Huntington Beaumont），遵循"要买矿，先买路"的重要理念，铺设了一条铁路，将煤炭从他那位于诺丁汉郡沃勒顿巷的新煤矿运到特伦特河边的转运码头。这一创新的真正特征体现在博蒙特最初的 15 年租约过期后，法院对他提出的索赔文件上：

> 为了快速便捷地从所租煤矿把煤运走，亨廷顿·博蒙特使用了不同寻常的新发明和新方法，特别是通过破土铺轨，使运送相同重量的煤变得更轻松、更快捷；又通过在同一组轨道上拖挂多节车厢，使每次运煤量成倍增长。

尽管博蒙特的创新最终导致了他的破产，但他发明的技术很快就在其他地方得到了应用。对英格兰东北部的矿主来说，这些技术变得如此不可或缺，以至于到了 19 世纪初，该地区便建成了一个庞大的铁路网，将煤炭从英格兰煤炭最丰富的矿区源源不断地运送到泰恩河和威尔河这两条主要河流。最终的成就是坦菲尔德货车通道的建成，这条通道承载着泰恩赛德一半的交通运输量和（英国）东北煤田三分之一的运输量，平均每隔 45 秒就会发一趟车，比所有货车通道的平均发车速度高出四倍。

　　早期的轨道是木制的，但随着时间的推移，铸铁轨道逐渐取代了木制轨道。由于实际上没有可行的办法来替代从煤矿向外运输煤炭的组织方式，所以一个拟采煤矿的效益不仅取决于地下煤层的预期产量，还取决于当地的地形。到19世纪初，完全依赖于重力或马的牵引提供动力的铁路网已无法延伸到富有矿层的地方了，这就是当时为什么要探索新的运输方法的一个主要因素。除了使用旋转式蒸汽机提升矿井上的罐笼外，博尔顿和瓦特对蒸汽机车的发展并未做出直接的贡献，但是他们的发动机在工厂里的迅速使用导致人们对于运输煤和其他原材料的需求日益增长。18世纪末，采矿铁路和英国内陆水运网络的大规模扩张产生了一种日益难以满足的路上运输需求。

　　不出所料，大西洋两岸的许多潜在发明家都在考虑将蒸汽机用于交通运输的前景。事实上，正如已经在用的蒸汽驱动的机械装置所显示的那样，用缆绳缠绕在与发动机相连的滚筒上，将货车和船只拖上山，蒸汽动力用于交通的第一步已经完成了。当发动机本身成为运输工具的一个组成部分时，这一突破终于到来了，它代表着蒸汽动力用于交通的最后一步。只有做到这一点，才能克服所有电缆系统固有的距离限制。

问题是，即使瓦特的发明在很大程度上改进了常压蒸汽机，但它始终不适合安装在陆地上行驶的交通工具上。人们不能仅仅通过增大专用轨道的尺寸的方式，即使是用铁轨代替木轨，使其适用于安装有当时任何型号的常压蒸汽机的货车。货车所能达到的最理想的效果就是让它们能够沿着一条平坦的铁路运行，这一结果实际上是在 18 世纪末之前通过实验已经实现的。当时所需要的就是一辆拥有足够动力能拉动一连串货车的机车，而拖挂一连串货车的技术则是不久前在煤矿短途运输中的一种创新。

1802 年 3 月 24 日，理查德·特里维西克（1771—1833年）在这个方向上迈出了关键的一步。他是一名工程师，在家乡康沃尔郡的矿井中长期使用博尔顿和瓦特的常压蒸汽机，他不仅进行了开发高压蒸汽发动机的实验，还用高压蒸汽发动机为车厢提供动力。为此，他获得了第 2599 号专利，专利的名称为"蒸汽机结构的改进及其在驱动车厢上的应用"。1801 年节礼日（圣诞节后的第一个工作日）那天，在特里维西克的家乡康伯恩城外的比肯山，进行了一次模型展示，但不是很成功。

成功终于在 1804 年 2 月 21 日到来，但是机车并未用在公路上，而是用在连接南威尔士两家钢铁厂和格拉摩根运河的铸铁轨道上。在南威尔士的轧钢厂，特里维西克之前已经通过安装固定蒸汽机来为钢厂提供动力。他生产的火车头从一家钢铁厂成功地跑到运河，共计近 10 英里路。不出所料，轨道受到了一些损坏，但特里维西克的火车头有一个优势，那就是它一路跑得都很顺利。然而，特里维西尔太忙于制造和销售他的固定发动机，从而没有时间来改进机车。

尽管如此，人们很快就认识到特里维西克的发明的基本原理是合理的，所以英格兰另一端的约克郡的西赖丁和泰恩赛德的煤矿主竞相改造他的机车，使其适用于运送煤炭的货车。最后，位于泰恩赛德的基林沃思煤矿的矿主相信，鉴于运煤的货车已经在轨道上行驶的事实，他们的发动机检修工乔治·史蒂芬孙可以制造出一种可运行的火车机车。史蒂芬孙运用他辛苦学习的有关蒸汽发动机的技术，为基林沃思煤矿制造了一辆火车机车，并于 1814 年 7 月 25 日进行了第一次试车。这辆火车机车被命名为"布吕歇尔"（Blücher），在基林沃思煤矿的铸铁轨道上行驶，它克服了以前所有蒸汽机车的缺点，以至于史蒂芬孙的一个仰慕者在 1821 年指出，"史蒂芬孙先生的生机车发动机比我见过的任何发动机都要优越"。

乔治·史蒂芬孙，在历史上很快被誉为"铁路机车之父"。尽管他出身卑微，但毅力非凡。作为在泰恩赛德的一个贫穷的矿工家庭里长大的孩子，他经常能看到行驶在木制轨道上的马拉车，这是上文描述的一个经典场景。他也不可避免地进入了采矿业，在那里他最早的志向是成为一名发动机的操作员。他从一名锅炉工做起，3 年后，他成了一名"发动机技工"，在基林沃思煤矿负责操作和维修一台水泵发动机。18 岁那年，他意识到如果不学会读写，他就无法取得成功，于是他利用下班时间每周上 3 个晚上的数学课。

20 多岁时，史蒂芬孙很快就名声在外——他能修理别人不能修理的机器。有一次，在基林沃思的一个矿井被水淹了一年之后，他对机器的维修使这个矿井得以重新开工。在他 28 岁的时候，他被派到煤矿去担任发动机技工，负责管理所有的蒸汽动力机械。几乎从他的创新大大降低了经营成本的第一天起，他的雇主就非常欣赏他的这一成就。因此，1814 年，为了把铁路上的货车拉到泰恩河，这些雇主委托他建造一辆火车机车，也就不足为奇了。那时，到泰恩河的轨道已经是铸铁而不再是木头做的。

布吕歇尔号火车机车就是他的发明结果。其直接成功源于它更好的设计和更好的机械加工。史蒂芬孙多次目睹了采矿机械如何因为低劣的工艺技术而无法工作，所以他对精度设定了前所未有的高标准。与此同时，他不断改进火车头的各个组成部分。发动机本身、车轮（由可锻铸铁而非铸铁制成）和弹簧（在凹凸不平的轨道上必不可少）都受到了关注。铁轨、椅子和支撑它们的枕木皆是如此。

尽管史蒂芬孙以做事一丝不苟而闻名，很快就有很多人委托他在泰恩赛德全境修建新铁路，但这些都是私人事业，所遵循的无非是将煤炭从矿山运往山下河流的既有模式。所以，很难说这是一场运输革命，人们必须对蒸汽机车铁路的潜力有一个新的认识。这种情况在英国东北部的煤矿地区也有体现，1825 年 9 月 27 日，斯托克顿－达灵顿铁路的开通，将这种认识变成了现实。

斯托克顿－达灵顿铁路

尽管泰恩河和威尔河沿岸的采矿铁路已经具备了相当大的规模，而且史蒂芬孙的火车机车改进了这些铁路的运营，但在 19 世纪初，还没有人想到铁路可以为公共事业提供运输设施，哪怕只是为了有限的市场。新建的收费公路上行驶的公共马车已然成为通用的交通工具。到 18 世纪末，这些收费公路已经形成了一个有效的全国性交通系统，在商品运输方面，公共马车也是铁路无法匹敌的。而英国运河系统在 20 世纪最后 25 年的建设，已经抢得先机，似乎已经没有在全国范围内新建其他陆上运输系统的必要了。

在英国的东北地区，如果说运矿铁路保证了煤矿到泰恩河和威尔河这两条主要河流之间道路的通畅，那么这一地区的第三条河流提兹河就没那么幸运了，尽管它可以通过海路向内陆延伸约 15 英里到斯托克顿港。该港自称可以比肩泰恩河畔的纽卡斯尔。1800 年以后，在斯托克顿港以及再向内陆延伸约 12 英里的达灵顿两地，很多知名人士都渴望能够从位于达勒姆郡中心的奥克兰煤矿运煤。他们首先通过修建一条新的河道来改善提兹河的通航条件。为了庆祝这个河道的竣工，1810 年 9 月 18 日，他们在斯托克顿市政厅举行了庆祝晚宴，并在晚宴上提出和讨论了在奥克兰煤田和达灵顿之间建立一条直达线路的可能性。

考虑到当时的经济形势，民意测验中的大多数人可能会支持修建运河。然而，时代在改变，一个以爱德华·皮斯（Edward Pease, 贵格会信徒、银行家，来自达灵顿的毛织品商人）为首的强大的新派系，主张建立一个有轨马路。多年来，双方都进行了调查。1818 年，有关这个问题的答案已经非常成熟，当时主张修运河的一派采纳了一项建议，即修建一条从斯托克顿到奥克兰的直达道路，但这项建议没有考虑到达灵顿。由爱德华·皮斯领导的联盟随后任命乔治·奥弗顿（George Overton）为联盟的测量师。奥弗顿在设计为南威尔士煤矿服务的铸铁有轨马路方面有着无人能比的经验——包括修建潘尼达伦线。1804 年，罗伯特·特里维西克的蒸汽机车就是在这条线路上大获成功的。奥弗顿在上任前不久曾写道："人们已经普遍接受修建铁路，而几乎无人支持修建运河河道了。"因而无人怀疑他的立场。

运河派的反应是，他们转而支持铺设与他们提议修建的运河路线相同的有轨马路，这简直就等于投降，所以最终双方以铁路派提议的路线为基础，共同向议会提交了《斯托克顿－达灵顿法案》(*Stockton & Darlington Bill*)，结果却因为当地的大地主埃尔登勋爵（Lord Eldon）和达灵顿勋爵（Lord Darlington）两人的反对而未获通过。奥弗顿在南威尔士从来没有遇到过这样的困难，他强忍自己的怒火，研究了一条这两位贵族地主可以接受的新路线。最终的结果是，在1821年4月19日《斯托克顿－达灵顿铁路法案》得到皇家批准通过。

这项铁路法案的通过使爱德华·皮斯及其支持者占据了主导地位，所以他们向乔治·史蒂芬孙（当时他儿子罗伯特也加入了）提供了一份为新铁路上的运煤火车配备蒸汽机的合同。由于该铁路法案中规定的奥克兰和斯托克顿之间的线路地形复杂，因而法案也涉及这条新线路的运行方式。由于这条铁路西段的埃斯利斜坡和布鲁斯勒顿斜坡对机车来说过于陡峭，所以他们准备依靠卷扬机的辅助，让马匹沿着轨道中间牵引车辆。然后，从布鲁斯勒顿斜坡脚下开始的铁路东边，由史蒂芬孙设计的运动号和希望号两台蒸汽机车牵引着这些煤车走过剩下的相对平坦的乡村路程，最终到达斯托克顿。1825年9月中旬，这两台蒸汽机车由史蒂芬孙在纽卡斯尔的工厂按时完工，然后用马车费了九牛二虎之力运到新铁路的新希尔登车间。

这条铁路于1825年9月26日竣工，并于次日正式通车。铁路西端以威顿公园为起点，10辆从附近的凤凰煤矿满载而来的煤车，用马匹拉到埃瑟利大斜坡的脚下。在那里，蒸汽辅助机车成功地把它们拉到斜坡顶部，然后在重力的作用下沿斜坡另一侧向下行驶。车辆到达斜坡脚下后，在火车后加挂一辆满载面粉的车辆，再重复上述过程，翻越布鲁斯勒顿斜坡。此时火车机车在斜坡东侧的谢尔登巷等着这些车辆。火车机车已经与一系列的车辆相连接，包括专门为新希尔登工厂设计的一节实验号客运车厢，以及21节由煤车改装而成的客车。然后，把已经完成了第一部分行程的来自凤凰煤矿的煤车连在一起，继续向斯托克顿进发。

300名乘客凭票上车，还有几乎同样多的人也爬上了火车。火车在中途出了一两次小问题，但是在他哥哥詹姆斯·史蒂芬孙（James Stephenson）的帮助下，乔治·史蒂芬孙解决了这些问题，火车在中午到达了达灵顿支线的交叉路口。在那里，为了把煤炭分发给达灵顿的穷人，来自凤凰

煤矿的六辆煤车被脱钩分离，取而代之的是两辆新车，一辆
载着达灵顿镇上的重要人物，另一辆载着亚姆镇的乐队。沿
途，成千上万的人聚集在一起观看这一史无前例的奇观。

　　下午 4 点 45 分，这列不可思议的火车到达了终点斯托
克顿码头，迎接它的是 21 响礼炮、教堂敲响的钟声，以及
小镇乐队的演奏。乐队在亚姆镇乐师的助演下，现场演奏了
爱国主义音乐，欢呼人群多达 4 万人。贵宾们穿过一片欢呼
的人群，来到市政厅参加官方宴会。宴会一直持续到午夜，
直到最后 23 人向乔治·史蒂芬孙敬酒完毕，方才散去。

利物浦至曼彻斯特铁路

　　甚至在斯托克顿 – 达灵顿铁路开通之前，乔治·史蒂芬
孙就参与了一个更大的项目——连接利物浦海港和 30 英里
外的曼彻斯特的铁路建设。曼彻斯特是英国蓬勃发展的棉纺
业中心。利物浦 – 曼彻斯特铁路的修建背景完全不同：在这
两个城市之间，布里奇沃特运河已经提供了一条运输通道。
该运河于 1761 年开通，由布里奇沃特公爵三世（Duke of
Bridgewater Ⅲ）修建，目的是从他在沃斯利的煤矿把煤炭运
到曼彻斯特。在 19 世纪早期，这条运河还不能满足利物浦
商人将从美国南部各州进口的原棉运输到曼彻斯特纺织厂的

要求。曼彻斯特的工厂主也有同感。显然，最好是用铁路替代运河，那么还有谁比乔治·史蒂芬孙更适合修建铁路呢？于是，新成立的利物浦铁路公司任命史蒂芬孙为工程师。他的第一项任务就是勘测新铁路的可能路线，但这项任务立即遭到了布里奇沃特房地产公司的反对，该公司得到了德比勋爵（Lord Derby）和塞夫顿勋爵（Lord Sefton）的支持，因为无论选择哪条路线，铁路都会经过他们的土地。

即使没有这些反对，路线选择也注定非常困难。利物浦和曼彻斯特之间 30 英里的乡村存在大量的自然障碍。史蒂芬孙最终建议的路线需要修建一条长达 1 英里的隧道、一个路堑和一座穿越沼泽地的高架桥。如果说这条路线涉及的土木工程问题已经很严重，那么其他路线的情况会更严重。

面对反对，史蒂芬孙没有放弃。当法案第二次提交给议会时，获得了通过，这就是 1826 年的《利物浦和曼彻斯特铁路法案》（*Liverpool &Manchester Railway Act*）。即便如此，当议会考虑财政拨款时，当时的首席土木工程师，72 岁高龄的托马斯·特尔福德（Thomas Telford）给出了否定的建议。在后期，人们甚至不清楚这条线路是将马匹、卷扬机还是机车作为动力，或者像早期的斯托克顿－达灵顿铁路一样，使用这三种选择的某种组合。然而，在公司承诺做出坚决支持仅使用一种牵引方式的决定，以及史蒂芬孙签署了一份承诺自己在 1830 年完成铁路建设的宣誓书之后，特尔福德最终才被说服做出了支持财政拨款的建议。

最终，在 1830 年，史蒂芬孙父子赢得了英国铁路董事局的支持。董事局考虑到"机车结构和性能的改进"，已经在 1829 年 4 月 20 日决定，为最佳机车颁发 500 英镑的奖金。如果由此产生了一个能够明确表明机车优越性的获奖评判标准，那么该评判标准的要点就是机车应该有利于蒸汽动力牵引。1829 年 8 月 31 日，利物浦和曼彻斯特铁路公司的董事们决定"第二年 10 月 1 日发动机样本的试机地点定在雨山（Rainhill）两个斜坡之间的平坦地带，工程师在 2 英里的平地上铺设一条双线铁路，在斜坡上铺设一条单线，直到下面的罗比路堤"。

参加试验的机车必须满足非常苛刻的规格要求，甚至在试验条件公开之前，乔治·史蒂芬孙就和他的儿子罗伯特合伙在纽卡斯尔建立了新工厂，生产后来被证明是现代机车的原型机。他们的工作进展得非常顺利，甚至连罗伯特·史蒂芬孙这样一个天生的悲观主义者也声称："总的来说，火车机车的性能即使没有超出规定的要求，至少也能达到规定的要求。"

雨山试车最后延迟了五天，于 1830 年 10 月 6 日（星期二）举行。在规定的赛道上的场景或许更像赛马场，中间有一个看台，轨道两边有数千名观众。除了罗伯特·史蒂芬孙的火箭号机车，还有其他四个火车机车参加了比赛，尽管其中只有新奇号和无敌号对火箭号构成严重的挑战。即便如此，在实际试验中，它们的性能都远远落后于史蒂芬孙的火箭号机车，它们甚至没有达到最低的规格要求。

终于轮到火箭号机车上场，其试验前重量为4吨，远远低于规定的极限。不到一个小时，其蒸汽压力便上升到50磅，火箭号机车已经准备好与两节满载石头的车厢连接，开始第一段行程。史蒂芬孙慎重地决定不开足马力，虽然他在试验的前半场的最后三段增加了马力。火箭号完成了前半场的行程，没有发生任何意外，为后半场试验做好了准备。后半场也非常顺利，所以在试验的最后一段行程，司机全速行驶，用时3分44秒抵达终点曼彻斯特，平均时速超过24英里。在60英里的全部行程中，火箭号的平均速度略低于每小时14英里，稳稳地超过了试验规则规定的每小时10英里的速度。

各位评委向董事们报告说："火箭号在很大程度上证明了，即使在负荷相当大的情况下，发动机也能实现高速运转。"而事实证明，两台参与竞争的机车的主人都是可怜的失败者。董事会决定延长试验，并对史蒂芬孙父子也提出了进一步的要求。新的试验只是证实了他们的火车机车的巨大优越性，因此"再也不需要谈论马或固定的牵引发动机，火车机车在'战斗'中已经取得了决定性的胜利，利物浦－曼彻斯特铁路将被建成一条完全由机车牵引火车的铁路"。

雨山试车以后，铁路公司不仅购买了火箭号机车，而且还订购了六台类似的火车机车，并全部在 1830 年夏天交付。1830 年 9 月 15 日，利物浦－曼彻斯特铁路正式开通。与五年前斯托克顿－达灵顿铁路的开通不同，这条铁路的开通并非喜事。因为时任首相的惠灵顿公爵（Duke of Wellington）已经同意参加，所以当天的日程安排得非常详细。但是一位当地议员威廉·哈斯基森（William Huskisson）意外踏入了其中一列火车的轨道之后，计划也就全乱套了。受了重伤的哈斯基森，当天晚些时候便撒手人寰，这让举办活动的人不得不收拾混乱的局面。在混乱中，许多参加活动的列车最终都跑错了地方。惠灵顿公爵至少完成了前往曼彻斯特的旅程，但是姗姗来迟的他险些遭到了一群充满敌意的暴徒的袭击。

高层决定立即返回利物浦，惠灵顿公爵本人甚至连车都没有下。为他的火车返回利物浦清理道路不可避免地又加剧了混乱，因此在曼彻斯特只剩下三辆而不是原有的七辆火车头牵引车厢运载普通乘客。唯一的解决办法就是把多节车厢连接在一起，使火车的长度远远超过火车头能牵引车厢的额定长度。但是惠斯顿斜坡的坡度太大了，所以车里的男性乘客不得不下车，冒着倾盆大雨在黑暗中前行，但当他们到达山顶再次登上火车后，火车便一路轻松地驶向终点站利物浦。晚上 10 点火车终于到站了，等待他们的是欢呼的人群。在铁路员工中，上至乔治·史蒂芬孙下至每一位员工，每个人都保持着冷静，除了可怜的哈斯基森丢掉了性命，这一天总算过去了。

第二天，第一列火车载着 140 名乘客，依照时刻表准时发车了。时至今日这条线路仍在运营。毫无疑问，无论还有多少问题亟待解决，但是铁路时代已经到来。

美国的铁路

英国铁路的成功很快就受到大西洋两岸想摆脱现有交通基础设施限制的企业家的关注。在无法通过内陆水道获益的地方，铁路的吸引力尤为强大。在美国，这意味着像巴尔的摩这样的港口城市，虽然可以进入大西洋，但是并没有位于任何有用的通航河流的源头。1827 年，一群商人在巴尔的摩召开会议，组建了巴尔的摩和俄亥俄铁路公司。其目标与切萨皮克和俄亥俄运河公司的目的基本相同，都是在切萨皮克湾和俄亥俄河之间提供一条运输通道。华盛顿附近的波托马克河上有一个新港口，修建一条通往这个新港口的运河，就拥有直接连接俄亥俄河的优势，这可能对巴尔的摩的优势地位构成挑战。对于美国第二大城市来说，这足以刺激他们修建一条铁路。问题是，在通往俄亥俄州的大部分线路上，波托马克河流域是唯一可行的路线。但是在华盛顿西北约40英里处，有一个名为波因特夫罗克斯的马里兰小镇，由此向北的波托马克河上游的许多地方，几乎没有足够的空间既建运河又修铁路。

这种结果对运河派和铁路派都没有好处，因而在大约5年的诉讼和政治游说中，巴尔的摩的交通建设时间遭到了极大的浪费，让"纽约和费城凭借日益提升的交通系统（主要包括内陆河道）超越巴尔的摩，成为日益繁荣的西部贸易的东部商业中心"。切萨皮克－俄亥俄运河对美国未来交通基础设施发展至关重要，但运河修建失败了，而铁路最终取得了成功——1852年，巴尔的摩－俄亥俄河铁路建成通车，终点是弗吉尼亚州的惠灵市。在铁路修建过程中，铁路必须穿越巴克霍恩岩体——海拔2500英尺，对运河建设者来说，这几乎是一个不可逾越的障碍。

与英国以及欧洲大陆大部分地区取得的成就相比，巴尔的摩－俄亥俄铁路的进展似乎有些缓慢，但巴尔的摩腹地地形固有的问题无法用史蒂芬孙父子获得的工程实践经验来解决。距离是最主要的问题，巴尔的摩－俄亥俄河（这条铁路的预定目的地）铁路比英国任何一条铁路都要长数百英里。当这条铁路到达波托马克河流域的马里兰州境内的波因特夫罗克斯时，就基本完成了通往俄亥俄河整条铁路第一阶段的工程，其轨道总长度已经超过了英国斯托克顿－达灵顿和利物浦－曼彻斯特两条铁路的总里程。

此时，巴尔的摩－俄亥俄铁路公司的董事们正在枕木上铺设铁轨，而不是采用史蒂芬孙父子的做法，在石块上铺设铁轨；他们还给轨道列车配备了内缘含有凸缘的轮子，并把内缘固定在旋转轴上，这两项创新最终成为世界标准。与此同时，在阿巴拉契亚山脉上修建任何一条稍微有点坡度和弯度的线路，其成本都高得令人望而却步，而这种做法在英国再平常不过了。因为所有的重量都均匀地分布在至少四个驱动轮和一个用于急转弯的前转向架上，所以标准的巴尔的摩－俄亥俄铁路机车表现得更强大。美国火车的燃料消耗要高得多，但与欧洲相比，美国第一批铁路是在国内煤矿开采还不发达的时候建造的，所以它的火车效仿了蒸汽船，以木材为燃料。而铁路沿线和河流沿线一样，木材都很丰富。后来，当他们最终转而使用煤作燃料时，实际上，在铁路经过的地区，美国的煤炭储量与英国一样丰富。就像早期的英国一样，在美国，许多重要铁路，如宾夕法尼亚州的利哈伊山谷铁路，都是专门为煤矿服务的。

　　大西洋的一边是利物浦 – 曼彻斯特铁路，另一边是巴尔的摩 – 俄亥俄铁路，在这些最早的铁路建成之后，涌现出了无数的其他铁路，在之后的半个世纪里，铁路占了所有新兴资本投资的一半以上。不仅在北大西洋的英语国家，在许多其他国家也都是如此，其中，法国和比利时等国家，纷纷效仿英国，不失时机地建设自己的铁路。新铁路的修建使人们对材料、劳动力和资本的需求达到了前所未有的规模，而这绝不仅局限于对轨道和车辆的具体需求。修建铁路需要大规模的土木工程建设，特别是在当地地形不利的时候。伟大的英国土木工程师伊桑巴德·金德·布鲁内尔（Isambard Kingdom Bru）反复强调，精准的勘测可以决定一条新线路的赢利能力。

第八章　美国模式

革命遗产

一个对 20 世纪美国的大规模工业化习以为常的人会轻易地认为，美国在 18 世纪、19 世纪肯定也是工业革命的先锋。然而，美国主要是在工业革命的最后阶段成为先锋的。这一阶段大西洋两岸的特点是，由于 19 世纪 60 年代生产方式的革命以及一代人之后对于电力的广泛使用，钢铁产量大幅增加。值得注意的是，1861—1865 年的四年内战也成了界定美国经济史的一个分水岭，1865 年北方联邦的胜利为美国大规模的扩张开辟了道路，国民经济的基础从农业毅然地转向了工业。

从 1776 年美国发表《独立宣言》到 1789 年通过联邦宪法这 13 年里，工业革命在英国如火如荼地进行着。在殖民时期，英国一直是北美进口制成品的主要来源地，所以 1772 年北美殖民地占了英国出口市场的三分之一以上。美国市场之所以能够稳步增长，不仅因为从事大西洋贸易的船只数量大幅增加，还因为它们的吨位大幅增加。产生的一个结果就是客运和货运的费用都下降了。例如，1770 年从欧洲乘船通过移民通道到达北美的费用只是 1720 年的一半。在美国独立战争之前这个阶段，大西洋与其说是英国和北美殖民地之间的障碍，还不如说是一座桥梁。到 18 世纪 50 年代初，一位刚刚移居到北美的德国人说："在欧洲能得到的所有东西，在宾夕法尼亚州也都能得到，因为每年有这么多的商船到达这里。"从宾夕法尼亚州到阿勒格尼山脉的广大内陆地区，在很大程度上仍是一个未被发现的世界。在七年战争结束之前，这个地区一直属于法国。

从 17 世纪开始，英国在美洲殖民地的交换经济便以种植园作物的出口为基础。其中，在独立战争前的几年里，烟草是最重要的出口作物。切萨皮克湾以及流入它的波托马克河和詹姆斯河等河流都能让远洋船只通行，这意味着最富饶的种植园要么位于切萨皮克湾沿岸的马里兰州，要么位于弗吉尼亚州的滨海地区。不仅种植园经济完全依赖奴隶劳动，而且国际奴隶贸易本身也是英国和美国经济的重要组成部分。

原则上，英国《航海条例》（*Navigation Acts*）禁止美国船只以自己的名义进行贸易。但是，罗得岛州（一个没有任何种植园的新英格兰殖民地）普罗维登斯港的繁荣很大程度上依赖于这种贸易，这表明英国海军在执法方面是多么无效。依靠自己的船只发展贸易，普罗维登斯港绝非个案。这样一来，英国不仅获得了国内农业无法生产的烟草等大宗商品，同时它还享有让本国制造业进入北美迅速扩张的市场的特权。

如果这一切都是伦敦政府颁布的殖民经济政策的基础，那么大西洋彼岸的现实情况则略有不同。在整个 18 世纪，北美一半以上的英裔人口都住在新英格兰和大西洋中部的殖民地，但这里不适合种植园农业。结果，除了木材和航运，这些北部殖民地几乎没有生产出什么英国所需的东西。相反，北美殖民地的出口经济主要依赖向英国西印度群岛殖民地供应木材、鱼类、牲畜和粮食。18 世纪后期，随着小麦被列入美国的出口清单，南欧几乎与西印度群岛势均力敌，成为美国的出口市场。在西印度群岛和南欧，美国出口商通过伦敦出具的汇票进行收款，反过来又用这些汇票支付从英国进口的商品。

海外对美国小麦的需求，增加了大西洋中部各州的小麦产量，在许多切萨皮克种植园，小麦还取代了烟草。这种转变产生了两个重要后果：首先，对奴隶劳动力的需求大幅减少；其次，新英格兰的人口流向大西洋中部各州。纽约州，甚至是宾夕法尼亚州，都具有很大的优势，因为它们可以提供新的耕地，但这些耕地不适合种植园作物生长。包括许多留在新英格兰的人在内的殖民者，享受着他们自己或他们的祖先留下的不为欧洲国家所知道的繁荣。生活必需品非常充足，当地的森林提供了建造房屋的木材和取暖的柴火，而谷物、蔬菜、牛奶和肉类等大量食物也可以廉价卖给不从事农业生产的人。

独立战争的爆发意味着英国和北美之间的主要商业联系不可避免地遭到中断。大西洋两岸都遭受了非常严重的经济后果。英国制造商受到失去美国市场的打击，而那些为美国独立而战的人又很难找到英国商品的替代品，由于失去了英国出口市场，他们很难买得起英国商品。特别是，由于北美殖民地从来没有过军火工业，美国殖民者只能用他们早先从英国进口的武器与英国人作战。所以，刚一当选美国总统，乔治·华盛顿的首要任务之一就是根据1789年颁布的美国新宪法建立联邦军火库，这也为美国的工业革命做出了重大贡献。

当1783年签署的美英《凡尔赛和约》给两国带来了和平后，美英双方很快就意识到恢复贸易对他们各自多么有益。早在18世纪末之前，刚刚独立的美国就再次成为英国制造业的重要市场，美国则主要靠出口种植园作物来购买从英国进口的商品。然而，到这个阶段，美国出口导向型种植园经济正在经历一种根本性的变化。

在18世纪的最后20年中，英国对美国烟草（切萨皮克和南、北卡罗来纳州种植园经济的主要作物）的需求不断下降，对美国棉花的进口却增加了八倍。这是美英两国在棉纺业领域的新发明共同作用的结果。英国的新发明当时正在彻底改变英国的棉纺业；而在美国，伊莱·惠特尼于1793年发明了轧棉机，使南部各州的种植园能够生产棉绒，并将棉绒捆扎起来运往世界各地，包括兰开夏郡的新棉纺厂。然而，这两类发明有一个关键的区别。英国的水力纺纱机和其他为棉纺业设计的机械，只有在工厂大规模生产中才能实现利润的最大化，而惠特尼轧棉机则主要是为收获棉花的地方设计的，因而其运行规模要小得多，驱动轧棉机所需的动力两匹马就能提供。

规模不一的种植园的有效经营，仍然依赖于对奴隶的剥削。如果棉花是英国工业革命的核心，那么美国种植园的情况则完全不同。巨大的生产收益只能通过增加非洲奴隶（提供劳动力）来实现。轧棉机能够使种植园生产出更精制的用于出口的产品，节省的不是美国南部的劳动力，而是出口市场的劳动力，这首先意味着节省了兰开夏棉纺厂的劳动力。切萨皮克和卡罗来纳种植烟草利润最高，而最适合种植棉花的土地则在南方腹地，特别是在路易斯安那、密西西比和阿拉巴马等在19世纪前20年新加入联邦的各州。在后期，这意味着弗吉尼亚州和马里兰州的奴隶主，因为实现了从烟草种植到小麦种植和养牛的产业转变，把他们的奴隶卖给了美国南方腹地的种植园主。

然而，南方各州的棉花种植虽然取得了成功，但也付出了高昂的代价。惠特尼的轧棉机问世后，种植园几乎不需要任何技术创新。唯一的例外是向市场运送棉花包，从 1811 年起，这些棉花包主要依靠美国南部通航河流上的蒸汽船进行运输。其中，密西西比河及其支流，如坎伯兰河、田纳西河和阿肯色河在很大程度上是最重要的航道。然而，这种运输工具几乎无法支撑当地的任何工业，因为内河船主要是在北方各州建造的。所以我们现在必须回到北方各州，看看工业革命在美国是从哪里展开的以及如何展开的。

18 世纪末，美国绝大多数人口是农村人口。在中等规模的定居点，有很多小规模的制造业，呈现一片欣欣向荣的景象。数不清的马鞍商、制帽商、铁匠、织工、补鞋匠、木匠、面包师、药剂师和从事许多其他职业的人，共同为当地市场生产商品。在 1790 年的第一次美国人口普查中，只有 6 个人口超过 8000 的城镇，而其中人口最多的纽约只有 3.3 万居民。最大的 20 个城镇都是大西洋的海港。直到 19 世纪早期，大型内陆城市才开始出现。其中，1830 年最大的 4 个城市（包括哈德逊河畔的奥尔巴尼，俄亥俄河畔的匹兹堡、辛辛那提和路易斯维尔）都在主要河流上，这些河流在经济上都是密西西比河最重要的支流。

新兴内陆城市的出现反映了水道对美国工业发展的重要性。水道有三个基本类别：通航河流、适合修建水力工厂的小河流，以及适合修建运河的小河流。直到 19 世纪，这些水道包含两种独立的水系。第一种是大西洋水系，包括一些主要河流的无数支流，这些河流迟早会在北部马萨诸塞州和南部佐治亚州之间的海岸上的不同地点流入海洋。第二种水系几乎完全由密西西比河及其东部许多支流构成。

直到 19 世纪早期，只有大西洋水系在美国经济中发挥着不可或缺的作用。梅里马克河、康涅狄格河、哈德逊河、特拉华河、苏斯奎汉纳河、波托马克河、詹姆斯河、萨凡纳河等可通航的大河，在对外贸易和大西洋诸州（在 1800 年，大西洋诸州的人口仍占美国人口的 90% 以上）之间的交通中都起着至关重要的作用。蒸汽船的早期发展历史不仅反映了这些大河的重要性，而且也反映了这些沿海航道的重要性。直到 19 世纪早期美国修建了运河，这些航道一直都是各州之间最重要的商业纽带。

虽然大西洋沿岸各州的内河船代表着美国工业革命的开端，但有一个事实仍然至关重要，那就是这些船都不烧煤。在 18 世纪的英国，蒸汽机是煤炭开采不可或缺的工具，煤炭又为蒸汽机提供燃料，而大西洋沿岸的美国经济对煤炭几乎没有需求。考虑到已经发现的煤层主要是由无烟煤构成的，没有需求也很好。其中最富裕的一处无烟煤矿位于宾夕法尼亚州东部的萨米特希尔山（俯瞰利哈伊河），直到1791年才被当地的一名技工发现。尽管它靠近当时美国第二大城市费城的很多工厂，但是要想到达这些工厂，需要途经9英里陡峭的马车道和湍急的利哈伊河，运输成本高得令人望而却步。

更重要的是，费城的制造商们不知道如何烧煤。其中有一位制造商曾讽刺道："如果世界着火了，利哈伊煤矿将是最安全的撤退地，因为它将是最后一个烧起来的地方。"如果需要煤，最好是从英国进口烟煤，因为烟煤是英国工业革命中最好的燃料。不管怎样，当地林地生产的木炭既容易获取，又几乎适用于所有的工业生产。正如下文解释的那样，对于大多数工业生产而言，其动力来源不是火而是水。

除了得到充分利用的通航大河，无数的小河——多为支流，但有一些小河，如命名很好听的布兰迪万河（Brandywine，与白兰地酒英文同名），则直接流入海洋——沿途密集地建有很多水力厂房。立式水车自古就有，它能传输的功率是由水头的高度和水流速度的乘积来衡量的。对于水车来说，理想的河流是坡度相对较陡（但这样的河流将不适合航行）以及排水区域的降水量相对较高的河流。因此，气候和地理因素必然会限制一条小河所能驱动的磨坊的数量。虽然在英国这个上限很低，但在美国，由于人口密度低得多，而且有大量的新土地可供定居，这个上限已经足够高，可以几乎不受限制地开发水力资源。即便如此，在费城等大城市附近的农业定居区，许多河流沿岸的水车间距也只有几英里。

1797年，仅布兰迪万山谷就排掉了切斯特县大部分地区的水。在切斯特城外的山谷建有60个水车坊，为造纸提供动力，但在当时，造纸基本上属于技术门槛较低的手工业，所以并没有什么规模经济效益。水车在为锯木厂和磨粉厂提供动力方面也发挥着同等重要的作用。对于水资源的这种使用形式在位于大西洋沿岸中部的整个皮埃蒙特地区都颇为典型。最近的研究表明，那里的首批定居者见到的自然河流系统几乎都遭到了破坏。数以百计的水车，连同为之修建的堰和坝，彻底改变了原有的河流系统，尽管在19世纪末之前就有许多河坝被终止使用了，20世纪又有更多的河坝遭到废弃，但原有的河流系统并没有因此得到恢复。

美国的炼铁业

人们在大西洋沿岸的北美殖民地很早就发现了铁矿石。到了18世纪初就已探明，宾夕法尼亚州含有丰富的铁矿储量。1716 年，托马斯·拉特（Thomas Rutter）在可通航的斯古吉尔河的一条支流上开设了北美殖民地的第一家铁匠铺。1720 年，这家铁匠铺被改建为科尔布鲁克代尔炼铁厂。

然而，早期最成功的企业家却是石匠彼得·格拉布（Peter Grubb）。早在 18 世纪 30 年代，他就开始在宾夕法尼亚州东部的黎巴嫩县开采矿石，并于 1742 年创建了康沃尔炼铁炉，选择这个名字是为了纪念他的（移民）父母的生养地，也就是英国的康沃尔郡。这个地点选得很好，因为事实证明康沃尔铁矿是宾夕法尼亚州最大最重要的铁矿床。

此时，北美殖民地钢铁业的良好发展前景引起了英国政府的担忧，因为这对英国制造业的出口构成了威胁。于是，1750 年，威斯敏斯特议会通过了《1750 年钢铁法案》（*Iron Act of 1750*），该法案在鼓励殖民地生产生铁和条铁并出口到供应短缺的英国的同时，不仅禁止殖民地将这些原材料出口到英国以外的任何地方，还禁止殖民地建造熔炉和工厂，为当地（北美）市场生产更先进的铁制品。实际上，英国政府一只手给东西，另一只手又拿走了。从长远看，英国是否颁布法律都没有什么区别。18 世纪中期北美的制造业规模都很小，几乎分散于英国当时在北美的所有（13 个）殖民地，这些殖民地的人口（只占英国人口的一小部分）主要从事农业，从来没有对英国出口商构成严重威胁。不管怎样，随着 1776 年革命的来临，威斯敏斯特的法令只持续了不到一代人的时间。

到了 18 世纪末，格拉布家族已将其所有炼铁产业卖给了罗伯特·科尔曼（Robert Coleman）。科尔曼成功地利用炼铁厂，使他的家族成为宾夕法尼亚州黎巴嫩县最富有的家族。作为一个模范工业区的中心，康沃尔炼铁厂引起了外界广泛的关注，现在它作为国家历史公园向游客开放。康沃尔炼铁炉是众多同类炼铁炉中最好的一种，到殖民时代末期，这些炼铁炉熔炼的铁已经占到世界的七分之一。钢铁工业的中心宾夕法尼亚州，共有 2000 多名员工从事钢铁生产，占到该州总人口的 1%。不可避免的是，到这个时候，殖民地对英国 1750 年法案中的限制规定更多的是违反而不是遵守，因此北美市场上出现了日趋多样的当地铁制品。值得注意的是，康沃尔炼铁炉除了木炭以外从不使用任何其他燃料，它一直运行到 1883 年。到那时，南北战争结束后发展起来的庞大的美国钢铁工业中已经很少能见到这种炼铁炉了。

进入 19 世纪之后很久，美国才取得了钢铁生产领域的最重大的进步。1817 年，托马斯·刘易斯（Thomas Lewis）是美国第一个生产焦炭的人，目的是满足匹茨堡以南宾夕法尼亚州费耶特县的一家轧钢厂的燃料需求。刘易斯是被艾萨克·米森（Isaac Meason）从威尔士带到美国的。在威尔士，刘易斯学会了生产焦炭的相关技术，而1791年以来米森一直都是铁器制造商。虽然刘易斯和他的两个兄弟都竭尽全力，但米森的创新几乎没有取得成功，一部分原因是当地烟煤质量太差，另一部分原因是运输基础设施太差。运输基础设施落后是美国工业革命早期创业失败的一个常见原因。

美国钢铁生产的下一个重要的里程碑是1837年在马里兰州附近的洛纳科宁镇搭建的炼铁厂。在当时的情况下，以焦炭为燃料的炼铁炉将按计划开始运作。炼铁厂的选址主要是根据当地铁矿、石灰石、水和煤的丰富度来决定的。这个地方也接近坎伯兰。坎伯兰于1850年成为切萨皮克－俄亥俄运河的终点，而在1839年洛纳科宁炼铁炉投入使用时，运河仍在建设中，这就意味着炼铁厂可以为运河提供支撑墙体的铁钉。然而，运河建成仍需十多年，所以如果要把设备运到炼铁厂或者把铁制品运到当地以外的任何市场，运河几乎都起不到任何作用。1837年，运河才修到威廉斯波特，几乎才完成从运河起点乔治城到终点坎伯兰之间一半的距离，这就意味着从纽约市西点铸造厂订购的大约20吨的炼铁设备，必须用马车从威廉斯波特途经70多英里的路程运到洛纳科宁，运输代价极其昂贵。

1839年5月炼铁厂开始投产，每周大约生产40吨铸铁，每生产1吨铸铁需要烧7吨煤。每周最多能生产75吨铸铁，除了满足当地对于农具、矿车轮轨、家用器具的需求，还剩下大量生铁，很难实现盈利销售。当时最好的市场是巴尔的摩 - 俄亥俄铁路公司（就像运河一样，仍在建设中），其收购生铁的价格为每吨 29 美元。由于接下这笔生意就意味着要承受从乔治斯溪谷到波托马克河上的皮埃蒙特近 10 英里的运输距离——虽然这已经是最近的铁路距离，这笔生意几乎是一笔赔钱的买卖。解决办法是修建一条连接洛纳科宁和皮埃蒙特的铁路，这条铁路于 1853 年竣工。两年前，通往位于俄亥俄河流域的弗吉尼亚州威灵市的巴尔的摩 - 俄亥俄铁路就已经修到这里。尽管连接洛纳科宁和皮埃蒙特的这条新铁路对当地炼铁厂（最后一座炼铁厂于 1855 年关闭）的助力已经晚了好几年，但它在煤炭运输方面有着良好的前景，仅 1855 年一年就有 102 列火车运送了约 22.5 万吨煤炭。这条铁路仍在运营，虽然其运营时断时续。

康沃尔和洛纳科宁的炼铁厂在历史上之所以都占有一席之地，是因为它们都是北美最早的炼铁厂。要是康沃尔炼铁厂的运营时间再长一些该有多好啊！因为它的地理位置更适合它的市场，而在洛纳科宁炼铁厂则过分重视了获取它所依赖的自然资源的便利性，因为那时当地的交通基础设施无法满足它的需求。康沃尔炼铁厂最终失败的原因是它太保守了，人们当时在技术上早已解决了宾夕法尼亚州东部无烟煤燃烧的问题，但它还依赖木炭作为燃料。在这一点上，洛纳科宁炼铁厂在美国工业的未来方向上做出了正确的判断，因而更具创新性，但它因为超前于时代而付出了代价——它的存续时间要短得多。

在宾夕法尼亚州，就像在其他未来的工业州（如俄亥俄州）一样，与阿巴拉契亚山脉东部的无烟煤田相比，山脉西部一直向南延伸到亚拉巴马州北部的广袤烟煤田为新工业提供的燃料更为重要。1758 年，在法国和印第安人战争早期的关键阶段，法国人放弃了位于阿勒格尼河和莫农加赫拉河交汇处（从而形成俄亥俄河）的杜肯堡，并将其被焚烧的废墟让给了英国。法国人无意中放弃了世界上含量最丰富的煤层之一，其最大宽度为 190 多英里，位于宾夕法尼亚州西部。就在法国人离开的同一年，他们把阿巴拉契亚山脉以西的全部领土拱手让给了英国人。因而费城的一份报纸曾指出，"此收获极有价值，它向国王陛下的所有臣民开放了一处矿脉宝藏，如果管理得当，它可能会比墨西哥的矿脉更富有"。

在非常临近杜肯堡的一个地方，英国人建立了一个贸易村，取名为匹兹堡，以纪念他们的首相。大约 18 年后，当革命到来时，已经宣称拥有自由的美国人无视英国长期以来对阿巴拉契亚山脉以西定居点的禁运，不失时机地把这个村庄变成了一个新兴城镇，尽管在当时还没有其他交通工具能够用来穿越宾夕法尼亚州的情况下，从费城到匹茨堡，乘驮马需要走 20 天才能到达。

匹兹堡的发展，势不可当，到美国独立战争期间，其成就已经相当惊人了。1786 年，阿巴拉契亚山脉西部第一份报纸的发行就是它日益增长的人口能够享受城市发展所带来的繁荣的一个标志。从一开始，两大燃料密集型产业，玻璃和铁的生产，就依赖于煤炭和蒸汽动力，匹兹堡由此成为美国第一个不依赖木材供热以及不依靠水力提供动力的城市。到 1817 年，匹茨堡总人口高达 6000 人，为大约 250 家工厂提供劳动力，这些工厂要么已经使用蒸汽动力，要么即将使用蒸汽动力。

由于在这个历史阶段，还没有有效的交通基础设施将宾夕法尼亚州西部与东海岸连接起来，所以其日益增多的新制造商的唯一市场是从匹兹堡沿着俄亥俄河顺流向南的地方，在那里，不久前加入联邦的肯塔基州和俄亥俄州分别位于其左右两岸。在严寒的冬天，炉子是家里取暖必不可少的最重要的产品。随着 1811 年蒸汽船的引入，成千上万的新移民创造了稳步拓展的市场，不仅保证了匹兹堡的持续繁荣，也保证了其他主要河流城镇的持续繁荣，这些城镇包括俄亥俄州的辛辛那提和肯塔基州的路易斯维尔等。

在 1820 年美国进行人口普查之前的一段时间里，美国的土地和人口数量都增加了一倍多，二者的增长主要归因于（美国新获得的）阿巴拉契亚山脉以西和俄亥俄河以北的领土。在 19 世纪的头 20 年里，这片领土被划分为俄亥俄（1803 年）、印第安纳（1816 年）和伊利诺斯（1818 年）三个新州。在 19 世纪剩余的几十年里，这三个州和宾夕法尼亚州西部一起发展成为美国工业的中心地带，这并非历史的偶然——到 20 世纪末这些地方成为美国工业的"锈带"。

由于英国在 1756—1763 年爆发的法国 – 印第安人战争[①]中获胜，依据 1783 年签署的美英《凡尔赛和约》，宾夕法尼亚州西部及其他的土地最终成为美国领土，这些地方是美国现代工业腾飞的地方，而宾夕法尼亚州东部自 17 世纪以来一直是英国的殖民地，如果它愿意，它便可以从工业革命几乎每一项创新中获益。宾夕法尼亚州东西部的发展结果似乎是一个悖论。这个悖论至少可以通过以下事实得到部分解释：该州西部使用的煤是烟煤（和大西洋的另一边一样，大部分使用的也是烟煤），而东部使用的煤是人们所不熟悉的无烟煤。这片无烟煤地区不属于最初的殖民地，而是 1749

---

① 指 1756—1763 年，法国和英国在北美大陆上进行的战争，以法国的失败而告终，英国由此获得法属北美殖民地。——编者注

年以 500 英镑从易洛魁人联盟手中购买的美洲原住民的土地。在这个山地起伏的地带，大部分地区的人都流向了波涛汹涌而相对较短的利哈伊河，该河是不仅可通航而且长得多的特拉华河的一条西部支流，两条河在费城以北约 100 英里处交汇。

利哈伊河有很多水流湍急的河段，很显然这条河是修建水磨的理想之地，所以 1791 年磨坊工人在利哈伊河附近的萨米特希尔发现了大量露出地面的无烟煤层也就不足为奇了。然而，由于到达距其最近的费城的工厂，需要经过 9 英里陡峭的车路以及水流湍急的利哈伊河，该煤矿的开采遇到了极大的困难。

18 世纪末之前，在利哈伊山谷开采煤矿的几次尝试都以失败而告终，运煤船只在急流中翻船后，大部分煤都被河水冲走了，而少量运到费城的无烟煤也没有什么市场。又过了几年，威尔克斯－巴里的一位年轻企业家雅各布·希斯特（Jacob Cist）在当地招募了一批劳工，并在萨米特希尔新租了矿井，开采出的煤炭，足足装满了利哈伊河上的四个平底船。最后只有一船煤运到了费城，但这一次有人愿意购买这船煤。当地一家轧钢厂的两位老板约西亚·怀特（Josiah White）和厄斯金·哈泽德（Erskine Hazard），经过反复试验，找到了一种通过燃烧无烟煤来给铁加热以制造铁丝和钉子的方法。技术问题解决之后，他们看到了开发萨米特希尔的未来，于是他们便采取了一切必要措施使利哈伊河可以通航。1818年，在得到宾夕法尼亚州立法机构的必要批准后，怀特和哈泽德在利哈伊河上建造了12座水坝，于1820年完成了河流的改造工程，从而可以在一天半内将无烟煤安全运送到费城。

在费城，人们对于无烟煤作为工业及家用燃料的偏见得到了克服，但新的问题出现了。尽管修建了新的水坝，但利哈伊河逆流仍不能通航，因为水流的冲击力实在太大。这意味着每艘平底船到达目的地后，船的木头都会被处理掉，船员们只好带着金属部件步行回家，而且要一连走好几天的上坡路。这些零部件将被安装到一个新的船上。这个过程不仅浪费了劳动力，还浪费了萨米特希尔山周围森林里的木材。虽然至少在19世纪早期宾夕法尼亚州的社会条件下，对劳动力的开发是可持续的，但对木材的开发并非如此。解决的办法就是修建运河。从19世纪20年代开始，不仅在宾夕法尼亚州东部，而且在整个国家，修建运河就成了一项重要的事业。1825年，就在纽约伊利运河开通前，连接萨米特希尔和可通航的斯古吉尔河的斯古吉尔运河开通了。斯古吉尔河经费城流入特拉华河。

1827年修建的首先是一条新的利哈伊运河，到19世纪

30 年代末，美国人已经可以通过一个运河网将货物运送到东部各州，其中大部分货物是无烟煤。然而人们很快就发现，即使是这些运河，也存在问题，无法满足工业用户的要求，因为在冬天运河就会结冰，无法到达矿井。因此，修建铁路就成了唯一的出路。1827 年，怀特和哈泽德效仿英国矿主的做法，铺设了一条从萨米特希尔到利哈伊河的轨道，运煤车会在重力的作用下沿轨道向下滑，然后由骡子将空车拉回矿井。和在英国一样，这只是一个暂时的过程。19 世纪 30 年代，尽管有丰富的煤，人们还是用以木柴为燃料的机车代替骡子来拉煤。到 19 世纪 30 年代末，美国已经有五家公司分别经营铁路，铁路纵横交错，布满了利哈伊山谷广阔的矿区，但绝大部分仍然是用来运输煤炭。

大卫·托马斯（David Thomas）是一位威尔士的铁器制造商，他已经成功地以无烟煤为燃料冶炼出铁。当怀特和哈泽德最终说服托马斯在他们的矿山附近建造了一个炼铁厂时，炼铁业最终取得了重大突破。就近建厂的最大好处是，无烟煤含硫量低，不用先转化成焦炭就可以直接使用。到 19 世纪 40 年代末，怀特和哈泽德开创的方法已经使大约 60 座无烟煤炼铁厂落户宾夕法尼亚州东部。到 19 世纪 50 年代，这个数字翻了一番，使该州的这个小小的角落在内战开始前已经成为美国重工业的中心地带。此时，横跨阿巴拉契亚山脉的新铁路，使从宾夕法尼亚州西部的烟煤矿进口焦炭变得非常经济，其结果是，东部的钢铁工厂对很多炼铁炉进行了改造，使其能燃烧焦炭和无烟煤的混合物。与此同时，铁路为阿巴拉契亚山脉以西的各种各样的商业企业开辟了大西洋沿岸广阔的市场，尽管其全部潜力在南北战争后才得以发挥。

小型武器制造业

柯尔特（Colt）和温彻斯特（Winchester）等名字人们已经家喻户晓。因此，在美国的工业革命中，没有什么能像小型武器制造那样世界闻名。从18世纪末开始，美国小型武器的主要产地位于宽阔的康涅狄格河流域，在那里，垂直水车作为一种动力来源比美国其他任何地方都更能发挥其全部潜力。虽然小型武器生产从未占到美国工业总产量的1%以上，但该行业技术先进，在通用零件生产、精密工程和机床制造等机器生产建设方面发挥着引领作用。与此同时，它还在由手工业生产转向工厂化生产的过程中发挥着引领作用。

1800年以前，美国主要从法国进口武器，但独立战争让美国看清了自身在国内生产武器的优势。在乔治·华盛顿的倡议下，美国在马萨诸塞州斯普林菲尔德的康涅狄格河畔建立了联邦军火库。1795 年，在联邦政府的资助下，联邦军火库不仅主导了小型武器产业，而且为其他国家提供了一个可以效仿的榜样。

美国发展武器生产的动机非常强烈。美国的边界不断向阿巴拉契亚山脉以外及密西西比河下游地区扩张，不仅意味着要对美洲原住民发动战争（这种战争几乎一直持续到 19 世纪末），而且意味着要在 19 世纪 40 年代发动规模更大的对墨西哥的战争。墨西哥战争造就了萨缪尔·柯尔特（Samuel Colt，1814—1862 年），他是在康涅狄格州首府哈特福德市康涅狄格河畔土生土长的孩子。尽管他的六发式左轮手枪最终使他腰缠万贯，但他作为发明家和企业家，其早年的成功来之不易。柯尔特在一个农民家庭长大，很可能会子承父业成为农民，而年少的他却想成为一名发明家，他立志制造一种能发射"五六次"的枪，这是他在当地酒馆听士兵们说话时产生的想法。18 岁的时候，父亲送他去海上旅行，通过观察他发现，帆船的舵轮一旦静止，舵轮六根辐条中的一根就会与离合杆处于一条直线，于是他就产生了研发旋转枪膛的灵感。航行尚未结束，他便做了一把木制左轮手枪的模型。一回到家，柯尔特就准备用父亲给的钱做两支左轮手枪，但都失败了，因为这些钱只够给技术较差的技工付工资。尽管他遭受了这次挫败，但在一些熟练枪匠的帮助下，他成功地制造出了一把手枪，并申请了他的第一项专利。当申请在美国受阻时，他便前往英国申请，在英国专利获批了。一回到美国，他就在新泽西州的帕特森建立了一家工厂，用随后颁发的美国专利书上的话说，专门生产一种"可旋转的后膛装填子弹的、具有可折叠扳机的枪支，取名帕特森手枪（Paterson Pistol）"。

对于他的首批发明专利，柯尔特自己声称他所做的不过是对英国的一项发明"科利尔转轮式燧发枪"进行了一些改造。他的伟大创新是让每一支"柯尔特枪"的所有部件都能批量生产，让每一种零部件都具有通用性。不仅如此，他的手枪还是第一把实用的左轮手枪和第一把连发手枪。在政治和财政两方面的支持下，新泽西州帕特森的专利武器制造公司（Patent Arms Manufacturing Company of Paterson, New Jersey）于 1837 年 3 月 5 日获得新泽西州立法机关的特许宣告成立，但由于柯尔特的赞助人未能为制造通用部件所需的新机器提供资助，企业迟迟不能启动。尽管柯尔特左轮手枪和新式旋转火枪都很受欢迎，但在 1837 年的第一次塞米诺尔战争中，正当美国士兵与印第安人在佛罗里达激战正酣之时，帕特森工厂不得不关闭，因为政府没有支付武器的费用。

然而，10 年后的实践却证明，塞米诺尔战争其实拯救了柯尔特。1847 年，在塞米诺尔战争中曾经购买过柯尔特左轮手枪的得克萨斯游骑兵上尉塞缪尔·沃克（Samuel Walker），又订购了 1000 多支枪，用来对付墨西哥人。从那以后，柯尔特再也没有走过回头路。他在家乡哈特福德建立了柯尔特专利武器制造公司（Colt's Patent Fire Arms Manufacturing Company），正是在那里制造的手枪确立了柯尔特 45 式手枪作为标准左轮手枪的地位。柯尔特遇到了千载难逢的好时机。随着加州淘金热和西部扩张，美国人对枪支的需求不断增强，哈特福德公司不断发展壮大。由于柯尔特枪械具有实质上的垄断地位，它的市场遍及全球。在国际局势日益紧张之际，没有哪个大国能够拒绝向本国士兵提供柯尔特的轻武器。在美国内战期间，对柯尔特枪的需求再创新高。

美国内战时期，柯尔特已经在康涅狄格河畔建立了柯尔特兵工厂（Colt Armory），这是一个更大的兵工厂。柯尔特是一位模范雇主，他坚持实行 10 小时工作日制度，为员工提供公司住房和洗涤设施等，还保证员工每天有一小时的午休时间。1862 年，他在哈特福德去世。尽管他为内战提供了数十万件武器，但他没有看到这场战争的结束。他的财产价值约为 1500 万美元，这在 19 世纪中期是一笔巨款。但是，尽管他取得了巨大的成功，他个人却从未去过佛罗里达、得克萨斯或加利福尼亚，或任何以左轮手枪闻名的州。

除了柯尔特，温彻斯特和雷明顿（Remington）等其武器制造商的名字，也在康涅狄格州军备行业中如雷贯耳。在因发明轧棉机而闻名之后，伊莱·惠特尼继而成为武器制造领域的主要参与者。这些发明家共同促进了纽黑文、米德尔顿和哈特福德等城市的繁荣，马萨诸塞州的斯普林菲尔德就更不用说了。除了沿海城市纽黑文之外，上述其他城镇以及许多小公司的所在地，结合了康涅狄格河航运（康涅狄格河可以为远在哈特福德的内陆地区提供可供远洋船只航行的河道）及其支流可开发的水力资源的优势。

特别是在武器行业发展的早期，位于马萨诸塞、康涅狄格和纽约三州交界的索尔兹伯里山，为众多军工厂提供铁矿来源，而当地的林地不仅可以提供用于制作步枪枪托的胡桃木，还可以提供用于促进木炭燃烧的栗子。随着时间的推移，人们不得不从宾夕法尼亚州进口胡桃木，还要从弗吉尼亚进口少量的烟煤来代替木炭。另一方面，直到美国内战时期，当重大技术进步从根本上改变了最终产品的性质时，整个武器行业都在利用当地的水力资源。不依赖蒸汽动力，是当时该行业唯一"落后"的方面，而从非常早期的阶段开始，内河船只就已经以蒸汽为动力了。

1830 年以后，当机床制造业在康涅狄格山谷发展成为一个独立且具有重大发展潜力的行业时，它在很大程度上确实依赖于蒸汽动力，但在其他行业，蒸汽机只是备用设备。直到1855年，当霜冻或干旱使水车无法正常运转时，斯普林菲尔德兵工厂保守的管理层才最终认识到蒸汽动力所具有的优势。同样重要的是，到1830年，斯古吉尔运河和利哈伊运河的开通，使新英格兰的人们能买得起利哈伊河谷丰富的无烟煤资源。

直到1830年，康涅狄格河谷的轻型武器行业都依赖从德国和英国进口的钢铁来制造枪支和步枪的某些关键部件。原因很简单，美国钢铁的质量相对较差。而且，在任何情况下，美国钢铁都极度短缺。直到南北战争时期，锉刀（很多人都需要）、铁砧、刨子、凿子等必要的工具以及少量原材料都主要依赖英国进口。在此之后，美国在精密工程和通用零件制造领域——不仅是轻型武器，还有锁子、时钟以及后来的缝纫机、打字机等——都远远领先于大西洋的另一边（英国）。在木工方面，美国人也不断凭借创新生产机械，以减少制造木螺丝和木钉等零件的劳动力成本。从早期开始，美国工厂都很欢迎节省使用劳动力的做法，而在欧洲，工人会认为节省劳动力会威胁到他们的生计。从长远来看，这一转变和其他因素一样，对美国企业利润和生产率的提高起着重要作用。早在1839年，就有一位观察家指出："在欧洲，工作常常缺少劳动力……在美国，劳动力常常缺少工作。"

简而言之，劳动力属于卖方市场。美国人总是可以选择搬到新的土地上，耕作要比在工厂做工挣得多。

美国的纺织业

让我们把这一阶段的场景切换到大西洋对岸：1810 年，一个富有的波士顿人弗朗西斯·卡伯特·洛厄尔（Francis Cabot Lowell）正在英国参观新建的纺织厂，他原本的目的是通过旅行改善自己的健康状况。他已经在和同在英国旅行的美国朋友讨论在新英格兰开展类似业务的可能性，但在这个阶段，从旧英格兰进口棉织品价格仍然比较便宜，而且从英国进口棉织品也确实是洛厄尔自己在波士顿的主要业务。美国人必须非常谨慎，因为把他们在英国所看到的任何模型或设计引进到外国都是违法的。尽管如此，回到波士顿的家中，洛厄尔凭借记忆准确地勾画出他观察到的机器，并在一位经验丰富的机械师保罗·穆迪（Paul Moody）的帮助下，它可以在新英格兰复制出这些机器。

还好，1812 年美英战争爆发，当地纺织经济的性质发生了彻底的改变。面对进口生意的破产，洛厄尔和他社交圈里的其他富有投资者一起在 1813 年成立了波士顿制造公司，公司注册资金为 40 万美元。他们的目的是在马萨诸塞州建立一家纺织厂，使用的机器与洛厄尔在英国仔细考察过的基本相同。

然而，波士顿制造公司与英国的公司有一个重要的区别：美国投资者不建议使用蒸汽动力。相反，通过公开发行股票，他们筹集了10万美元的资金，在沃尔瑟姆建立了一家工厂，依靠查尔斯河的水流提供动力。就这样，波士顿制造公司成为第一家在一家工厂里就可以把原棉转化成棉布的企业。并由此产生了一种全新的管理制度，被称为"沃尔瑟姆模式"，其主要内容是，公司招募的劳动力以年轻的女性"北方佬"为主，员工住在公司提供的宿舍，甚至还可以去公司资助的教堂做礼拜。

在美英交战时期，南方各州的种植园非常愿意向这家新成立的美国公司供应原棉。但是，当1814年和平到来时，波士顿制造公司不得不再次与进口的英国纺织品竞争。洛厄尔的应对办法是，前往华盛顿，说服美国国会通过一项保护性关税。这是他成功的最后一步。洛厄尔于1817年去世，年仅42岁，他为美国纺织业打下了基础。然而，他所设想的发展前景无法在查尔斯河上实现，因为这条河所能提供的基本水力资源实在是太有限了。

波士顿制造公司的董事们并不打算放弃。显然，他们必须把公司搬迁到一个新的地方去。要找到一个水能充足的地方，哪里还有比梅里马克河上的波塔基特瀑布更好的地方呢？波塔基特瀑布，被运河网以这样或那样的方式环绕，而梅里马克河发端于新罕布什尔州，其水流潜势之大则是查尔斯河不能相提并论的。波士顿制造公司从那些老业主手里收购了大量船闸和运河的所有权，从而获得了利用梅里马克河水力资源的权利。1822 年，公司的董事在东切姆斯福德购买了一大片农田，将其作为他们开展新业务的地点，同时还成立了梅里马克制造公司来开展这些新业务。他们修建了一条新的梅里马克运河，新工厂几乎利用了波塔基特瀑布32 英尺高的水头的全部水能。第一家工厂于 1823 年 9 月 1日建成投产。这个庞大的工程项目，除了根据已有的"沃尔瑟姆模式"雇用来的女性劳动力，还雇用了大量的男性劳动力，其中很多人是爱尔兰移民。1825 年，为了给员工们提供住房，公司新建了一个城镇并将其并入工厂，这个新城镇被命名为"洛厄尔"，以纪念一位和其他人一样共同策划了整个项目的人。随之，"沃尔瑟姆模式"也被"洛厄尔模式"所取代。随着美国纺织业的发展壮大，洛厄尔的人口最终高达 10 万以上。

到 1850 年，"洛厄尔模式"的成功使洛厄尔不仅成为马萨诸塞州第二大城市（该州现在的经济中，工农业平分秋色），而且成为美国最大的工业中心之一。1835 年，波士顿 –

洛厄尔铁路的开通使米德尔塞克斯运河遭到淘汰。蒸汽机车在日常生活中已经比比皆是，但这并没有促使当地的工业企业使用蒸汽动力。工业企业使用蒸汽动力要等到19世纪60年代。那时，整座城市吸引了大量纺织企业和其他工业企业前来办厂，其经济优势已经是不容否定了。

洛厄尔的纺织业因此为整个新英格兰地区的新纺织厂树立了典范，这一发展在当时受到了普遍欢迎。这一时期，由于当地农业的衰败，许多居民西迁到阿巴拉契亚山脉以外的新土地上从事农业生产。新英格兰纺织业的总产值由1830年的3200万美元增加到1860年的1.157亿美元，由此可以看出新英格兰纺织业取得的巨大成就。这种规模经济的效益可以从这样一个事实上得到反映：棉纺厂的数量只增加了30%，单位产品价格却大幅度下降。

所有这些都是促使美国到1860年成为世界制造业第二大国的历史进程的一部分。值得注意的是，在以纺织业为主要工业的新英格兰和北大西洋沿岸各州，仍能为制造业从业者提供大约71%的就业机会。这对制造纺织机械的工厂也至关重要，在19世纪上半叶，纺织机械制造构成了美国工业工厂制造中最重要的领域。然而，重要的不仅是规模大小。纺织厂和纺织机械制造厂在工人培训方面也发挥了关键作用，这些工人后来为处于美国工业革命核心的机床和机车行业制造了大部分工具。

从长远来看，新英格兰的纺织业将输给南方各州的新纺织厂。因此，无论其在美国工业革命中的历史地位如何，20世纪位于康涅狄格河和梅里马克河等大河沿岸的大量废弃纺织厂，成了19世纪中期美国在工业上的巨额投资的遗留产物。从一开始，纺织工业也依赖于英国（主要是在18世纪）所研发的技术。在这里，洛厄尔尽管对英国纺织制造业进行了仔细的考察，但他并非该领域第一个这样做的人。1790年（比洛厄尔早了20年），英国人萨缪尔·斯莱特（Samuel Slater），为了获得费城农业和国内制造业促进协会颁发的一项大奖，在罗得岛州的波塔基特开了一家水力纺车厂，使用的机器设备就是基于他在英国阿克莱特工厂工作时所看到的机器。随着新型纺织业规模的大幅扩大，洛厄尔的遗产将在一体化生产中得以体现。

当时美国纺织业的发展归功于四个因素：第一是获得包括新英格兰的洛厄尔家族在内的最富有的家族提供的资本投资；第二是美国国会在1816年响应洛厄尔最初的请愿而给予的关税保护；第三是1820—1860年美国人口从1000万增长到3000万带来的国内市场的稳步扩张；第四是南方棉花种植区非凡的供应弹性。

农业机械

因为美国的农业缺乏人手，而欧洲的农业则缺乏土地，所以美国就有了开发更好的农具和农业机械的强烈愿望。这种需求也是美国农业从 19 世纪 30 年代以来进行的一场重要的长期变革的结果。一个具有里程碑意义的事件是，1832 年在黑鹰战争中美国政府击败了印第安人（亚伯拉罕·林肯在这场战争中扮演了一个次要的角色，但他从未参加过战斗）。

美国政府在黑鹰战争中击败印第安人的结果是，伊利诺伊州北部有一百多万英亩的土地可供殖民者定居。不像在联邦成立初期，大多数为定居而开垦的土地主要是林地，这片新土地则是开阔的草原。在这片土地上，已经生长了几个世纪的野草，根深叶茂，韧不可摧，所以定居者面临的首要挑战是如何耕地。克服这一问题的动力在于，这片大草原种植小麦的潜力之大实在令人惊叹。伊利诺伊州毕竟只是大草原的开端，在早期，没有人完全意识到他们会向西开拓多远。然而，开垦土地种植小麦几乎是美国标准犁（随着时间的推移，美国标准犁和经过当地铁匠改造的欧洲犁差不多）无法完成的任务。

这个问题的解决方案就是约翰·迪尔（John Deere）的钢犁。约翰·迪尔（1804—1886 年）是佛蒙特州的一名铁匠兼小农。在债主的刺激下，面对一次又一次的挫折，他离开家乡，来到当时位于美国边疆的伊利诺伊州。在那里，作为许多新英格兰移民中的一员，他很快就发现，面对难耕的草原土壤，美国标准犁存在的缺点，于是他用从当地锯木厂弄来的破锯片制造出了有史以来第一个钢犁。意识到钢犁的潜力，约翰·迪尔决定利用他作为铁匠的技能为市场生产钢犁。

新的合作伙伴带来了资金和从英国进口的钢（当时英国仍然是美国边疆地区钢铁的唯一可靠来源），约翰·迪尔的生意不断发展壮大。到 1848 年，他便能把生意迁到伊利诺伊州莫林的一个大型新工厂。那里靠近密西西比河，保证了良好的交通和可靠的水力供应。1854 年，连接芝加哥和密西西比的罗克岛铁路完工，再次改善了市场准入条件。与此同时，美国匹兹堡钢铁工业的发展，使约翰·迪尔可以利用美国自己生产的钢，按照自己的规格制造新犁。

没过多久，公司又出了新产品，几乎都用于农业和建筑等其他领域。先是在美国，然后是在海外建立了新厂，迪尔公司（最终人们熟知的名字）由此转变为该领域最大的跨国公司之一（公司拥有独特的"鹿"的标识）。约翰·迪尔和许多出身卑微的成功人士（比如乔治·史蒂芬孙）一样，不仅努力确保家人过上更好的生活，还确保他们继续参与企业经营。1858 年，他的儿子查尔斯（Charles）从芝加哥贝尔商业专科学校（现在可能已经发展成为商学院）毕业后，年仅21岁的他接管了这家企业，一直到20世纪还在公司担任领导。讲述约翰·迪尔的生平面临的问题是，他太优秀了，优秀的都有点不真实了。约翰·迪尔曾担任第一公理会教堂的受托人、第一国民银行的联合创始人以及莫林市两任市长，他所做的一切都是正确的事。

约翰·迪尔并非唯一一位将伊利诺伊州打造成为农业机械制造强州的人。该州还有一位与他齐名的同辈人塞勒斯·麦考密克（Cyrus McCormick，1809—1884年），他是罗伯特·麦考密克（Robert McCormick）的儿子，而罗伯特·麦考密克是弗吉尼亚州一位富裕的农民、磨坊主，在他的时代几乎不可避免地成为奴隶主。在小麦开始大规模种植的时候，就像半个世纪前纺织工业中的纺纱一样，收割小麦的两个重要工序，收割和捆绑，成了生产过程中的重大瓶颈。早在1815年，罗伯特·麦考密克就在他的沃尔纳特格罗夫农场532英亩的土地上开始研制马拉收割机，但多年来一直未能制造出令人满意的模型，他最终在1831年初夏放弃了。他22岁的儿子赛勒斯不服输，在一个农场奴隶的帮助下，他生产了一种新的可操作的收割机，及时收割了小麦。

塞勒斯·麦考密克在他父亲失败的地方取得了成功，他又花了3年时间改进他的发明，以便于1834年准备申请专利。当时，他正忙着把沃尔纳特格罗夫的铁匠铺改造成工厂，但弗吉尼亚州的农民太保守了，改造工作进展缓慢。在19世纪40年代，也就是其最初的发明大约问世10年之后，小麦的销量开始增长，塞勒斯为了抓住这次重要的机会，把他的公司搬到了芝加哥。在那里，城市门口广阔的草原麦田，对他的"弗吉尼亚收割机"来说是一个更有前景的市场。就像约翰·迪尔在莫林一样，塞勒斯·麦考密克一旦到了芝加哥，就不会出差错，但他的事业后来的发展历程则与前者有些不同。1902年，他的公司被华尔街最有名望的人之一约翰·皮尔庞特·摩根（J.P. Morgan）全部收购，成为国际收割机公司的一部分，这是一家总部位于芝加哥的大型跨国公司，主要从事农业机械的制造。

约翰·迪尔和塞勒斯·麦考密克等在这一领域的发明，在19世纪下半叶对美国农业的扩张发挥了重要作用，因此大草原不仅成了美国的粮仓，而且成为以英国为首的欧洲工业国家的粮仓，因为这些国家当地粮食产量不再足以养活其迅速增长的城市人口。与此同时，虽然出现的速度要慢得多，但美国的农业机械开始出现在欧洲的农场上；但是由于缺乏投资资本，这种转变直到20世纪才变得显著起来。那时，收割机不再由马匹牵引，而是一个本身带有汽油或柴油发动机的整装设备。

第九章　欧洲的加入

英国和欧洲

欧洲大陆任何工业革命史都必须考虑到三个相互联系的因素。首先，也是最重要的一点，英国的范例给任何关心其自身经济未来的国家都是一种不可忽视的激励。其次，很大程度上由于欧洲发生的战争，在 1770—1870 年这个比较关键的百年之初，欧洲被划分为一些独立的主权国家，与百年之末的划分存在很大的差异。最后，尽管英国无论在战争还是和平时期，都不可避免地被卷入这场变局之中，但英国本土从未出现过外国军队。在漫长的（欧洲）对法战争时期（1793—1815 年），许多战争英国甚至都没有参加，因此其遭受的经济损失必然远远小于法国，更不用说葡萄牙、俄国、埃及和丹麦这些国家了，拿破仑一度曾在这些国家的领土上开战，使其乡村满目疮痍。与此同时，英国通过封锁欧洲大陆上的对手（主要是法国和荷兰）和破坏他们的运输，进而消灭了他们许多商人，同时继续发展本国与南美洲、非洲和东方各国之间的联系。

诚然，英国输掉了美国独立战争，但它能够在非常短的时间里就从这次挫折中恢复过来。重要的是，英国在政治和经济上超越它所有对手的历史一直持续到 19 世纪。毕竟，它在 19 世纪末之前的两大对手，德国和美国，在 1770 年甚至还未能以独立主权国家的面貌存在。因此，1770—1870 年欧洲的变化在其工业史上是一个关键因素。

1814—1815 年的维也纳会议是具有决定性意义的历史事件，它确立了 1815 年 6 月拿破仑在滑铁卢战败后欧洲的地缘政治格局。虽然法国战败了，但维也纳会议的主要目标仍是在将来无限期牵制法国。牵制的方式主要有：通过增加领土来加强奥地利、普鲁士和俄国的力量；建立一个新的由荷兰国王统治的包括当时的比利时王国与荷兰王国的荷兰联合王国；保证瑞士（已经并入了新的以讲法语的新教徒为主的州）的中立性；排挤西班牙和葡萄牙（它们在美洲殖民的据点摇摇欲坠，已经不能算作强国了）。10 年后，在 1824 年签署的《马六甲条约》①（*Treaty of Malacca*）中，英国将荷兰在东印度群岛的大部分海外殖民地归还给了荷兰，同时把荷兰在亚洲大陆的领土马来半岛，以及北婆罗洲、锡兰、纳塔尔和开普殖民地留给了自己。虽然英国在欧洲没有获得新的领土，但在海外，它仅有的对手是荷兰、西班牙和葡萄

---

① 据考证，1824 年英国与荷兰签订了《英荷条约》（*Anglo-Dutch Treaty*）而不是《马六甲条约》。——译者注

牙，这些国家经历了拿破仑的摧残之后，过去具有的帝国实力所剩无几了。

通过一个重要的案例可以看出，在维也纳会议上确立的政治架构未得到成功坚守。将比利时和荷兰合并成一个王国的安排被证明是一个双方都不满意的安排。1830年，当布鲁塞尔的一个新组建的临时政府宣布比利时独立时，这个安排就失效了。一年后，比利时成了一个在萨克森－科堡的利奥波德统治下的新王国，利奥波德是阿尔伯特亲王（Consort Prince Albert）的叔叔，维多利亚女王（Queen Victoria）的丈夫。荷兰人最终在1839年接受了这一分裂，在新国王威廉二世的统治下，就像1648年三十年战争结束后那样，荷兰再次被一分为二。

本章虽然不能涵盖欧洲工业革命的每一个实例，但通过一些特殊的案例能够将其不同特征展现出来。第一个案例是法国，一个典型的欧洲强国。第二个案例包含三个欧洲小国：比利时、荷兰和瑞士，这三个小国在维也纳会议之后实际上获得了新生。第三个案例与普鲁士王国和皮埃蒙特王国有关，德国和意大利就是在19世纪60年代脱胎于这二者而崛起的新兴大国。这些例子将说明，在西欧，19世纪的后30多年是一个扩张和发展的关键时期。

即使在18世纪早期，也有一些在英国以外伴随着工业革命发生的重大事件。例如，约翰·伯特格尔成功地发现了中国瓷器的秘密。另一个案例是接近18世纪末的时候，在1782年6月4日，约瑟夫·蒙戈尔费伊（Joseph Montgolfier）和艾蒂安·蒙戈尔费伊（Etienne Montgolfier）两兄弟成功地在法国的一个小城市安诺内发射了一个热气球，时至今日仍有一块纪念碑纪念此事，上面写着"这里是空中航行的诞生地"。这有点夸大其词，因为这个气球并不载人。尽管如此，1783年11月，又有一只蒙戈尔费伊热气球载着另外两个人，达尔朗德侯爵（Marquis d'Arlandes）和皮尔特·德·罗齐尔（Pilâtre de Rozier），飞行了7.5英里。到18世纪末，热气球旅行促使珍·巴普斯特·奥利维尔·加纳林（Jean Baptiste Olivier Garnerin）和他的弟弟安德烈·雅克·加纳林（André Jacques Garnerin）于1797年发明了降落伞，而后者成为第一个真正使用降落伞的人，不用说，他从蒙戈尔费伊热气球上跳了出去，最后安全着陆。

1790年，法国化学家尼古拉斯·勒布朗（Nicolas Leblanc）发明了一种通过让硫酸和普通盐混合发生化学反应生产苏打粉的工艺，为合成碱产业开辟了道路，这成为19世纪世界工业情景的主要组成部分。因此，欧洲的发明创造在19世纪继续发挥着重要的作用，尤其是在工业化学等领域，只不过它们在工业革命相对较晚的阶段才变得至关重要。法国和德国对工业化学领域做出了极其重要的贡献，这两个国家的发明家往往排在该领域的第一位。1813 年，法国的米歇尔·欧仁·谢弗勒尔（M.E. Chevreul）发现所有动物脂肪中都含有甘油，这一发现彻底改变了肥皂的制造工艺。而他的同胞菲利埔·勒本（Philippe Lebon）早在 1801 年就已经用煤气来照亮他在巴黎的房子和花园。（然而，在开发工业化学领域的大众化市场方面，英国和美国则遥遥领先。）

在光学领域，奥古斯丁·菲涅尔（Augustin Fresnel，1788—1827 年）发明的多面灯塔透镜——它能使一束窄光束投射到很远的地方——于 1822 年首次在法国问世后，在历史上灯塔修建最多的时候，这种透镜成为世界标准镜片。这项发明给海上航行提供了极大的便利。虽然菲涅尔所做的仅仅是纯理论的工作，但作为科学家，他蜚声寰宇，经久不衰。

虽然菲涅耳透镜的制造尚不属于工业革命的主流产业，但它的广泛使用对精密玻璃产业的发展做出了巨大的贡献。自菲涅尔的时代以后，位于伯明翰郊外的英国钱斯兄弟公司在工业规模化玻璃生产中一直扮演着行业龙头的角色。位于美国太平洋沿岸的俄勒冈州的赫瑟塔滩头灯塔提供了其灯光照射范围的一个衡量标准，该灯塔仍在使用该公司于 19 世纪 90 年代早期制造的菲涅耳透镜。

在整个 19 世纪，英国工业界经常采用欧洲的发明和科学发现，所以许多领军人物，如钢铁和电力领域的威廉·西门子（Wilhelm Siemens）、工业化学领域的路德维希·蒙德（Ludwig Mond）——二人均自德国，以及无线电领域的伽利尔摩·马可尼（Guglielmo Marconi）——来自意大利，都特意选择在英国建立他们的产业基地。

在德国，探险家亚历山大·冯·洪堡（Alexander von Humboldt，1769—1859 年）在观察到南美农民将海鸟粪用作肥料后，于 1804 年将第一个鸟粪样本（含有海洋鱼类代谢物的鸟粪）从太平洋带回欧洲。为鸟粪性质的探索开辟了一个全新的领域，被公认为有机化学之父的贾斯特斯·李比希（Justus Liebig，1803—1873 年）是首位建立以大学为基础的研究实验室的人，他的主要研究目的是满足农业和医学的需要。李比希通过展示如何工业化生产植物生长所必需的营养元素，开辟了人工肥料制造的新领域。在这一领域，英国，而非德国，走在了行业前列。

1800 年，意大利人亚历山德罗·伏特（Alessandro Volta，1745—1827 年）发明了"电化学电池"，这是一种新的有了很大改进的锌碳电池。碳锌电池是德国化学家罗伯特·本森（Robert Bunsen，1811—1899 年）发明的，伏特的电池和本森的电池原理相同。电化学电池的发明在 19 世纪中期开辟了通过电解铝（1852年）、镁（1851年）和铬（1852年）等金属元素进行大规模电池生产的道路。

19世纪下半叶，人类也见证了一场以欧洲为基地的炸药革命。瑞士的克里斯提安·弗里德里希·尚班（C.F.Schönbein，1799—1868年）和意大利化学家阿斯卡尼奥·索布雷洛（A. Sobrero，1812—1888年）是这一领域的领军人物。他们两人都在研究氨和硫酸的化合物。1846年，前者发明了火棉（又名硝化纤维），后者发明了硝化甘油。1864年，瑞典的阿尔弗雷德·诺贝尔（Alfred Nobel，1833—1896年）发现了如何用沉积岩稳定硝化甘油，并生产了炸药，从而彻底改变了炸药产业，他自己也因此获得了一大笔财富。

法国

正如前文所见，尽管法国在滑铁卢战役中被彻底击败，但它仍被视为欧洲的一个大国。历史、人口、地理和文化等许多因素都有利于它的发展，工业也会如此。到18世纪末，法国完全可以宣称自己作为一个独立的主权国家已经有近千年的历史。在17世纪末，它不仅在欧洲大陆上无可匹敌，而且在东方和西方的大陆都有一个相当大的海外帝国。然而，在18世纪的进程中，它却注定要在一场又一场的战争中败给英国。

就其历史疆界内的人口、领土和自然资源而言，法国仍然遥遥领先于英国。它的语言（在当时）是一种"通用语"，在科学、商业和外交方面长期以来一直都可以与拉丁语匹敌，而通用语这个词语被用来指代任何除本族语之外被广泛使用的语言（有点讽刺的是，到了 20 世纪末，法国人不得不承认，英语已经成为世界的通用语）。

无论法国曾经有多么大的优势，这都很难证明法国外交官路易·纪尧姆·奥托（Louis-Guillaume Otto）在 1799 年所说的"工业革命始于法国"。事实刚好相反。许多不利因素致使如此伟大的革命不可能从法国开始。首先，法国最伟大的国王路易十四（1643—1715 年在位）留下的遗产是一个不适合发展现代工业化的国家，对于其政体，接下来的路易十五（1715—1774 年）和路易十六（1774—1793 年）却从不介意对其进行任何改革，以平息广大贫困人口的不满，主要是农村人口的不满。土地，而不是工商业，被视为财富的主要来源。更重要的是，由于长期形成的土地所有制，土地的分配形式迫使大量仅能养家糊口的农民为一小撮统治阶级提供收入。这反过来支持了君主专制，路易十四用"朕即国家"这句名言总结了这种君主专制的特点。基于这种对君主专制的理解，1649 年，英国国王查理二世为此被砍了头。

1689 年爆发的光荣革命，使英国的新国王威廉三世不得不承认议会在治理国家中的作用，而当时法国却没有同样的革命。百年之后，革命终于到来，但法国经历了一系列社会动荡，几乎彻底摧毁了它的旧秩序。

如上所述，法国的社会结构必然会鼓励奢侈品行业的发展，这不仅有利于与凡尔赛宫廷所期望的贵族的炫耀性消费，以及人数不多但生活富裕的资产阶级，而且也促进了一个有利可图（或许利润有限）的出口市场，这个市场的消费者愿意为极具法国宫廷生活品质、品味的高档奢侈品而买单。因为生产满足这些标准的奢侈品依赖大量劳动力，而法国的劳动力廉价而充裕，同时奢侈品的生产几乎没有产生规模经济，这阻碍了对生产资料的投资，但在英国，投资生产资料是工业革命的核心。

一个典型的例子就是几个世纪前在里昂及其周边农村地区建立起来的法国丝绸工业，在欧洲，只有意大利能与之匹敌。特别是在 19 世纪前十年里发展起来的提花织机，它可以使一个工人能够自动编织具有复杂图案的丝绸，技术上极其复杂。在另一个完全不同的领域，重型化学工业的发展在很大程度上要归功于克劳德·贝托莱（G.L.Berthollet）和尼古拉斯·勒布朗这两个法国人在 18 世纪 80 年代的发明。

法国和欧洲大陆的其他许多国家一起采用了 18 世纪末

就已经得到认可的英国工业化模式。传统经济退居幕后，虽然没有停滞不前，但发展缓慢，生产率和资本劳动比率的增长相对较小。传统经济包括农业、建筑业、家庭手工业和许多其他行业，如面包师、磨坊主、裁缝、鞋匠、制帽匠、铁匠、制革匠和其他手工业者所在行业，所有这些都是小规模经营，仅能满足本地市场而不是全国市场的需求。当然所有这些经济在现代"工业"经济面前都会相形见绌，现代工业经济包括棉纺、铸铁与炼钢、工程与重型化工、采矿、运输的某些部分，以及陶器和纸张等消费品的生产。在法国，现代化还远远没有完成，因此，被认为具有现代化经济特征的各种产业内部及其之间仍然存在二元性。

传统经济在法国一直比在英国占有更大的比重，在欧洲其他国家也都是如此。关键的问题是采取什么措施以及谁来牵头从而迎头赶上英国？至于法国，一位游历颇广的美国军官早在 1807 年就指出，除了巴黎，"绝对再没有像诺里奇、曼彻斯特和伯明翰这样的内陆城镇了"，选择这几个城市恰好反映了工业革命在英国进展的程度。1801 年，巴黎的居民超过 50 万，超过了仅次于巴黎的六大城市（马赛、里昂、波尔多、鲁昂、南特和里尔）的人口总和。尽管巴黎很先进，却远远不能代表整个国家的发展水平。绝大多数法国人口居住在广大的乡村，与在 18 世纪、19 世纪的法国历史上发挥重要作用的极少数人相比，他们尚处于更早一些的文明阶段，他们所表现出来的愚昧无知就是远离国家中心所付出的代价。事实上，对于广泛分散的人口，教育和治理一样困难。

尽管有些地区十分落后，但就经济发展和融入国民经济的程度而言，它们仍领先于全国总体水平。除了大城市的周边地区外，就像从比利时边境到诺曼底的瑟堡半岛的英吉利海峡沿岸，以及与比利时和现在的德国毗邻的整个边界地区一样，塞纳河、卢瓦尔河、吉伦德河和罗纳河等大河的河谷地区也吸引了新的投资。因此，东北部的半个法国是增长速度最快以及工业变化最显著的地区，这也绝非偶然。

在 19 世纪，莱茵河以西的法国阿尔萨斯省和莱茵河以东的德国巴登大公国的经济潜力都因浩大的工程建筑而得到极大增强，这些工程建筑使莱茵河可供更大的船只通航，同时清理了几个世纪以来对当地地理造成严重破坏的、不断变化的河道（美国最大的河流系统密西西比河也是以同样的方式得到治理）。这也难怪在 1870 年赢得普法战争的胜利后而崛起的德意志帝国宣称阿尔萨斯——当时是一个"充满活力的重要的地区"——是其战利品的一部分。

法国每个阶段的工业革命几乎都在很大程度上要归功于英国，尽管英国政府反过来尽最大努力确保自己的领先地位不输给法国，但英国的工匠们仍然把自己的技术卖给法国的实业家。与此同时，法国实业家进口英国的机器，并毫不羞耻地从事着工业间谍活动——经常与心怀不满的英国企业家勾结，在 18 世纪末的早期尤其如此。例如，兰开夏郡的詹姆斯·米尔恩（James Milne）在他几个儿子的帮助下，为 17 家法国纺织公司提供了梳理机、粗纱机、拉丝机或纺纱机，而威廉·威尔金森（William Wilkinson）等人则帮助法国建立了现代化工厂，用于大炮制造和其他以钢铁为基础的业务。几乎所有的创新都来自英国，但是一旦建立起一种新的产业，法国政府很快就用高关税壁垒来保护它。在这样的"现代"工业中，劳动力主要从当地招聘；英国工人和工头起到的主要作用是培训而不是取代法国劳动力。

在纯科学方面法国人远胜于英国人，并且法国的国立高等工程技术学院等机构，在提供工业技术的制度化培训方面处于遥遥领先的地位。所有这些都体现在法国在工业化学等领域的许多成就中，甚至是在 18 世纪末之前的许多重要的发明中。考虑到当时的政治形势，这些成就对法国并没有什么帮助，因此（比如说），路易斯·罗伯特（L.Robert）在 1798 年发明的造纸机是在英国得到完善并首次投入使用的。1830 年发明缝纫机的先驱巴特尔米·蒂蒙尼耶（Barthelemy Thimonnier）的命运则更加绝望。尽管在 10 年内，他的工厂就拥有了 80 台为法国军队缝制军服的机器，但当工厂被因担心失去生计而发起骚乱的裁缝捣毁时，他的工业生涯也宣告结束。这为美国人重新发明缝纫机铺平了道路，其中最著名的是艾萨克·辛格（Isaac Singer），他在一代人之后成为一位坐拥百万资产的制造商。

同样重要的是，从很大程度上来讲，法国人在钢铁方面也毫无建树，所以"搅炼工人"在有技术的英国移民中地位突出。尽管勒克鲁索的炼铁业至少早在 16 世纪就开始了，但一个用于满足法国海军需求的现代企业，在 1782 年国王路易十六下令进行调研后才建立起来，这家企业被命名为蒙特塞尼斯皇家铸造厂（Fonderie royale de Montcenis）。这需要用英国的方法建造高炉和其他设备。然而，直到拿破仑战争结束后，约瑟夫·尤金（Joseph-Eugène）和阿道夫·施耐德（Adolphe Schneider）两兄弟才将该铸造厂（不再有"皇家"头衔）转变为法国的龙头钢铁和军备生产中心。它还生产了法国第一辆蒸汽机车，并于 1832 年在连接里昂和勒克鲁索所在市圣艾蒂安的铁路上投入使用。

与英国相比，法国存在滞后的一个主要原因是它和美国一样，在煤炭储备的发现和开发上速度较慢；同时，它既有丰富的水力资源，又有大量可供砍伐以提供木炭的森林（在欧洲大陆，这两个因素一般都会促使其工业分散在广大农村地区）。由于焦炭是英国冶铁商所用先进设备的基本燃料，所以当欧洲面临挑战时，如下文所述，是同样拥有丰富煤炭和铁矿资源的比利时提供了焦炭，也就不足为奇了。在较晚的时期，由于煤的成本相对较高，法国工业率先采用了高效经济的高压蒸汽发动机，而英国仍满足于使用詹姆斯·瓦特遗留下来的常压蒸汽机。

和美国一样，丰富的水力资源极大地促进了法国纺织业的发展。法国人是纺织业的主要创新者之一，他们引以为傲的发明是伯努瓦·福内戎（Benoit Fourneyron）的水轮机。1815 年以后，当地在劳动力成本低廉的工厂里制造纺纱机器意味着手纺棉纱完全输给了新的水力纺织厂生产的棉纱。随着时间的推移，亚麻布和毛料的生产也出现了同样的情况。里尔使用从英国走私来的机器，成为亚麻布的主要生产中心。和英国的情况一样，法国织布业表现出完全不同的情况，散工外包得到了农村廉价劳动力的大力支持。在某些时候，阿尔萨斯是唯一机器动力织造比手工织造更经济实惠的省份。

直到 19 世纪 50 年代，法国的工业革命才可以称得上具有坚实的基础，这一点从 1851 年伦敦世界博览会上获奖的法国展品上得到充分体现。当时法国的整个新兴工业体系以诺尔省和加莱海峡省——这是法国唯一一个工业的多样性能与英国相匹敌的地区——的新煤矿为基础，即便如此，木炭在法国的大多数其他地区仍占有重要的地位。在19世纪上半叶，法国的工业增长主要集中在劳动密集的消费部门，以制造肥皂、蜡烛、玻璃、纸张、陶瓷和细白糖等产品为基础。在里昂的丝绸工业中，对手工技术的持续依赖并没有阻碍其繁荣发展，毕竟，代表了最高工艺技术水平的雅卡尔织布机，依然是手工操作的，但这只是一个特例。

尽管法国工业取得了长足的发展，但衡量其生产率和销售额的统计指标显示，即使到了1860年，二者均未达到英国的五分之一，而且这一水平还是依赖于受高关税保护的国内市场。英国领先于所有竞争者解释了这种差异。更严重的是，法国的人均收入比英国低30%——即使这使法国具备了生产成本较低的优势。与此同时，与英国和德国几乎零增长的人口相比，法国并不是一个持续发展的市场，这意味着法国几乎没有实现资源从农村农业到城市工业的再分配。

虽然到19世纪60年代，法国已经可以算作一个工业强国，但它还没有成为一个工业化国家。具体原因有若干个。钢铁行业遭遇到缺乏廉价焦煤的困境，这进而又限制了工程技术的进步，而长期缺乏熟练劳动力、铁路建设缓慢以及蒸汽机的普及迟缓都加剧了这一问题。更笼统地讲，法国工业陷入了一个恶性循环。狭小的市场限制了增长，这进而又阻碍了现代化。就业方面几乎也没有从传统行业向现代行业转变的余地。因此，在许多方面，法国更像西班牙、意大利及奥匈帝国等南欧国家，而不像北部那些成功幸福的国家，如英国、比利时、德国以及北欧各国。从法国后来的历史可以看出，在经济和地理上，法国既属于北方，也属于南方。因此，今天欧洲航空业的制造中心位于法国南部城市图卢兹也是有迹可循的。

欧洲小国

19 世纪欧洲现代工业的崛起涉及许多不同的时空因素，因而欧洲的工业史也必然是一个特殊的案例。研究比利时、荷兰和瑞士这三个国家就可以了解不同背景下的各种重要时空因素。

比利时无论是在开发本国资源方面，还是在改进英国已经开始应用的工艺方面都明显处于领先地位。如果说比利时基本上一直是一个现代化的国家，那么它的北方邻国荷兰就大不相同了。虽然荷兰在国际舞台上发挥主导作用的时代早已过去，但一直到 19 世纪，荷兰政府的政策一直都集中在恢复旧秩序上。在这个过程中，工业化起的只是辅助作用。在 19 世纪才成立的新的荷兰王国，永远也不会恢复其在 17

世纪的辉煌，因为传统仍然束缚着它的手脚。在某种程度上，瑞士也是如此，但它在历史上并没有长期持久地干预国际事务。

随着在 1815 年维也纳会议上以讲法语的人口为主的新州并入瑞士，版图得到扩张的新瑞士联邦通过改进手表制造等传统手工产业，加入了工业革命的进程。即便如此，它仍一如既往地与外界保持着一定的距离。

通过 1830—1910 年国民生产总值的平均增长百分比可以很好地衡量比利时、荷兰和瑞士在欧洲工业革命中所取得的成就。比利时的数据是在 1.2 到 1.4 之间；荷兰低于 1.0；瑞士则高于 1.4。比利时和荷兰两国的数据差异特别显著，表明了政府政策对工业发展的影响有多大。

比利时确实为研究工业革命的历史学家提供了欧洲最成功的研究样本。虽然比利时这个名字来源于贝尔盖部落，他们在罗马时代占领了欧洲的一部分，但这个国家本身基本上是一个现代化国家，而且一直都是，甚至在 1830 年以前当它还属于某个更大的帝国的一部分的时候，它都是现代化的。在文艺复兴后期，佛兰德斯和布拉班特这两个"低地"省份，是勃艮第公爵领地中经济最发达的省份，它们甚至对于与其有着密切联系的意大利城邦都构成了挑战。比利时当地的工业主要以从英国进口的羊毛为基础，与整个北海沿岸的国家都有密切的商业联系。荷兰在这一地区的富有程度是众所周知的，这种富有程度从布鲁日和根特等城市依然可以看出，所以，勃艮第式的生活方式体现了人们对美好生活、美食和奢华场景的享受。在荷兰的政治命运经历了许多变化和剧烈动荡之后，对荷兰的继承使1831年独立后的比利时成为欧洲工业化程度最高的国家。

当时的时机极其有利。根据1713年的《乌得勒支条约》（*Treaty of Utrecht*），几乎整个18世纪荷兰南部都曾是奥地利帝国的一部分，在此之前的150多年里，它曾臣服于西班牙。根据1648年的《威斯特伐利亚条约》（*Treaty of Westphalia*），国际社会广泛地承认荷兰北部是一个独立的共和国。维也纳政府有充分的理由促进其经济发展，因此修建了新的运河和公路，扩建了奥斯坦德港，该港口是通往被荷兰人封锁的安特卫普的重要通道。与此同时，疆域辽阔但各地差异明显的奥地利帝国为横贯欧洲大陆的贸易提供了新的前景，当地企业很快对有利的经济环境做出了响应。因此，早在1720年，组科门的常压蒸汽机就被安装在列日附近的煤矿里，后来的实践证明组科门的蒸汽机是煤炭和钢铁工业获得巨大成功的关键创新。与此同时，农业也发生了转变，就像在北欧其他地方一样，营养丰富且易于种植的马铃薯成为农业的主要支柱；而在商业方面，用于酿酒的谷物和用于亚麻布纺织的亚麻产量有了相当大的增长。其结果是，越来越多的村民集中生产亚麻（其价格已经很高），同时购买便宜的土豆供自家消费，这两个方面基本上都属于现代微观经济。

至少在短期内，情况再次向好，在拿破仑战争的初期，奥地利在 1797 年把荷兰南部输给了法国。这个结果产生了两大利好：首先，法国提供了一个全新的巨大的全国市场；其次，它为法国与英国竞争本地市场提供了保护。新的经济环境特别有利于韦尔维耶 – 列日和讲法语的瓦隆地区的蒙斯 – 沙勒罗伊这两块新领土的发展。更重要的是，在1798—1799 年，拿破仑重新开放了斯赫尔特河（荷兰人从1585 年就关闭了这条河），使恢复安特卫普的开通成为可能。在文艺复兴早期，安特卫普一直是北欧最重要的港口。

稍微有点矛盾的是，1798 年，一位英国移民威廉·科克里尔（William Cockerill）与当地企业家让·弗朗索瓦·西蒙尼斯（Jean-François Simonis）联合起来在韦尔维尔建造了五家机械化纺织厂，从此建立了一个产业王朝，引领了西边 30 千米处一个更大规模的城镇列日的煤炭和钢铁工业的发展。科克里尔家族后来成为欧洲大陆上第一个建造现代高炉、机车、铁船和铁轨的家族。随着时间的推移，比利时在1831 年独立后，在工业冶金的每一个阶段，科克里尔的这些成就催生了很多新的煤矿和工厂。默兹河从东到西流经整个法国，默兹河沿岸，为许多新发展的企业提供了企业用地。

到了 18 世纪，连接佛兰德斯和法国的运河的建设，促使了瓦隆西部靠近蒙斯的博里纳日采煤区的发展，甚至在 1815 年拿破仑在滑铁卢战败后，法国工业仍然是煤炭的主要消费者。在离蒙斯不远的沙勒罗瓦，一位当地的企业家建立了一个后来成为法国主要的铁矿石冶炼中心的地方，来自英国的工程师提供了最新的技术，奥地利人曾在沙勒罗瓦鼓励当地家庭作坊发展制钉业（进而与列日的制钉业相竞争）。1831 年，他们建造了欧洲大陆上第一个高炉，赶超了列日的科克里尔。就在这一年，比利时脱离荷兰而独立，但在国王威廉一世的领导下，荷兰人已经修建了运河，将孟斯－沙勒罗瓦地区通过布鲁塞尔与安特卫普连接起来，安特卫普随后成为造船、修船以及加工进口殖民地商品和谷物（包括瓦隆工业的原材料）的中心。

19 世纪 30 年代，比利时作为公共铁路建设的先锋，极大地巩固了其竞争地位：1835 年开通的从布鲁塞尔到梅赫伦的铁路是欧洲大陆第一条客运线路。这大大增加了瓦隆的市场潜力，瓦隆在技术上明显领先于法国和德国，加之地理上具有比英国更接近欧洲大陆工业市场的优势。因此，比利时为了补足其在世界范围内一流的内河水道系统，建成了世界上最密集的铁路网也就不足为奇了。所有这一切都得益于主要为生产生活必需品及生产资料的企业提供服务的银行系统的发展。与此同时，以广大民众需求为导向的消费银行业务几乎完全没有发展起来，对于这样一个富裕的国家来说，直到 20 世纪，广大民众还处于相对贫困的状态。因此，正如与其相邻的法国部分地区当年一样，产业动荡必然成为比利时社会历史上的一个常量。直到第二次世界大战结束后，瓦隆的重工业已经时日不多的时候，人们才开始重新发现他们传统的勃艮第式的生活方式。从任何时候的标准来看，比利时基本上都非常代化，非常繁荣。作为欧洲工业革命的先锋，从某种意义上说，比利时只是在履行自己的使命。

那么问题来了，为什么是比利时而不是荷兰？到 17 世纪末，荷兰共和国的殖民帝国遍布世界上每一个已知的大洲，以其强大和繁荣而闻名世界，不时令人生畏。尽管其殖民经济在 18 世纪每况愈下，但几乎一直都可以说荷兰共和国在当时比世界上任何其他国家都更加发达、更城市化、更加富裕。在拿破仑战争的二十多年（1795—1815 年）中，隶属于法国有利于荷兰南部的发展，而在经济上依赖其世界范围内海上联系的北部荷兰则不得不与英国争夺海上霸权。当战争结束后，荷兰殖民帝国按照英国人提出的条件进行恢复时，对于政府和企业来讲其首要任务就是发展经济——毕竟，经济才是 17 世纪荷兰财富的主要来源。

对于荷兰殖民经济而言，18 世纪的主要教训是，应集中投资种植咖啡、糖、靛蓝和烟草等热带出口作物。但问题是应该采取什么方法来取得最好的结果。这个问题的答案就是实行所谓的"文化体系"——就像 1830 年在荷属东印度群岛最富饶的爪哇岛强制推行的那样，在这种制度下，数百万农民被迫在种植一种主要出口作物的岛上工作，而他们赖以生存的作物的种植，不管对他们自己的生计有多么重要，都被完全边缘化了。对当地人口来说，这意味着"农业的内卷化"，这个词是 20 世纪美国人类学家克利福德·格尔茨（Clifford Geertz）提出来的，用来描述农村的经济和典型的热带经济，在这种（热带）经济中，增加当地劳动力的投入对其（当地劳动力）自身的财富或经济发展几乎没有任何贡献。然而，这一制度给荷兰商行却带来了巨大的利润。荷兰商行是一家在政府支持下于 1824 年成立的贸易公司，其明确的目的就是开发爪哇岛的财富，不言自明的是，它享有贸易垄断权。

因此，荷兰的工业和投资都集中在荷兰商行的需求上，因此阿姆斯特丹收购了国内第一家大规模使用蒸汽动力的现代制糖厂，以及垄断荷兰商行租赁船舶建造的造船厂。在爪哇岛当地，对来自兰开夏郡的棉布的歧视，为荷兰靠近德国的边境地区特温特的纺织业的扩张和现代化开辟了道路。总而言之，在 19 世纪上半叶，殖民地对产品的需求主导了荷兰工业的发展，而荷兰人的整体生活水平却几乎没有提高。

"把所有的鸡蛋都放在一个篮子里"的结果是一个支离破碎的不平衡的经济结构，它很容易受到来自爪哇的需求下滑的影响，就像 1842—1843 年发生的那样。而与此同时，荷兰几乎没有采取任何措施来发展必要的运输基础设施。荷兰的第一条铁路于 1845 年开通，比比利时第一条铁路晚了10 年，直到 19 世纪 60 年代荷兰才开始发展铁路系统。

此时荷兰已经开始意识到他们的落后了，所以 19 世纪下半叶一个平衡发展的产业结构在荷兰出现了——一个越来越不依赖于对其殖民地进行剥削的产业结构，1870 年那个毁灭性的"文化体系"被终止了。任何愿意了解的人都可以去阅读那些刻在墙上的文字：在 19 世纪最后的 25 年里，印尼已经不再是荷兰的利润来源，而是亏损的来源，但是荷兰政府一贯否认对此负有责任。新的秩序给荷兰的运输业和造船业带来了严重的衰退。1869 年苏伊士运河的开通迫使造船厂不得不建造蒸汽轮船，而不是帆船，而当时荷兰的银行系统（荷兰投资者更喜欢国家基金和外国投资）则无法提供必要的资金。

无论荷兰多么富有，它毕竟只是一个相对较小的国家。

在 19 世纪，它的人口数量少，尤其是与英国相比，这越来越不利于荷兰的发展。因此，它的繁荣仍然依赖于农业，而不是贸易和工业。这种情况对农场主有利；自由贸易使得荷兰农场主对他们的主要客户英国的出口更加容易。只要对于他们产品的需求增加，产品销量就增加；只要通信技术稳步改进，价格就会逐渐上涨。很少有人认为有必要进行土地改革，荷兰的繁荣在很大程度上是建立在未能创新的保守的农业基础上的。值得注意的是，比利时激进人物拉弗勒（Laveleye）在 1865 年提到，"荷兰已经在不知不觉中从一个商业国家变成了一个农业国家"。还有一些其他因素与荷兰工业革命中相对不起眼的成就有关，尽管我们应该关注的是在 19 世纪最后 25 年里荷兰到底取得了多少成就。在有关整个欧洲的这一章中，我特意选择强调两个具有荷兰特色的因素：第一，殖民经济的开发；第二，传统农业。

任何试图讲述 1798 年法国皇帝拿破仑第一次上台之前的瑞士联邦历史的尝试都必然会涉及许多当地的特殊案例，我们仍然必须承认，这些案例都为瑞士工业革命提供了历史背景。1815 年召开的旨在建立"现代"瑞士的维也纳会议，几乎没有对瑞士 20 多个州的经济自由构成威胁。各地都有各自的限制，所以有多少个州，就有多少种贸易法规、海关制度、货币或度量衡单位。人们会认为，这种情况并不能为瑞士的工业革命打下一个坚实的基础。尽管如此，历史的结论是，瑞士，仅次于比利时，走在工业革命的前列。

不用说，瑞士各州的经济处于"各自为政"状态，因此任何特定的部分都有自己的地理基础，或者用政治术语来说，各州有各州的基础。亚麻布产业分布在现在的阿尔高州和圣加仑，丝绸产业分布在巴塞尔和苏黎世。随后，在18世纪下半叶，这些州和其他许多州都遭受了所谓的"棉花热"，这种利用已有工业技术和历史悠久的家庭手工业技术的狂潮影响了纺纱、编织、织物印花和刺绣等所有产业。1800年，在14万名从业人员中，约有10万人从事棉纺业，明确显示了"棉花热"是多么成功。这些数字表明，在一个只有两三百万人口的国家，其劳动力的规模有多么的惊人。

好景不长。从1785年开始，瑞士纺织工人开始抱怨当地供应链出现的瓶颈，他们开始使用进口的英国机器纺纱，机器纺纱规模越来越大，到18世纪末，手工纺纱工人的数量已经减少近一半。瑞士的棉纺业显然已经准备好在大幅度扩大经营规模的基础上进行重组，而这种改革只有通过引进新机器才能得以实现。在维也纳会议之后的一代人的时间里，苏黎世进行了产业结构重组，即便如此，新建的大型工厂的产量从未占到总产量的40%以上。

其必然结果是产量和就业人数双双下降，因此在1865

年，瑞士就业人数只有 65 000 人，受雇于传统的丝绸、亚麻和毛纺业的人数基本与之相当或者更少。这些数据促使瑞士企业家专注于生产优质商品等有利可图的领域。在这种情景下，最独特的产业就是手表制造业，这一产业主要集中在瑞士西北部以法语为主的汝拉地区。仅 1850 年，汝拉的众多工作坊，就生产了 100 万块手表（占世界总产量的三分之二），有些工作坊只负责整个制表过程中的某一个环节。

在整个瑞士，仅有 1880 年，在工厂工作的人数超过了从事家庭手工业的人数。此时，瑞士即将开始对欧洲的通信基础设施做出重大贡献，1872 年开始修建的圣哥达铁路隧道最终在 10 年后的 1882 年建成通车。

最后要指出的一点是，到 19 世纪，瑞士长期依赖国际贸易来支持国内以货币为基础的经济，因为即使在食品生产方面，这个国家也不能自给自足。几个世纪以来，欧洲军队依靠瑞士雇佣军并非没有原因。与许多当地招募的士兵不同，瑞士雇佣军酬劳实际上是用现款支付的。这在瑞士以外的地方也广为人知——没有钱，便没有瑞士雇佣军。但那都是过去的事了，在 1800—1850 年，瑞士纺织业和制表业有大约 90% 的产品都用于出口，其中四分之三出口到欧洲以外，主要是美国。按比例来说，同为出口国的瑞士在产品出口上领先于英国，但和英国一样，大约一半的出口收入需要用于支付进口原材料。尽管瑞士给人的普遍印象是，在长长的阿尔卑斯山谷，有许多偏僻的山村，但它的人民，无论住在哪里，总是与外界保持着密切联系——想想 2000 多年前汉尼拔是如何翻越阿尔卑斯山脉的吧！且不说风景，从人口上讲，瑞士已经证明自己是一个杰出的城市文明国家。

德国和意大利

在工业革命晚期，德国成为欧洲工业革命中最成功的国家之一，而意大利在很大程度上是工业革命的失败者。尽管德国和意大利的许多公国都参加了 1851 年的伦敦世界博览会，但德国和意大利作为统一的国家成为欧洲版图的一部分还要再过 20 年。此时，两国的工业化发展状况已经非常明显，德国遥遥领先于意大利，德国的成功引起了英法两国的极大关注。1871 年德国在普法战争中大获全胜，使其达到了辉煌的顶点，而法国则失去了阿尔萨斯和洛林这两个工业最发达的省份。然而，意大利却一无所获；事实上，在 1860 年，意大利还把尼斯和萨伏伊输给了法国。

按照 1870 年统一时划定的边界，德国主要由上一个冰河时代遗留下来的一大片地势相对较低的土地组成，这一冰河时代大约在 1 万年前结束。国土南部主要由阿尔卑斯到喀尔巴阡山连绵不断的山脉构成，北部濒临北海，西部与丹麦接壤，东部则濒临波罗的海，这意味着德国的莱茵河、威瑟河、易北河、奥得河和维斯图拉河等最主要的大河，都流向北方，每条河及其支流都形成一个流域盆地，这些盆地向东西方延伸到德国以外的波兰和法国等国家。德国乡村的特点，再加上包括冬季的大雪天气等季节性气候变化，意味着所有这些河流的水深及流速一年四季变化很大，而长期来看，各个年份之间变化也不小。这些河流流经的河床也在不断变化；在这个过程中，形成了新的陆地（通常以岛屿的形式）供人们居住，同时旧的陆地因侵蚀而消失。在自然地理方面，当时的德国与北美的密西西比河下游地区非常相似，尽管后者的水系只有一个出海口；然而，在人文地理方面，二者的情况就大不相同了。

不用说，德国北部的天然水系给航行带来了相当大的问题，尽管其总的流向是有一些优势的。例如，该河道可以使原木从德国南部的山地森林和德国边境以外的地区顺河漂流而下。到 19 世纪时，这片广阔的地区已经成为欧洲文明的发源地好几个世纪了，例如莱比锡和科隆这样的内陆城市，或者汉堡和但泽这样的港口城市。为了这些城市的永续发展，人造防洪设施是必不可少的，尽管这种防御并不总是很充分有效。在早些年间，大城市或许可以负担得起这样的防御工事，而许多村庄在洪水面前则无能为力，最终被洪水吞没。市政工程的开支大部分都用于治水也就难怪了。从历史上看，采取的这些方案基本上是地方性的。在某种程度上这是德国政治分裂的结果，纳税人不愿为延伸到边境以外的项目提供资金支持，但从经济上来讲，大型防水工程直接超出了当时德意志任何一个邦国所能承受的财政负担。1740年，当腓特烈二世（Frederick Ⅱ）成为普鲁士国王和勃兰登堡选帝侯时，情况开始发生变化。在巩固和扩大他的领土的过程中，他有意愿也有办法使其水路在一定程度上恢复秩序，他在1786年去世时留下的政治遗产就是改造了德国中北部的通信基础设施。更重要的是，他的善行在他死后得以继续，扩展到新的土地上，普鲁士王国紧跟其后。于是，在19世纪上半叶，在普鲁士取得的成就进一步促成了一项大规模的长期工程，这项工程目的是治理莱茵河，主要是把莱茵河的一部分变成运河。把巴塞尔和沃尔姆斯之间的河流长度从220英里缩短到170英里，包括很多路堑和150英里的主堤坝的修建。结果是，大约有2200个岛屿直接消失了。

由于地理上的原因，对天然内陆水道系统的改造，虽然包括修建一些东西走向的运河，但永远无法为德国提供足够的同一方向的运输枢纽。19世纪初，虽然这一不足通过修建新公路得到了弥补，但影响最深远的转变还是修建了可用蒸汽机车牵引车厢进行运输的铁路。1835 年巴伐利亚州开通了一条短线，接着在 1837 年萨克森的莱比锡修建了第一条长途线路，1839 年到达 120 千米外的德累斯顿。此时，普鲁士已经在 1838 年完成了从柏林到波茨坦的一条短线。新线路接踵而至，到 1845 年铁路里程达到 2000 千米，1855 年达到 8000 千米。所有这些都是至关重要的，因为铁路就是德国实现工业突破背后的驱动力。铁路的建设尤其促进了煤炭、钢铁工业的快速发展；与法国相比，德国自身在所有这些工业上都拥有充足的自然资源。这些"反向"的联系体现了德国工业革命的本质；铁路大大缩短了从旧的木炭冶炼技术升级为更高效的焦炭熔铸和精炼方法所需的时间。与此同时，新的工业企业都是基于股份公司等近代组织形式建立起来的。

到 19 世纪下半叶，大型商业企业在德国的工业经济中占主导地位。这在共同完成铁路网建设的众多公司中表现并不明显，部分原因是德国被划分为很多独立的小公国，因而整个铁路网的修建也呈现条块分割的趋势——在克虏伯和西门子等占主导地位的重工业企业中表现更加明显。这两个大问题，因为它们出现在 19 世纪的普鲁士，所以都值得放在德国工业革命的背景下来审视。

在莱茵河支流鲁尔河沿岸的埃森市，克虏伯家族

（Krupp family）自 16 世纪晚期以来一直从事武器制造。大约 200 年后，这家公司创始人的玄孙的遗孀继承了这家公司。她通过收购一家工厂、四家煤矿的股份和 1800 年位于埃森附近一条小河边的一家锻铁铺，扩大了公司的规模。1807 年，克虏伯遗孀任命她 19 岁的孙子弗里德里希（Friedrich）管理打铁铺，使他走上了一条改变整个行业的职业道路。1810 年克虏伯遗孀去世后，弗里德里希不顾一切地想要赢得 4000 法郎的奖金，这是拿破仑提供的奖金，旨在奖励欧洲大陆上任何一位能复制英国坩埚钢秘密生产工艺的人。所以，弗里德里希创建了克虏伯炼钢厂，用水车作为唯一的动力来源，并在 1816 年生产了他的第一块精炼钢。虽然由于为时已晚而未能赢得奖金，但此时正是他成为德国钢铁工业创始人的好时机。尽管在 1826 年他去世时，他并未考虑自己的抱负能否完全实现。

然而，成功最终还是到来了。1841 年，弗里德里希的儿子阿尔弗雷德·克虏伯（Alfred Krupp）发明了滚匙器。这个发明给他带来了足够的资金来扩大工厂以生产精炼钢块。1847 年，其工厂制造了第一门铸钢大炮，随后又制造了一门 6 磅重的大炮，以及一门重 2000 磅、完美无瑕的实心钢锭——比之前铸造的最大的钢锭要重出一倍多。这块钢锭于 1851 年在伦敦博览会展出，在工程界引起了轰动。作为欧洲重型武器制造商的领军人物，阿尔弗雷德·克虏伯从不走回头路，当他 1887 年去世时，他在埃森的工厂雇用了 20 200 人，在其他地方还总计雇用了 50 000 多人。

阿尔弗雷德·克虏伯把自己视为模范雇主，他为员工及其家人建造了特殊的"职工住宅区"，区内有公园、学校和娱乐场等；其遗孀福利计划和孤儿福利计划以及其他福利计划则为员工生病或死亡提供了保险。当涉及他的员工的个人生活时，他就是个十足的控制狂：他要求员工进行忠诚宣誓；要求员工只有拿到工头的书面许可方可去上厕所；并禁止参与任何国家政治。所有这一切都符合他的愿望，他希望"有一个人来发动反对犹太人、社会主义者和自由主义者的革命"，他偶尔会考虑自己去扮演这个角色。尽管如此，如果没有克虏伯公司庞大的军备工业，德国的工业革命就不会是现在这个样子。1887 年阿尔弗雷德·克虏伯去世，公司在他的儿子弗里德里希·阿尔弗雷德（Friedrich Alfred）的领导下开启了新时代，公司除了制造很多其他的东西，包括海勒姆·马克泌（Hiram Maxim）发明的新机关枪和鲁道夫·迪塞尔（Rudolf Diesel）的新发动机。

另一个伟大的德国工业王朝是由维尔纳·冯·西门子（Werner von Siemens）建立的，尽管他出生于 1816 年，是汉诺威王国一个收租人的 14 个孩子之一，但他在柏林创业，那里是更具活力的普鲁士王国的首都。维尔纳的第一桶金是作为发明家和制造商在电报领域获得的，在这一领域美国人塞缪尔·摩尔斯开了先河。1848 年，他的公司，叫作鲍安斯塔·冯·西门子和霍尔斯克电报公司（Telegraphen-Bauanstalt von Siemens & Halske），修建了欧洲第一条远程电报线，将柏林与 500 千米外的莱茵河畔的法兰克福连接起来。这只是一个跨国商业帝国扩张的开始，它在 1867 年开通了伦敦和加尔各答之间的第一条电报线路。不仅在电报领域，而且在机械发电方面，维尔纳也从与英国发明家查尔斯·惠斯通（Charles Wheatstone）的合作中获利，后者又与当时最伟大的科学家之一迈克尔·法拉第（Michael Faraday）进行了合作。与英国有了如此良好的关系，维尔纳的兄弟威廉·西门子（William Siemens, 1823—1883 年）在 20 岁时选择在英国建厂也就不足为奇了。在那里，他把公司业务从以电力为基础的核心业务扩展到钢铁领域，在 19 世纪 50 年代，他发明了再生平炉，和贝瑟默（Bessemer）的"转化器"一起，彻底改变了世界钢铁生产。

西门子公司的工业帝国，和克虏伯公司一样，以其先进的员工福利制度而闻名，包括标准的 9 小时工作制和退休员工的养老金。这种社会福利制度的创新在他们那个时代是革命性的，尽管它们在很大程度上反映了一种自我服务的经营哲学。和克虏伯公司一样，西门子公司在德国的分部在第二次世界大战期间雇用了"苦役"，与纳粹在很大限度上进行了妥协。而其英国分部由威廉·西门子创立——后来更名为威廉·西门子爵士，为盟军作战服务。

正如克虏伯公司和西门子公司的历史所表明的那样，工业革命虽然在德国开始的时间相对较晚，但企业家在与政府密切合作中展现的大规模组织能力则非常引人注目。这主要是 19 世纪著名的首相奥托·冯·俾斯麦的遗产。俾斯麦的基本理念是，雇主投资打造示范性劳动环境、控制劳工骚乱，投资方能获得回报。使用这种高成本方法所付出的代价让企业将自己所处的优势拱手让给外国的对手。荷兰的情况尤其如此，首先是毗邻德国边境的纺织业，然后是电灯照明等领域，飞利浦公司在埃音霍温（就是专门为其廉价劳动力而选择的地点）的低成本经营便可以成功地与西门子公司竞争。

在工业革命的背景下，意大利有点自相矛盾。虽然与德国一样，它直到 19 世纪下半叶才成为一个统一的国家，但其统一过程与德国大不相同，因为它涉及一场起源于皮埃蒙特王国（当时包括撒丁岛和法国萨沃伊的大部分地区）、旨在推翻现存政府的成功的革命，包括托斯卡纳和西西里地区的政权、梵蒂冈直接统治的国家，以及奥地利统治的伦巴第和威尼托等其他地区。这个阵势，就像 19 世纪 60 年代初加里波第（Guribaldi）领导的革命征服了整个意大利一样，无论如何，一切都是不久前发生的事情，正如比利时，主要都是 1815 年维也纳会议的产物。

在意大利，工业的起源甚至可以追溯到更早的一个时期，当时在意大利城市的丝绸（以博洛尼亚为首）和军备（以威尼斯为首）等关键领域，其先进的制造工艺法闻名于整个欧洲。在波河流域，这一切都得益于源于 13 世纪的运河运输基础设施，它所服务的许多工业企业也是如此。当时，无论是在规模上还是在机械化程度上，这些工业企业即便不是世界上最先进的，也是欧洲最先进的。到 16 世纪，博洛尼亚的水力丝绸制造厂大约有 3 层楼高，雇用了几十名工人（其中许多是童工），生产完全机械化，能够生产出质量上乘的丝线。

博洛尼亚引领发展，其他城市则纷纷效仿。因此，到 18 世纪末，以威尼斯共和国和皮埃蒙特为首的许多其他丝绸中心已经取代了博洛尼亚，这两个地区每年生产的丝线产量可达数百万英镑。1720 年，约翰·隆贝（John Lombe）在皮埃蒙特的拉克尼吉的丝绸工厂获得了丝绸制造的专业技术，使他能够在德比建立自己的工厂，人们普遍认为他是为英国引入工厂制度的第一人，比阿克莱特的纺织厂早了半个世纪。

然而，这一切都好景不长。约翰·隆贝并不是唯一盗用意大利技术的人：在 18 世纪的法国，里昂市也采用了同样的做法，改进了意大利的技术，从而开始主导国际丝绸贸易，巴黎成为世界时尚中心对这一过程起到了很大的推动作用。虽然丝绸本身仍然来自博洛尼亚，但意大利的衰落是不可避免的。此外，与欧洲其他地区的成就相比，先进技术产业的相对衰落也是意大利其他传统工业的命运，比如威尼斯曾经最著名的玻璃、肥皂和染料制造业。现在很难相信这里曾经是欧洲最大的工业城市。随着工业革命的进行，意大利根本没有跟上时代的步伐。政府对工业几乎没有任何支持，而城市和农村的贫困也限制了国内市场的需求。太多有影响力的人看重的只是意大利的气候、空气、阳光和美景等（这些也是今天仍能够吸引游客的地方），而不是鼓励制造业经济的创新发展。小型工艺产业阻碍了服装和鞋类等许多产品的工厂化生产。尤其是铁路，在皮埃蒙特以外的地区几乎没有什么进展，以至于在 1860 年意大利统一时，意大利中部大部分地区所属的教皇国只有不到 120 英里的铁路，而且根本没有任何外部连接，无论是向北还是向南。这在很大程度上是保守派和极端主义者教皇格里高利十六世（1831—1846 年在位）的贻害，他喜欢把国家资金用于投资雄伟的建筑和博物馆。

　　这就是当时意大利经济停滞的概况，在 19 世纪末开始全国开始努力摆脱这种局面。到那时，政府还必须应对国内生产总值的长期年增长率不足 0.6% 的局面，这一水平与西班牙、葡萄牙、塞尔维亚和保加利亚等国相当，而这些国家的工业成就都无法与意大利在几个世纪以前的成就相提并论。意大利政府一贯实施保护它的传统行业的做法（这些行业的众多拥护者仍然保有相当大的政治权力），与此同时，政府不断扩大其官僚机构的规模，使数百万在投票箱中拥有同等权重的人仍然可以依靠传统行业来维持生计。直到今天，在工业方面，意大利仍在试图弥补它曾经失去的时间。

第十章　电力与化工

科学领域

在工业革命的过程中，与电和化学相关的科学发现的应用变得越来越重要。直到 18 世纪末，工业革命的先锋和实干家，如詹姆斯·瓦特和理查德·阿克莱特，即使对本杰明·富兰克林、亨利·卡文迪许（Henry Cavendish）、约瑟夫·普利斯特里和安托万·拉瓦锡等人在这两门科学上取得的显著进步有所了解，也很少有机会应用这些知识。两者之间有联系，所以瓦特和他的商业伙伴马修·博尔顿认识约瑟夫·普利斯特里（第一个发现氧气的人），后者是伯明翰月光社的成员，但其成员积累的知识与发展蒸汽动力等实际问题关系不大。即便如此，在 17 世纪上半叶，由意大利科学家埃万杰利斯塔·托里拆利（Evangelista Torricelli，1608—1647 年）发现的大气压力理论对纽科门蒸汽机的设计至关重要。

电力

尽管科学发现对工业的潜在贡献甚至在 18 世纪末之前

就开始得到承认，但其实际应用仍然不多。1800 年，意大利人亚历山德罗·伏特（1745—1827 年）有了一个了不起的新发现，他的"电化学电池"是有史以来首个可以提供连续电流的装置。但直到 19 世纪 30 年代，电池的基本单元"伏特堆"才获得了实际应用。另一方面，如果没有伏特堆，人们现在熟知的"电解"的实验研究也就无法进行。科学界的领军人物，尤其是英国的汉弗里·戴维（Humphry Davy）和瑞典的永斯·雅各布·贝采利乌斯（Jöns Jacob Berzelius），很快就在实验室里使用了伏特堆。在化学方面，这些实验产生了引人注目的新发现，但在电的研究方面并未产生相同的作用。失败的原因很简单，电流潜能的实际应用，除了电解之外，还依赖于 19 世纪 20 年代才取得的重要发现。迈克尔·法拉第是这一领域的领军人物，他的科学生涯始于担任汉弗里·戴维的助理，后来成为 19 世纪最伟大的科学家之一。然而，虽然汉弗里·戴维作为化学家闻名于世，他却在 1810 年发现了电弧，这一时间早于他认识法拉第。将一节巨大的伏特电池的电极和两根碳棒的电极连接起来，当碳棒之间稍稍分开时，就会出现一道明亮的弧光。一旦启动，它的能量可以通过增加两根棒之间的距离来加强。弧光奇观的一名目击者报告说：

一道上升的极亮弧光，中间宽阔且呈锥形。无论什么东西，一旦放进弧光，瞬间就被点燃。铂放在弧光里，就像在普通蜡烛的火焰里一样，很容易熔化；石英、蓝宝石、镁、石灰全部都会熔化……弧光之强烈，犹如太阳光，释放出近三英寸长的火舌，光彩夺目，令人眼花缭乱。

在 1879 年白炽灯泡发明之前，这种电弧产生了唯一可能的电气照明，但由于制造和安装过程中存在的问题，它只能用于某种特殊的目的或者某种壮观的场面。除了照明之外，光源中心产生的高温使电弧成为金属焊接的理想选择，但这种工业用途始于 19 世纪 80 年代。

无论电弧被证明多么有用，它对其专业领域以外的科学或技术的发展贡献都不大。从历史上看，人类对电的进一步理解是在另一个领域实现的，这在很大程度上是 19 世纪 20 年代以来迈克尔·法拉第和其他科学家在研发电磁关系时取得的卓越成就的结果。法拉第首先发明了螺线管。螺线管，就像缠绕在线轴上的线一样，不过是一根缠绕在芯体上的长电线。当螺线管被通过电线的电流激活时，其效应犹如磁铁一般。而产生相反的效应，也就是利用磁铁产生电流，被证明是非常困难的，但最终在 1831 年 8 月 29 日，法拉第的感应环实验产生了改变历史进程的结果。在接下来的 1832 年，进一步的实验表明，法拉第通过感应环产生的电，与通过伏特电池或任何其他方法产生的电，具有相同的化学、磁性及其他效应。

法拉第在电磁学上的发现，促使两种重要的实用仪器得以成功研发，这两种仪器的研发都在他的同事查尔斯·惠斯通（1802—1875 年）的帮助下完成的。第一种是电报。电报的基础是一个连接两个站点但长度不定的电路，根据电路中的电流方向，可以确定电磁针的两种可能的位置。到 19 世纪 30 年代末，惠斯通等人已经开始使用这种系统，发送预先约定含义的基本信号。电报可以在所用电线的电阻等物理因素决定的最大长度范围内的任何距离进行发送。

美国天才发明家塞缪尔·摩尔斯根据电磁针"被激活"的两个位置发明了一种电码，使书面信息能够从一个站点传递到另一个站点。虽然 1837 年就已经提交了"摩尔斯电码"的首个专利申请，但直到 1844 年这种电码才在电报线上首次得以使用，这条电报线是沿着连接巴尔的摩和华盛顿的巴尔的摩－俄亥俄铁路进行架设的，电报传递了第一个具有历史意义的信息："上帝创造了什么。"这就是通信革命的开端。在 10~20 年的时间里，通信科技将极大地缩小世界的距离。第二种仪器是电动机和发电机，二者均源于法拉第 19

世纪 20 年代的发现。虽然法拉第早在 1822 年就制造出了电动机原型，并在 1831 年通过感应环实验制造出了发电机原型，但直到 19 世纪 60 年代，惠斯通和维尔纳·冯·西门子发明了自激发电机，才真正实现了该领域在工业上的关键突破。这项发明的关键在于，通过感应发电所必需的磁场本身，就是通过发电机输出的电流产生的。

自激发电机不仅依然是任何电站（无论其机械动力来源是什么）的标准模型，更重要的是，将电流输入发电机能有效地将发动机转化为提供旋转动力的电动机。换句话说，利用机械动力转动电机的轴从而产生电流的过程，可以逆转为通过电流来提供机械动力的过程。随着这一工艺在 19 世纪 60 年代末开始付诸实践，它在工业上的潜力几乎是无限的。一方面，电力的应用范围远远超过了蒸汽动力，因而到 20 世纪下半叶，世界范围内蒸汽动力的主要用途已经变成了发电；另一方面，电本身是可以进行长途传送的，尤其是在西屋电气（Westinghouse）在 19 世纪 70 年代开发了交流电技术之后。

化工革命

虽然到 19 世纪中叶，化学对产生生产资料和消费品做出了不可否认的贡献，但这种贡献在历史上则往往没有得到足够的重视。然而，到 18 世纪末，以传统技术为基础的工业品，尤其是纺织品的生产水平已经达到了一个临界点。无论纺纱和编织这样的纯机械工艺对纺织品的生产有多么重要，但它们仍然只是制造过程中的中间步骤。使用传统的技术，需要在纺纱前用人尿去除去原毛上的油脂，或者在纺织后用酸牛奶漂白棉布或亚麻布。这两种工艺都依赖于化学反应，如果要以新型纺织厂的规模进行生产，就必须找到这两种工艺的替代方法。

在 18 世纪，有一种重要的工业化学品——明矾，它是通过制造工艺生产出来的。明矾曾被纺织厂家用作媒染剂，将明矾涂抹在布料上，就可以实现对天然染料的固色功能。明矾是铝和钾的结晶化合物，它以纤维钾明矾的形式存在于自然界。早在人们能够识别自然界中众多不同的化学元素很久之前，纺织工业中就已经开始使用明矾了。

尽管最初是纺织业推动了最主要的化学制品市场的形成，而且在 19 世纪很早的时候，玻璃、纸张和肥皂等产品的生产就开始大量使用化学制品，但以上产品的制造商并不是仅有的化学制品消耗者。规模至关重要，因为几乎从早期的化学制品制造开始，将化学品制造列为"重工业"的根本原因就是化学制品的生产和消费规模很大。至于消费品的生产，在 19 世纪前 25 年化工制造几乎没有取得任何成就。但是，甚至在 1815 年拿破仑战争结束之前，煤气灯和磷火柴就已经成为家用化工消费品。一代人之后，摄影材料和合成药物等产品才相继问世。

化学革命的另一个关键因素是它与科学发现相联系而不是与技术创新联系紧密，这一点从曼彻斯特化学家托马斯·亨利（Thomas Henry）在 1785 年发表的一篇有关漂白（纺织生产的一个关键工艺）的文章中便可以看出：

> 漂白是一种化学操作过程。漂白的最终结果是提取纱线或布料的油性成分，使其更适合获得更大程度的白度，并吸收任何可能暴露在其中的着色材料的颗粒。
>
> 该工艺所使用的材料是化学产物，需要一定程度的化学知识来进行操作以及判断它们的好坏。氧化钙是通过化学工艺制备的；碳酸钾也是同一种工艺的产物，硫酸和其他所有酸的存在都归功于它。

虽然化学在工业中的用途相对较少，但化学在 18 世纪下半叶取得的进步非常显著。1754 年，约瑟夫·布莱克确定二氧化碳（他称之为"固定空气"）是一种不同的气体；

1766 年，亨利·卡文迪许分离出了氢；1774 年约瑟夫·普利斯特利分离出了氧；这二人的发现，为 1783 年法国安托万·拉瓦锡通过加热这两种元素生成水做好了准备工作。

这一切只是个开始，从这些发现到 1869 年德米特里·门捷列夫（Dimitry Mendeleyev）发现元素周期表之间的一个世纪，人类见证了化学领域的一场革命。这场革命终结了在工业中尤其是在纺织业（卡文迪许的文章主要关注的领域）中使用的化学工艺，这些工业都是通过长期的反复试验发展起来的。伟大的法国化学家安托万·拉瓦锡（1743—1794 年）在开始研究空气特性时观察到，这些已有的知识，"由绝对不一致的想法和未经证实的假设组成……没有指导方法且……未经科学逻辑的验证"。事实上，纺织品制造商长期使用牛粪来消除染色过程中多余的媒染剂残留物，但他们并不关心为什么这样的应用实际上有效，姑且用一个不太恰当的比喻，他们的做法犹如检验布丁的方法就是吃布丁。

即便如此，对牛粪的依赖确实构成了某种瓶颈。此外，牛粪中的活性成分磷的含量非常低。直到 1775 年德国化学家卡尔·威尔海姆·舍勒（C.W. Scheele，1742—1786 年）发现骨灰可以作为生产纯磷的原料时，才找到了一种补救方法。但是，用骨灰生产磷需要使用硫酸，而硫酸不久之前才有大量的商业供应。硫酸在许多新的工业工艺中发挥了超乎寻常的作用。正因为如此，德国著名化学家李比希在1843年写道："我们从一个国家消耗的硫酸量，就能较好地判断它的商业繁荣程度。"

历史上，硫酸是通过蒸馏硫酸亚铁产生的，而硫酸亚铁是硫化铁矿发生氧化产生的一种自然产物，硫化铁矿则主要是在英国的谢佩岛上发现的一种铁和硫的化合物。在水中蒸馏硫酸亚铁溶液，将铁分离出来，从而产生一种强酸性物质，这种物质被命名为"浓硫酸"。一旦硫酸的生产成为一种工业工艺，其最终产品，像明矾一样，就成了一种在纺织品加工工艺中必不可少且非常有效的媒染剂。事实上，早在1576年，被浓硫酸取代的硫酸亚铁就曾被用作媒染剂。问题是，生产一份浓硫酸就需要十份左右的硫酸亚铁。在接近天然硫酸亚铁矿的地方生产浓硫酸几乎没有什么帮助，考虑到18世纪早期的道路状况，无论运输距离有多长，硫酸的强腐蚀性都会给人带来极大的危险。

浓硫酸的生产为更好、更经济的制造工艺开辟了道路。要生产硫酸，就应该开采天然的纯硫矿，这种纯硫矿在欧洲大陆的某些地方可以找到，但在英国几乎找不到。但仅靠硫是无法产生硫酸的，尽管硫酸的化学分子式 H_2SO_4 表明硫酸不过是硫、水、氧三种元素的一种化合物（不管怎样，硫酸的真正性质在18世纪早期还不为人知）。解决方法是再次研究另一种金属钾的化合物。1807 年，汉弗里·戴维爵士通过研究认定钾是一种不同的元素。有一种化合物，硝石（现在也称为硝酸钾，KNO_3），大量存在于可获取的自然矿床中，这就足以解决问题了。

于是，硝酸钾就成了另一种硫酸制造方法的主要原料。欧洲大陆率先研发了这种方法，1733 年约书亚·沃德（Joshua Ward）和约翰·怀特（John White）从法国将这种方法引进到英国，并于 1736 年适时开始商业生产。人们用这种方法生产出了大量的硫酸（装在容量约为 40 加仑至 50 加仑[①]的玻璃容器中），使每磅硫酸的出售价格（1 先令 6 便士到 2 先令 6 便士）与以前每盎司[②]硫酸要支付的价格相同。所有的问题都出在生产地点上，先是在特威克纳姆，1740 年之后又在里士满，这些地点有两个不利因素：远离英格兰中部的主要市场，而泰姆赛德高档社区的居民抱怨有难闻的气味——人们预先体验到了重型化工生产的环境成本。

不管怎样，全新的市场正在向人们招手。作为一种稀有而昂贵的商品，硫酸主要被药剂师用来生产格劳伯氏盐（芒硝）一类的药物。作为一种泻药，其需求量很大。当它的

---

① 1 加仑约等于 3.785 升。——编者注
② 1 盎司约等于 28 克。——编者注

价格只有最初价格的一小部分时，它在工业中便有了许多用途。因此，作为对市场因素的回应，约翰·罗巴克（John Roebuck）和塞缪尔·加贝特（Samuel Garbett）在英国的工业中心伯明翰建立了第二个规模更大的硫酸生产基地，作为他们在钢屋巷金属精炼厂的附属单位。这是 18 世纪经济史上的一个转折点。伯明翰硫酸厂的一项重要创新就是用铅代替玻璃来制造用于生产硫酸的容器，从而使更大规模的生产成为可能。其厂房大楼甚至可与当时最大的建筑相媲美。化工厂，而不是大教堂，成为许多城市天际线的典型特征。

扩大生产带来了更低的价格、更多样化的工业应用，以及为满足不断发展的市场需求而建造的新工厂。其中最重要的一家化工厂——约翰·罗巴克也参与其中，建在爱丁堡以东福斯湾的普雷斯顿潘。那里生产的硫酸主要用来在漂白亚麻的过程中代替酸牛奶，亚麻生产在 18 世纪是苏格兰最重要的产业。考虑到普雷斯顿潘除了煤，其所需的原材料在当地都没有，这些原材料只能通过海路进口。硫来自西西里岛，硝酸钾则来自东印度公司在伦敦销售的产品。也有相当一部分产品需要通过海路出口到敦刻尔克、鹿特丹、汉堡和哥本哈根等地，就像在苏格兰一样，这些地方的纺织厂是硫酸的主要最终用户。

然而，到 18 世纪末，由于 1774 年卡尔·威尔海姆·舍勒发现了一种新的化学元素氯（这比他发现如何从骨灰中提取磷早了一年）。1786 年，英国的詹姆斯·瓦特就了解到了氯作为漂白剂的作用（最初是由法国化学家克劳德·贝托莱发现的）。到 18 世纪末，苏格兰人查尔斯·坦南特（Charles Tennant）在格拉斯哥的圣罗洛克斯建立了一个庞大的新兴产业，并拥有一家自己的工厂。该工厂生产的一种含氯的漂白粉，非常符合迅速发展的纺织业的需求。这家工厂做出了巨大的贡献，在它的引领下，圣罗洛克斯成为欧洲最大的化工制品生产中心。尽管硫酸有许多有利可图的用途，但对其最大的需求来自制造一系列更有用的通常被称为"苏打"的化工用品。这种化工用品依赖于法国化学家尼古拉斯·勒布朗发明的一种工艺，即用硫酸和普通盐混合生产碳酸钠（也称苏打粉），这是最常见的一种苏打形式。勒布朗的发明对法国来说可谓是正当其时，因为在与英国长达二十多年的战争中（战争以 1815 年的滑铁卢战役结束），法国自己的天然碱资源几乎不足以为使用传统方法生产苏打提供原料。这个问题就是通过勒布朗的工艺大量生产硫酸来解决的。

当时的环境迫使法国建立了全国性的合成碱产业。但是，直到 1820 年，英国工业仍然依赖天然原料，从而使成千上万的海藻采集者在苏格兰海岸一直忙个不停，他们有效地沿用着陈旧而低效的技术。显然，这种情况难以为继。因此，在 19 世纪 20 年代，利物浦的一位企业家詹姆斯·马斯普拉特（James Muspratt）便建造了一座长 120 英尺、宽 20 英尺的硫酸室，用勒布朗的工艺生产硫酸；同时，另一家同等规模的工厂在圣海伦斯建成投产。在兰开夏郡的这些地方生产硫酸是一个不错的选择，因为英国的肥皂和玻璃生产都逐渐集中在同一地区，这保证了一个巨大的市场，而以天然碱为基础的生产永远无法满足这些市场的需求。在马斯普拉特的引领下，其他一些人注定会在英格兰中部和泰恩赛德等新工业区纷纷效仿。这为苏格兰海藻采集者敲响了丧钟。

肥皂的生产尤其重要，因为它依赖于苛性钠，苛性钠是一种用生石灰处理苏打而生产的工业化学品。从 19 世纪初开始，这不仅改变了肥皂的制造，其衍生的洗涤剂在很大程度上取代了纺织中使用的漂白剂，而且极大拓宽了可用于造纸的亚麻碎布的种类。

新的"肥皂技术"依赖于 1813 年法国化学家米歇尔·欧仁·谢弗勒尔（1786—1889 年）的发现，他发现动物脂肪的成分之一是甘油，这是一种存在于所有生物体内的化合物。如果用烧碱处理这种脂肪，甘油就会被分离出来，剩下的残渣就是肥皂。因此，在化学术语中，肥皂被称为脂肪酸盐。人们在专用石灰窑中对石灰石进行高温加热从而生产出生石灰。生石灰除了可用于生产烧碱之外，还可以通过加水加热使其"熟化"，从而成为一种可用于制造白色涂料、漂白粉和玻璃的产品。

这些都是工业化学如何成为一个以科学为基础的产业的典型案例。该产业重要的第一步是引入勒布朗生产苏打的工艺。虽然在大规模的工业应用时，实践证明它有许多经济上或环境上的弊端，但这种工艺被一直沿用了70多年。直到1861年比利时化学家欧内斯特·索尔维（Ernest Solvay，1838—1922年）申请了一项截然不同但更先进的基于氨的工艺专利后，勒布朗工艺的使用才宣告结束。在此之前，1856年威廉·帕金（William Perkin）首次发明了一种合成染料，标志着工业化学新纪元已经开始。

尽管如此，在19世纪上半叶，在化学工业中占主导地位的仍然是碱的生产，包括用其生产的关键化学原料硫酸和关键产品苏打。至少以今天的标准来看,（当年）碱的生产不是一个以科学为基础的高效产业，因为即使是最大的公司也没有设研发部门，尽管企业家们时刻准备着采用新技术，而且常常面临着为争夺专利而付出高额代价的风险。但他们这样做改变了他们国家的面貌，这不仅对英国，对法国、比利时、德国等其他国家，都是如此，尤其是对作为工业革命先锋的美国，更是如此。

尽管与纺织、煤炭、钢铁或铁路相比，化工产业雇用的工人相对较少，直到 1880 年，英国只有 4 万人从事化工生产，但这既没有反映出它对国家其他工业的重要性，也没有反映出它对环境和人民生活的影响。因此，引起了很多同时代的观察家的注意并遭到他们的谴责，比如罗伯特·布拉奇福德（Robert Blatchford），他将工业化学的中心，兰开夏郡的圣海伦斯描述为：

> 一个肮脏丑陋的城镇。其天空犹如低垂的屋顶，弥漫着肮脏的烟雾。铁路隧道、医院病房、煤气厂和露天下水道，各种气味混杂，臭气熏天；烟囱、铁炉、蒸汽喷嘴、烟雾和煤矿，种种污染汇集，触目惊心；药丸、煤炭、玻璃、化学品、残疾人、百万富翁和贫民，不同的产品，不同的人间。

在发展碱贸易以满足纺织工业需要的同时，在人们对于炼铁炉使用的焦炭的需求的推动下，煤的分解蒸馏过程也促进了一系列新产品的生产。焦炭第一个副产品是煤焦油，它在英国经济中发挥着重要作用。当时的船舶是用木头建造的，煤焦油替代了造船所需的沥青。即使在 18 世纪以前，英国的森林也无法满足英国造船的需求。以瑞典为首的北欧国家垄断了沥青的供应，并且共同维持着沥青的高价位。面对这个阴谋集团，英国转向北美殖民地寻求替代供应。尽管大西洋彼岸的原材料非常丰富，面对母国的需求，北美殖民者竟然也漫天要价。所以，在 1719—1779 年，英国为购买北美殖民地的沥青所支付的金额高达 125 万英镑左右。在 1785 年的一份关于从煤中提取沥青的进展及其相关应用的备忘录中，这笔钱被认为是相当大的"财富浪费"，这份备忘录有效地提出了一种方法，使英国造船业摆脱对进口沥青的依赖。问题是，谁会迎难而上从事沥青和煤的分离工作？

接受挑战的人是一位穷困潦倒的苏格兰贵族，邓唐纳德九世伯爵。他在其负债累累的封地卡尔罗斯修道院发现了海煤资源，于是他就产生了一个想法：从海煤中提炼焦油，赚钱之后可以索回他的家族财富。伯爵年轻时在非洲西海岸担任过海军军官，他当时注意到蠕虫对船底的危害。根据他的化学知识，他推断从烟煤中提取的焦油可能是一个很好的应对措施。为了将自己的想法付诸实践，邓唐纳德于 1782 年成立了英国焦油公司，并从另外三个英国人那里筹集了额外的资金；他还希望能够先发制人，阻止一个叫卡斯伯特（Cuthbert）的债权人对他纠缠不休。原则上，投资这个企业是有充分根据的。这至少是基于苏格兰著名化学家约瑟夫·布莱克（1728—1799 年）的判断，布莱克这样评价邓唐纳德的工艺："其执行过程简单且成本较低……并能生产优质的焦油，以应对蠕虫对船底的危害。"

由于种种原因，邓唐纳德对煤焦油的投资从未获得其应有的成功。英国海军部本应是他最重要的潜在客户，却让他很失望，因为他们通过改用铜护套来保护船底，这一做法后来得到其他船东纷纷效仿。与此同时，对于那些选择使用邓唐纳德的焦油的人来说，焦油比它所取代的沥青要好得多，所以船只再不需要如此频繁的维修。因此，在某种程度上，邓唐纳德的产业被他自己成功的发明动摇了根基。但用他儿子的话来说，他"既没有生意人的习惯也没有生意人的意愿"。许多习惯和意愿兼有的生意人都知道如何从他的发明中获利，以及如何被后者发现的麻烦；与此同时，作为发明者，他忙于寻找新的实用证据，这些证据变得对这些获利之人有利，而他自己则因此蒙受损失。邓唐纳德的堂弟约翰·劳登·马卡丹（J. Loudon Macadam）就是这些善于经商的企业家之一，他以用于道路建设的"柏油碎石"而闻名于世。

邓唐纳德感兴趣的其他技术包括：将海盐转化为苏打；生产用作丝绸和印花布媒染剂的明矾；以及制造铁和生产糖。但是，从中获利的都是他人，正如 1799 年出版的《邓唐纳德勋爵拟出版作品索引说明书》（*Prospectus of Index to Lord Dundonald's Intended Publication*）所示，他在书中抱怨："最最令人痛苦和苦恼的发明盗用行为和政府的疏于监管。"最重要的是，一次错失的机会表明了邓唐纳德是什么样的人，再次引用他儿子的话：

> 由于注意到焦油蒸馏过程中产生的蒸汽具有可燃性，通过实验，（他）在从冷凝器引出的排气管上安装了一个枪管。枪口一见到火，就喷出光彩夺目的火焰，长长的火舌，足以飞跃弗斯江面，后来证实，在河的对岸，火光也清晰可见。

从历史上看，这可能是有史以来第一次展示煤气是一种光源，但邓唐纳德未能开发它的潜力，又白白错过了一个机会。

威廉·默多克是伯明翰博尔顿和瓦特公司的一名员工，邓唐纳德偶尔会去那里参观。默多克的确意识到煤气的潜力。1792 年，公司派他代表公司前往康沃尔，在当地一位物理学家的帮助下，他发明了一种用来照亮自己房子的方法。由于这涉及通过大约 70 英尺长的金属管道来输送煤气，默多克实际上已经为将煤气作为主要能源来提供照明奠定了基础。他继续改进他的设备，到 1798 年，他的设备已经可以用来照亮他的雇主的苏豪铸造厂的主楼内部。然后，在 1802

年，令当地居民惊讶的是，他也照亮了主楼外面，以庆祝与法国在《亚眠条约》（the Treaty of Amiens）下达成的和平。

本次展示是一种先发制人的做法，因为1801年，法国人菲利普·勒邦（Philippe Lebon）已经在巴黎用煤气照亮了他的房子和花园。在1802年的公开展示之后，博尔顿和瓦特公司继续为工厂、剧院和其他大型建筑开发煤气灯，每个单位都有自己的煤气设备。1805年，该公司为曼彻斯特的菲利普斯和李（Phillips and Lee）棉纺厂安装了煤气灯，从而为纺织业昼夜不停地运转铺平了道路。在此之前，只有在采矿和炼铁行业才会有这种做法。默多克很快就证明了生产率的提高所带来的效益远远高于安装和运行煤气设备的成本。但是很少有人考虑到一个行业24小时不停运转的社会后果。1806年，格拉斯哥的莱西姆剧院也安装了煤气灯，进一步展示了其广泛的用途。到19世纪的第二个十年，改用煤气灯的优势几乎完全征服了英国工业巨头。

尽管博尔顿和瓦特在工业上取得了巨大的成功，而且他们自己的经验也已经清楚地表明了用煤气为房屋照明的优势，但他们几乎没有考虑过为公众提供煤气。与此同时，英国的科学家对任何这样的项目都持怀疑的态度，而它的主要支持者弗雷德里克·阿尔伯特·温莎（Frederic Albert Winsor，来自奥地利帝国的摩拉维亚）则被认为是一个怪人。即便如此，面对当地人的强烈反对，温莎依然在伦敦坚持不懈，并于1809年获得了他为这个大都市所提计划的专利；1812年，他获得了成立新的燃气、照明和焦炭公司的特许证。

一年后，温莎的公司从博尔顿和瓦特公司挖走了一个土生土长的曼彻斯特人萨缪尔·克莱格（Samuel Clegg），并因此获得了一位杰出的工程师，他的技术为公司提供的服务带来了不断的改进。煤气灯在英国迅速普及，其提供照明的成本仅为其取代的油灯和蜡烛的一小部分。英国以外的地区也是如此，例如，巴尔的摩（1816年）是第一个安装煤气灯的美国城市。有了煤气灯照明的街道，城市的夜晚变得更加安全，而越来越多的识字人便可以利用晚上的时间进行阅读。虽然在19世纪末，电灯取代了煤气，煤气供应对于人们的烹饪和取暖仍然很重要。在20世纪天然气又逐渐取代了煤气。无论如何，由伦敦煤气、照明和焦炭公司（London's Gas, Light and Coke Company）首创的干线管道供气的方法，率先确立了从遥远的中心向家庭及工业用户提供服务的原则，这是工业革命最重要的遗产之一。

与干线管道供气同等重要的是煤气生产的副产品。煤通过分解蒸馏生成的焦炭，在稳步发展的钢铁工业中已有很好的市场。虽然煤气最初是焦油的副产品，但19世纪上半叶干线管道供气的惊人增长颠倒了它们的相对重要性。一旦焦油成为副产品，人们就会怀疑它在工业中的用途。首先打消这种疑虑的是约翰·劳登·马卡丹，他发现焦油可以与砂砾融合，用来铺设一流的路面；其次是威廉·帕金及其他人，他们发现焦油为人造染料提供了主要成分。

除了焦炭和焦油，煤气制造还生产出其他有用的工业化学品，如石脑油和氨。1823 年，格拉斯哥制造业化学家查尔斯·麦金托什（Charles Macintosh）首次发现了石脑油的工业用途。虽然石脑油只不过是格拉斯哥煤气厂的一种废料，但是麦金托什还是成功地找到了一种利用石脑油的方法。他发现石脑油可以用来将橡胶溶解成一种可用于制造双重纹理防水布的形态。他在商业上的成功是与休·伯利（Hugh Birley）和约瑟夫·伯利（Joseph Birley）合作的结果。此二人是曼彻斯特一家效益颇好的棉纺厂的老板，在他们棉纺厂内建立了一家生产防水布的新工厂。这就是后来生产麦金托什雨衣的企业的开端，麦金托什雨衣在 19 世纪末已经成为现代世界最主要的雨衣。

氨的情况则完全不同。氨是氮的一种简单化合物，它的用途源于它极易溶于水。像苏打和硫酸一样，它是工业化学的主要产品，用途广泛，主要用于制造炸药和化肥等。现在生产它的哈伯博斯制氨法是 1908 年才研发出来的；在此之前，对煤进行分解蒸馏是氨的主要供应来源。在 19 世纪 30

年代至 50 年代，复合肥的制造发展成为化学工业的一个主要组成部分。尽管导致这一结果的部分成因是英国农民对于提高生产力的需求——一方面是为了满足稳步增长的城市人口的需求，另一方面是为了在关税不再保护他们的情况下与海外农业竞争——这也有赖于以德国化学家李比希（1803—1873 年）为主的科学家为提升人们的科学认识所做的贡献。

李比希，被公认为有机化学之父，在 23 岁时便成为吉森大学（该大学现在以他的名字命名）一位杰出的教授。在那里，他是第一个建立了以大学为基础的研究实验室的人，他自己的研究目的主要是满足农业和医学的需要。该实验室吸引了大量国外研究人员，其中包括詹姆斯·马斯普拉特的两个儿子，谢里丹（Sheridan）和埃德蒙（Edmund）。这不仅使李比希与英国建立了联系，而且还让他将科学理论运用到了工业实践上。在 1837—1855 年的 6 次英国之行中，他敏锐地观察到当时人们在农业实践中未能利用当地资源来提高生产力的现象。李比希对将石灰覆盖在田地上的方法特别感兴趣，田地看起来"就像被雪覆盖了一样"。从某种意义上讲，这是很好的科学应用，因为石灰的碱基可以有效地中和当地土壤的酸性。石灰价格低廉、产量丰富，但酸度并不是影响产量的唯一因素。尽管李比希关于植物从土壤中获得必要的矿物质以及从大气中获得氮的理论基本上是正确的，但他仍然需要发现哪些矿物质实际上是从土壤中获得的，因为如果没有这些知识，就不可能用系统的方法用化学合成产品来取代这些矿物质。

当马斯普拉特的两个儿子运用从李比希那里获得的知识开始制造"草木灰、石膏、煅烧骨灰、硅酸钾、磷酸镁、磷酸氨以及氯化钠的各种配方产品"时，英国的化肥工业出现了。这些原料在熔炉中经过焙烧后融为一体，这样就可以降低它们的可溶性（从而不会一下雨就被冲走），但缺点是这种化合物很难被生长中的作物吸收。英国农民开始将李比希视为"一位不仅绝对正确，而且无可挑剔的'教皇'"。

尽管如此，英国的企业家们还是力图改进李比希的方法，并在此过程中率先使用过磷酸钙，使其成为世界上领先的复合肥料。尽管 1841 年约翰·贝内特·劳斯（J.B. Lawes）在德特福特开了第一家工厂，但直到 1854 年帕卡德公司在布拉姆福德的工厂开张后，化肥工业上的突破才得以实现。在德特福德，化肥是用硫酸对骨头进行处理生产出来的，而在布拉姆福德，粪化石取代了骨头，这是较早时李比希在观察到塞文河沿岸巨大的自然沉积物后推荐的替代方法。改用恐龙粪便化石生产化肥催生了一个产业，相关企业成为硫酸的主要工业用户。

李比希的基本见解是，生物对磷的需求可以通过自然存在于土壤中的通常被称为"磷酸盐"的化合物来满足。"过磷酸盐"一词是工业中通常用来描述从这种化合物中提取的最终产物，其中粪化石的使用是这个过程的中间阶段。实践证明天然磷酸盐的替代来源更加具有经济性，因此，劳斯于1857年开始从挪威进口磷灰石，随后该行业的其他人从比利时（19世纪70年代）、美国（19世纪80年代）和北非（19世纪90年代）进口原材料。尽管如此，劳斯在19世纪40年代建立的过磷酸盐产业直到19世纪末仍然是英国的垄断产业。

虽然磷酸盐衍生物在化肥生产中占据主导地位，但硝酸盐和碳酸钾也很重要。至于前者，李比希认为从大气中就可以获得充足的硝酸盐的说法，只对了一半。硝酸盐化合物不仅存在于矿物质中，而且它们对植物营养的贡献也不容忽视。再进一步就涉及硝酸盐肥料可以提高农业生产率的原理了。早在西班牙人征服秘鲁之前，秘鲁的南美洲原住民就已经知道或者至少是模糊地知道硝酸盐的作用，因为当时他们将海鸟肥作为肥料。海鸟肥是由海鸟粪便组成的，它不仅是已知硝酸盐含量最丰富的自然来源，而且还含有磷酸盐。19世纪早期，人们在秘鲁海岸附近的岛屿上发现了大量的沉积物，那里没有人类居住，却有数百万只在悬崖上筑巢的海鸟。在世界上一个几乎从不下雨的地方，几个世纪以来，鸟粪在那里已经积累到了相当厚的程度。

1804 年，德国探险家威廉·冯·洪堡将第一个海鸟粪样本带回欧洲。1840 年，英国便开始进口海鸟粪，经过与秘鲁政府谈判获得垄断权后，英国成为世界上最大的鸟粪供应商。到 1870 年鸟粪的开发达到顶峰时，人们已经知道鸟粪最显著和最有价值的特性主要是它含有异常高浓度的硝酸盐。

虽然煤气、照明和焦炭公司已经生产了副产品硫酸铵，但它被用作肥料的速度很慢。随着 1870 年之后海鸟粪的自然储存量不断减少，硫酸铵开始盛行起来，所以从 1879 年到 1889 年，硫酸铵的产量从 4 万吨增加到 11.7 万吨。到这个时候，海鸟粪的自然储存消耗殆尽。以其他硫酸盐和碳酸钾为主要成分的化肥的类似情况也值得一讲，即德国制造商利用自己的当地资源在该行业的早期发展阶段发挥了重要作用。

当 19 世纪将近过半时，化学工业领域开始拓宽，新增加了两个新的发展领域：一是在商业上利用电解作用大规模地生产金属；二是制造新型炸药来取代火药。虽然汉弗里·戴维等人从 19 世纪初就开始在实验室应用电解这一关键工艺，但直到德国化学家罗伯特·本森（1811—1899）在 19 世纪中叶发明了一种新的锌碳电池后，该工艺才在工业上引起了人们的兴趣。戴维能够证明明矾含有金属基，而弗里德里希·韦勒（Friedrich Wöhler）在 1827 年能够从明矾中以纯粹的形式分离出这种金属基，即现在人们所熟知的铝。尽管本森的电池不过是规模空前的伏打电池，但他不仅利用电解作用生产铝（1852 年），还生产镁（1851 年）和铬（1852 年）。

本森的电解炼铝法只不过是实现大规模生产工业金属的其中一步，而真正的突破是随着霍尔赫劳尔特电解炼铝法的出现才真正到来的。这种新工艺依赖于高压直流电，只有在发电厂才能满足这种条件，所以直到 19 世纪末才得到采矿业的使用。虽然镁通常是通过电解盐水来生产的，但这个过程要简单得多，不像工业铝的生产那样需要大规模的电力。工业铬是直接从矿石中生产出来的，不需要电解。

直到 19 世纪下半叶，火药都是仅有的用于建筑或战争的爆炸物。众所周知，西方人使用火药已经有数百年的历史。火药是由很容易获得的原材料复合而成的。通过以下事实我们可以衡量其实用性：1843 年，为建设东南铁路（South Eastern Railway），炸掉多佛的悬崖耗费了大约 18 500磅的火药。尽管传统火药的原料足够便宜，但产品本身并不是很有效。

显然，还有选择的余地。1846 年，瑞士的克里斯提安·弗里德里希·尚班和意大利的阿斯卡尼奥·索布雷洛两位应用科学家，都在研究硝酸和硫酸的混合物，他们提供了一种替代传统火药的方法。前者，将混合物应用于棉花上，生产火药棉（又名硝化纤维）；后者，将混合物应用于甘油，生产硝化甘油。这两种新物质都被证明具有很强的爆炸性，以至于早期的火药棉［1847 年由英国的约翰·霍尔父子公司（John Hall & Son）生产］和硝化甘油（1863 年由瑞典的诺贝尔兄弟生产）的工业生产都受到意外爆炸和由此造成的人员伤亡的困扰。

显然，如果想继续推进现代火药的研发，并且解除政府的限制，上述两种产品都必须具有稳定性，人们在进一步的研发之后终于使它们取得了稳定性。1863 年以后，随着一种新工艺的发明，火药棉已经可以安全地生产，于是英国就取消了火药棉生产的限制。1864 年，随着阿尔弗雷德·诺贝尔发现硅藻土可以用来增强硝化甘油的稳定性，瑞典也取消了对硝化甘油的生产限制。随着这一被他称为"炸药"的产品的问世，以及随后在 1875 年和 1889 年另外两项成果的获得，阿尔弗雷德·诺贝尔成为世界上最富有的人之一，现在世界闻名的诺贝尔奖正是以他的名字命名的。

第十一章　全球化：原材料、市场与各地制造

工业时代来临

全球化是工业革命的必然结果。人类在 21 世纪所面临的种种考验，如过度的碳排放，以及全球变暖的威胁（即使不是灾难性的也是不可逆转的），都是人类在工业化进程（始于 18 世纪的英国）中所付出的代价。正如在 2009 年年底召开的哥本哈根会议做出的决议所指出的那样：针对各国在应对这一威胁时应采取何种必要措施，以及每个国家（无论富国还是穷国）应担负多大责任，是国际社会密切关注的议题。这意味着，特别是像印度和中国这样在 19 世纪遭到欧美帝国主义国家残酷剥削的国家，必须比欧美国家付出更高的代价才能成为"工业强国俱乐部"的成员。

从 1869 年苏伊士运河开通到 1914 年第一次世界大战爆发以及巴拿马运河开通这 45 年，工业革命走向了全球。1869 年，"经典的"工业革命创造的世界在某种意义上"已经走向成熟"。首先把目光转向英国，这种成熟意味着，虽然生活在城市、在工厂工作的人数仍在增加，但工业革命中最残酷的过度剥削正在得到缓解。工作时间受到法律限制，特别是对妇女和未成年人来说；国家教育计划开始规定识字的成年人口比例；随着 1867 年《迪斯雷利改革法案》赋予了工人阶级投票权，位于威斯敏斯特的英国议会也可以听到他们发出的声音。在伦敦的引领下，各地政府为其公民提供了安全清洁用水、污水处理或照明（以煤气为能源）服务，使城市生活更健康、更惬意。一个前所未有的安全、快捷、舒适的综合性全国铁路网，使工人阶级也能走出家乡到外地看看国家其他地方的风景。例如，随着兰开夏郡的工厂在一年一度的假日期间的暂停营业，工人便可以去领略布莱克浦海滨的魅力。工商界由于认识到工人阶级作为消费群体的潜力和他们组织工会等机构的能力，至少在某些经济部门，不断推出新的、进步的就业政策。在 20 世纪，在亨利·福特（Henry Ford）提出"让每个工人都有一辆车停在自己的房子前面"后，这一进程达到了辉煌的定点。但这样进步的雇主不是到处都能找到的。 特别是在发展中国家，在采矿业等采掘业中，改善就业条件的唯一方法就是出台法律。在工业革命的这一后期阶段，欧洲和北美的其他新兴工业强国也出现了与上述就业条件相当的情况。一些国家，如德国，在识字率和工业工人的便利设施方面处于领先地位；但英国，从国家财富的角度来看，总体上更加繁荣。美国虽然还在从内战造成的创伤中恢复，但已经成为一个自给自足的国家，在某种程度上是任何欧洲国家都无法匹敌的。个人在经济方面的发展机会几乎不可限量，至少在欧洲是这样的。因此，数以百万来自南欧和东欧的移民在大西洋彼岸找到了新家。一旦来到美国，许多人就在位于美国"锈带"的企业中找到了工作。尽管欧洲移民的成功意味着欧洲制造商失去了巨大的美国市场，但他们可以通过开发欧洲和北美以外的世界来弥补这一损失。欧洲制造商正以前所未有的规模，继续着可以追溯到欧洲殖民主义与帝国主义发展早期的工业化进程。

对非洲的争夺

在 1869—1914 年，英国、法国、荷兰、西班牙和葡萄牙这五个 16 世纪便开始进行海外殖民的欧洲帝国，遇到了三个新的对手：比利时、德国和意大利。这三个国家在 19 世纪初都还没有作为独立的国家存在过。他们主要在非洲展开角逐。直到 18 世纪末，那里的老牌帝国的商业利益都集中在奴隶贸易上，这是工业革命早期阶段的大部分资金来源。对从事这种贸易的欧洲人来说，这种贸易只不过涉及几个极不稳定的沿海前哨站，而从非洲内陆把奴隶贩卖到美洲大陆，除少数情况外，基本上都是非洲人自己组织的。不管怎样，这种贩卖奴隶的商业形式并未触及非洲其他相当可观的自然财富。

造成这一现象的一个原因是，当时白人认为这片大陆完全不适合居住：它几乎没有自然港口或通航河流；海岸线的腹地，即使不是沙漠或半沙漠，也可能是密不透风的森林；还有虫灾，如携带疟疾的致命疟蚊。即使对那些从事奴隶贸易的人来说，非洲海岸也被称为"白人的坟墓"；非洲大陆的内陆想来也不会环境宜人。更重要的是，除了传说，几乎没有理由相信非洲内陆隐藏有亟待发现的财富，尽管在 19世纪末之前，事实证明了这一点。

早在 19 世纪以前，非洲内陆就已经吸引了一些探险者。大多数人都一心追寻非洲大陆上为数不多的几条大河的流向，如蓝色尼罗河、白色尼罗河、尼日尔河、刚果河和赞比西河。在这些探险者中，很多人都没能活着回来，他们是典型的福音派基督徒，服务于上帝而不是财神，意图破坏奴隶贸易的人口基础，这些奴隶从遥远的海岸被运送到美洲大陆的种植园。如果英国和美国在 1807 年废除了奴隶贸易，他们的事业基本上就已经取得了胜利。但是荷兰人和葡萄牙人仍然参与其中，正如戴维·利文斯敦（David Livingstone，1813—1873 年）在 19 世纪后期发现的那样，在东非和中非的阿拉伯人也参与其中。

事实证明，非洲并不像人们普遍认为的那样不利于开发和定居。在 19 世纪 40 年代早期，一支英国探险队乘坐蒸汽船从贝宁湾三角洲沿尼日尔河逆流而上，再继续向上行驶数百英里到达贝努埃河（贝宁河最重要的支流）上游。通过不断服用奎宁（一种来自南美洲的金鸡纳树树皮的药用提取物），这些欧洲人使自己避免患上疟疾，或至少减轻了它的影响。非洲内陆变得更安全、更易行。随着远洋蒸汽船越来越普及，早期欧洲船只为了运送奴隶而到达过的海岸线也同样变得安全易行。

对 19 世纪 60 年代末的欧洲列强来说，非洲内陆的经济潜力让他们认为非洲的领土值得并入他们的殖民帝国——或者，就比利时国王利奥波德二世（Leopold Ⅱ）而言，值得变成他的私人财产。1876 年利奥波德二世发起了"对非洲展开争夺"倡议，并在几个主要非洲探险家的配合下和几个欧洲政府的支持下，成立了国际非洲协会，以促进对非洲的勘探和殖民。一年后，也就是 1877 年，利奥波德二世雇用当时闻名于世的非洲探险家亨利·莫顿·斯坦利（Henry Morton Stanley）去探索广阔的刚果水系。在他的探险过程中，斯坦利通过与一些土著酋长签订条约在刚果盆地获得了大片土地，而这些酋长并不知道前者的目的是什么，在很多情况下，他们也没有任何权利处置属于他们自己的土地。利奥波德二世就这样获得了比比利时大 70 倍的土地。

利奥波德国王随后组织了一个新的刚果国际协会，成为当地首领割让给斯坦利的所有土地的唯一拥有者。更重要的是，比利时在华盛顿娴熟的外交技巧使美国政府在 1884 年4 月 22 日承认刚果国际协会为一个主权独立的国家，这个国家被称为"刚果自由邦"。

欧洲很快就开始效仿美国，奥匈帝国、法国、德国、英国、意大利、荷兰、葡萄牙、俄国、西班牙和瑞典都在 1884 年年底之前承认刚果自由邦的独立。如果历史就此停止，一个欧洲小国，或者说是它的国王，就会把他的疆域扩大到一个新的包括一个主要水系的整个盆地的政治实体。利奥波德二世曾谨慎地宣称，他的行为是出于最高尚的动机——与事实完全相反——他也愿意支持其他欧洲强国从事类似的事业。

利奥波德二世邀请欧洲列强加入非洲殖民行列的行为，特别受到法国的欢迎，因为法国希望拥有刚果河以北大片领土的主权。这一邀请促使德国首相奥托·冯·俾斯麦伯爵于1884 年年底在柏林召开了一次列强会议。会议决定，非洲的未来将由对非洲的土地都有各自的主权要求的殖民列强来决定。这些列强指的是法国、葡萄牙、英国，不用说，还有主办国德国。其他的大国，如俄罗斯帝国、奥匈帝国和美国，尽管没有这样的领土主张，也作为"旁观者"出席。还有一些较小的国家也出席了此次会议，如丹麦、瑞典、挪威、荷兰，尤其是比利时。由于（德国）没有向他的刚果国际协会发出邀请，利奥波德二世有理由担心，今年早些时候比利时在外交上取得的承认可能毫无意义。随着事态的发展，很明显，他本不应该担心。英国和法国尽管不怎么热情，但都保证比利时国王最终能如愿以偿。

一方面，由于历史原因，英国政府起初倾向于支持葡萄牙对刚果的主权要求。另一方面，法国看中了刚果河以北的土地，所以支持比利时，因为比利时不仅无条件地支持法国的领土主张，而且一旦找不到开发刚果河以南土地的财政资源，比利时还将撤回自己对刚果河以南土地的主张。利奥波德二世狡猾地劝说德国关注西南非洲（现在的纳米比亚），通过提醒英国人注意葡萄牙殖民地实行奴隶制的劣迹（英国在大约50年前就已经废除了奴隶制），并向商界保证，英国将被授予葡萄牙准备提供的同等"最惠国"地位，从而间接地在英国国内动摇英国政府的权威。即便如此，英国外交部对利奥波德二世的想法持怀疑态度，英国外交部的态度是正确的。然而，利奥波德二世向德国也提出了同样的建议，德国却同意了。（该提议在1885年是否具有价值观非常可疑，因为在这个历史阶段，刚果几乎没有显著的经济潜力。）反过来，俾斯麦向英国施加了压力，他暗示，拒绝利奥波德二世的提议可能会导致英国与法国在西非问题上严重对抗。由于不愿冒与法国发生冲突的风险，英国最终接受了这一提议。

利奥波德二世在外交上取得了圆满成功。1885 年 2 月 5 日的柏林会议承认他是刚果的唯一所有者。随后是法国，它能够保留所有它声称拥有的领土；葡萄牙，甚至获得了更多的领土，即后来的殖民地安哥拉；会议还为德国占领和开发西南非洲开辟了道路。总而言之，在这次会议上，被比利时、法国、德国和葡萄牙实际上瓜分的土地接近 500 万平方千米，根据斯坦利的估计，涉及人口总数高达数千万。非洲人自己的利益并不重要。英国虽然在柏林有强大的代表，但在会议中收获甚微。地理条件决定了欧洲列强只能沿大西洋沿岸开发柏林会议承认的非洲殖民地。19 世纪后期，英国对非洲的介入主要是通过地中海，沿着尼罗河的两个支流进入非洲。英国还通过古老的阿拉伯贸易港口蒙巴萨和桑给巴尔以及非洲最南部的开普殖民地，涉足了非洲东海岸。此外，在柏林会议结束时，英国还保留了四个西非殖民地：冈比亚、塞拉利昂、黄金海岸和尼日利亚。

列强对自然资源的掠夺和在国际上进行较量解释了为什么利奥波德二世和走同样道路的欧洲政府会致力于在非洲进行角逐。以利奥波德二世为例，疯狂追逐权势是他涉足非洲的一个主要原因。1865 年，他成功加冕国王，尽管比利时王国在 1830 年才成立，但很快在欧洲工业革命中确立了它的先锋地位，他已经准备好超越他与之打交道最多的两个国家：荷兰和英国。至于前者，比利时不得不承认，虽然自身在1830年历经艰难脱离这个国家获得独立，但荷兰仍然拥有一个庞大的殖民帝国，主要在东印度群岛。这个殖民帝国可以追溯到17世纪初，它在拿破仑战争结束后得以复苏，这主要是英国在1815年维也纳会议后推行的政策的结果。自17世纪以来，英国主要关心的是如何牵制法国。荷兰人在东印度群岛的存在以及西班牙在菲律宾的存在，都反映了英国外交的另一个方面，英国从中发挥了有益的作用。（值得注意的是，利奥波德二世在冒险进入刚果之前，曾提出要买下菲律宾，但遭到西班牙的拒绝。）

英国作为一个帝国主义国家，甚至比荷兰更能维护利奥波德二世的政策。首先，英国的阿尔伯特亲王是利奥波德二世的表哥；其次，英国的资本在比利时的工业革命中发挥了重要作用，比利时工业企业缴纳的税款为国库提供了资金，而国库反过来又为国王的非洲冒险提供了资金。尽管在1884年柏林会议的开幕式上，英国明确表示更愿意看到葡萄牙而不是比利时进入刚果，但事实证明，承认利奥波德二世的统治是完全可以接受的。毕竟，与法国或德国相比，比利时仍然更好一些。

虽然柏林会议未就非洲殖民地边界问题达成正式协议，但它有效地使参会国家所声称拥有的非洲领土得到彼此的承认。这些新近被承认的殖民帝国，还都未能立即弄清楚如何才能从他们的新殖民地最大限度地获得利润。作为宗主国制成品的市场，殖民地能起到多大作用取决于它们是否有东西可供交换。历史上并无先例可供借鉴，因为直到 19 世纪初，非洲出口的主要是注定要在美洲大陆做奴隶的俘虏。到 19 世纪末，这种贸易已经不存在任何可能性了。然而，赤道附近的非洲是象牙的主要来源地，而在利奥波德二世统治刚果的早期，象牙便成了一种宝贵的出口产品。

与此同时，工业所需的原材料范围变得更加广泛，其中包括橡胶，制造橡胶的主要原材料乳胶，只能从生长在热带的野生树木上收割。在世界范围内，能产乳胶的树最重要的是来自亚马逊河谷的橡胶树，其次是来自刚果的野橡胶树。在这些野橡胶树生长的林区，比利时监工无情地剥削非洲当地的劳工，以获取他们生产的乳胶。利奥波德政权，就像在美洲大陆种植园里施行的任何制度一样严厉和残忍，因而受到了国际社会的广泛谴责，最后利奥波德二世不得不把他的非洲殖民帝国移交给比利时，变为国有，但其国有化要等到 1908 年才最终实现。利奥波德二世在非洲政权的终结在很大程度上要归功于利物浦航运代理人埃德蒙·迪恩·莫雷尔（E.D.Morel），他在研究刚果自由邦的商业文件时指出，虽然有大量的橡胶和象牙出口，但被送回的交换品只有步枪和铁链。这一证据足以让他毕生致力于推翻在刚果实行的劳工制度。当成功终于到来的时候，收割乳胶早已无利可图。刚果的橡胶产业从未真正与亚马逊雨林有过竞争，这就是刚果的劳动制度如此严苛的原因之一。而且，在 19 世纪末，橡胶成为一种种植园作物时，非洲的橡胶种植主要集中在西海岸，特别是利比里亚。而世界范围内橡胶的主要产地是马来亚和苏门答腊。

然而，柏林会议对英国来说只是一场小插曲。从伦敦的角度来看，1869 年苏伊士运河开通后，英国对非洲的控制主要基于非洲大陆南北"两极"，即埃及和开普殖民地。埃及虽然在原则上是奥斯曼帝国的一部分，但它受制于当地被称为"赫迪夫"（Khedive）的统治者。英国和法国通过谈判达成关于苏伊士运河的修建和运营权利条款并清楚地向赫迪夫家族表明，发号施令的是伦敦和巴黎，而不是伊斯坦布尔。运河为当地企业和劳动力市场提供了大量的新机会，理论上赫迪夫家族统治的国家在经济上本应受益于运河，但他们的政府混乱不堪，他们竟然通过对那些在尼罗河三角洲和开罗以北的尼罗河上游地区开垦肥沃农田的数百万农民横征暴敛来获得财政税收。最后，一场农民起义表明赫迪家族没有能力维持和推行英国的法律和秩序，于是在 1882 年，英国军队占领了埃及，他们在埃及的驻军维持了 70 年。英国人为埃及带来了一个现代化工业强国所应具备的所有条件：建好的铁路，往返于尼罗河的蒸汽船。随着美国棉花生产带被内战摧毁，加上更加便捷的苏伊士运河的开通，埃及和印度成为英国兰开夏棉花的主要供应商。

在当时的形势下，英国是不会在埃及退缩的。1862 年，英国探险家约翰·斯毕克（John Speke）在广阔的维多利亚湖发现了白尼罗河的源头，这对打通整个河道是一个挑战。这一过程涉及维多利亚时代后期历史上的许多重大事件，这些事件在 1898 年 9 月以苏丹恩图曼战役达到高潮。在这次战役中，英国人战胜了当地伊斯兰领袖"马赫迪"（Mahdi）的军队，有效地将整个白尼罗河流域及其支流纳入了帝国版图。

然而，在欧洲强权政治的背景下，英国的目标是先发制人，迫使法国在恩图曼战役结束 7 周后，谨慎地放弃了对非洲这一地区的主权要求。实际上，是全球化取得了胜利，铁路、蒸汽船和电报等所有这些工业革命的遗产，使法国几乎不可能有效地挑战英国的地位。

与此同时，英国在非洲的另一端参与了一场略有不同的游戏。荷兰东印度公司在 1653 年将开普敦作为其前往远东的船只的食物驿站。两百多年来，荷兰在非洲腹地建设了一块小殖民地，既利于种植温带农业作物，又能为白人提供宜居的生活环境。随着人口的稳步增长，总有新的土地可以耕种。随着定居地区的增加，荷兰农民更关心的是维持自己的生计，而不是为停靠在开普敦的船只提供补给。拿破仑战争后，英国吞并了开普殖民地，英国政府鼓励本国公民在南非安家。这一政策具有双重作用：首先，开普殖民地和位于非洲大陆东南沿海几百英里以外的纳塔尔一起，成为数千名英国移民的家园；其次，相当一部分（虽然不是全部）最初的荷兰移民家庭更愿意迁往非洲内陆。

最终，在与当地的非洲原住民（比如祖鲁人）发生了一系列流血冲突之后，这些所谓的开拓者在一片被他们简称为"大草原"的广袤荒野中定居下来。在那里，很少有非洲人或欧洲人会对他们的占领提出异议。1852 年，布尔人在静静的瓦尔河以北建立了独立的德兰士瓦共和国；1854 年在瓦尔河以南建立了奥兰治自由邦。在那里，如果他们按自己的方式行事，他们就会消失在历史中。

这种田园生活终究不会持续太久。1867 年，人们在瓦尔河岸上发现了一颗 20 克拉①的钻石。这颗钻石最初是一位来自几百英里外的瓦尔河沿岸的格雷厄姆斯敦镇的英国医生发现的，然后它就一传十，十传百，最后以 500 英镑的价格卖给了开普殖民地总督菲利普·沃德豪斯爵士（Sir Philip

---

① 1 克拉等于 0.2 克。——编者注

Wodehouse）。至此，大批的勘探者源源不断地从好望角出发，穿过数百英里的半沙漠来到金伯利。几乎在一夜之间，金伯利突然出现在世人眼前，成为整个钻石开采的中心。

从严格意义上讲，金伯利属于奥兰治自由邦。到 1871 年，金伯利的人口高达 37 000 人，是奥兰治自由邦人口的好几倍，由此足以判断移民的规模到底有多大。开普敦通过宣布建立一个新殖民地（根据非洲当地部落的名字命名为西格里夸兰），并任命副总督理查德·索塞（Richard Southey）来亲自管理钻石的开采。无论是来自格里夸人群体，还是来自奥兰治自由邦政府，甚至来自一个自称"挖掘者"共和国（其总统曾经是一名熟练的海员）政府的抗议，新殖民地政府都统统不予理睬。

到 1873 年，殖民者已经建立了金伯利、戴比尔斯、布尔特方丹和杜托伊茨潘共计四个钻石矿区，每一个矿区都有数百个 31 英尺 × 31 英尺的钻石开采点，由个体企业家经营，轮流雇用非洲劳工。劳工们省下微薄的工资主要用于购买枪支，其中 18 000 支已经进口到西格里夸兰。顺便说一下，这是英国小型军火工业的另一个新市场。

这是 1849 年加利福尼亚淘金热的"野蛮西部"场景的重演，但是在加利福尼亚的淘金热未能持续很久。个人开采的日子屈指可数，到了 1880 年，由伦敦资助的一些新公司开始接管个体钻石开采点。其中最大的一家公司是塞西尔·罗兹于 1888 年建立的德比尔斯联合矿业有限公司，该公司至今仍在运营。

到 19 世纪末，通常在地下进行的大规模采矿作业都依赖于进口的动力驱动设备，包括在采矿作业中经常使用的用于抽取井下多余水的水泵。1886 年以后，几乎所有金伯利矿山需要的东西都可以通过铁路从好望角运达。南非的钻石开采已经成为一种产业经营，拥有全球市场。然而，它几乎完全依赖进口设备。此外，从事钻石开采的企业也不再被认定为南非当地的企业：1906 年，为了促进英国国内税收，伦敦高等法院裁定，德比尔斯联合矿业有限公司虽然在金伯利注册，但属于英国商业组织。

钻石开采只不过是开发南部非洲矿产资源道路上的第一步。19 世纪 80 年代中期，人们在德兰士瓦发现的裸露的金矿层引发了一股采金热，其狂热程度远远高于金伯利经历的钻石开采热。金矿开采要想赢利就必须找到把黄金从它嵌入的石英中分离出来的方法。但是 1886 年一位富有的德兰士瓦农民弗雷德·斯特鲁本（Fred Struben）解决了这个问题。他首先用五连捣矿机（不用说是从英国进口的）将金矿碾成矿粉，然后在涂有水银的铜淘盘上，用细水对金矿粉进行淘洗，这是南美金矿长期以来使用的黄金精炼工艺。1886 年 2

月，斯特鲁本已经能够凭借这一方法将 61 盎司黄金送到了比勒陀利亚的南非标准银行。

兰德是渐为人知的德兰士瓦金矿区，兰德西南约 300 英里处的金伯利，钻石仍在创造财富，在兰德又发现金矿对兰德而言非常有益，原因有二。首先，纯粹是心理上的益处，人们普遍认为南非地下蕴藏着财富。其次，大型钻石开采公司积累的财富可以用于新的投资。到 1889 年，在伦敦证券交易所，人们对兰德金矿的股票投资已经达到了比钻石股票投资更高的水平。尽管如此，兰德金矿开采很快就遇到了比金伯利钻石矿开采严重得多的问题。

其中有些问题，特别是技术方面的问题，很快就得到了解决。随着新矿的开采，人们发现矿脉里含的石英还没有硫铁矿多，而硫铁矿已经不能再用斯特鲁本的水银工艺从中分离出黄金了。但是，1887 年，来自爱丁堡的两位化学家已经证明，将碾碎的矿石悬浮在氰化液中，可以分离出纯度高达 96% 的纯金，这是一个极有价值的突破，它极大地扩展了可获利矿石的储备。氰化法工艺在 1890 年首次使用后，极大促进了兰德更高水平的投资。不可避免的是，每一个新矿对劳动力都有需求，如果对劳动力没有技术要求，就只能由非洲人来满足劳动力需求；如果有技术要求，就只能由欧洲人来满足劳动力需求。欧洲这一类人包括当地讲荷兰语的农民，他们的家族来到非洲已经好几代了。

招募这两类劳动力必然会产生问题。最初的荷兰移民选择在德兰士瓦安家的一个主要原因是当地非洲人很少，也就是说这片土地是可以争夺的。这意味着采矿的非洲劳工必须从数百英里以外的地方招募，比如东海岸附近的祖鲁兰和特兰斯凯，因为有大量非洲人存在，所以荷兰人在这些地方定居就一直受到阻碍。为了从如此遥远的地方吸引劳动力，矿主们不仅相互竞争，提供越来越高的工资，还呼吁边境地区的欧洲商人向非洲人提供现金信贷，而这些资金只能通过在金矿工作来偿还，这就是典型的债务奴役。

在矿工招募成本达到矿工工资两倍的情况下，矿业公司已经无法继续忍受，所以这些原本是竞争对手的矿业公司于1889年联合起来成立了矿业协会，其主要职责是降低非洲矿工的劳动力成本以及实行其工作条件的标准化管理，到1897年这一目标基本得以实现。矿业协会采纳了在南非境外招募矿工的政策。为此，它还成立了威特沃特斯兰德本土劳工协会。同时，作为开普殖民地的总督以及钻石和黄金的主要投资者，塞西尔·罗兹也通过向非洲人征税从而迫使他们在货币经济中寻找工作的方法来提供帮助。通过上述措施，劳动力短缺问题得到了进一步的缓解。所有这些措施加在一起将把大量非洲人带到一个他们的祖先全然不知的地区，在那里他们的生计将取决于他们的就业，而对于就业条件他们从来没有参加谈判的自由，而强加这些条件的人对此则毫不关心。相反，这意味着矿业协会的劳工政策达到了它的目的。到20世纪初，受雇于兰德的非洲劳工已经接近10万人。

数以百计，甚至数千名欧洲人的到来——其中许多人来自非洲以外，造成了其他问题。如果欧洲人的人数少于非洲人，那么欧洲族裔肯定更加多元化，而且他们唯一的共同愿望就是以这样或那样的方式分享兰德新创造的财富。在犹如美国西部荒原的以采矿为主要产业的兰德，一个由农民组成的共和国，公民人数不足万人，其政府根本没有能力执行法律和维护秩序。少数农民因为拥有一片露出金矿的土地而成为富人。另外一些人，尽管人数不多，仍然找到了利用新的矿业经济来改善自己命运的机会。在与葡萄牙政府谈判之后，19世纪90年代初，一条连接德兰士瓦和葡萄牙殖民地莫桑比克的德拉瓜湾的新铁路建成了。从纯经济角度来看，这是一项合理的投资，因为这条铁路比经金伯利通往开普敦的铁路要短数百英里，但是开普殖民地不想承担由此造成的税收损失。

德兰士瓦政府在矿业经济中也占有一席之地。炸药是用于矿业的一种基本商品，政府垄断了炸药的供应权，而政府对矿山征收惩罚性税款从而获得更多收入就更不必说了。即便如此，德兰士瓦政府仍然只代表自己的公民，而当其中绝大多数公民看到自己的国家被新到来的定居者（即所谓的外来定居者）接管，他们会对事态的发展非常不满。对于那些在大草原上说荷兰语的农民（或称布尔人）来说，在兰德开采金矿意味着一种完全不受欢迎的全球化，他们可能会成为自己国家的二等公民。此外，外来定居者用不了多久就会发现"在议会没有代表权就不应纳税"的原则。但就像德兰士瓦共和国总统保罗·克留格尔（Paul Kruger）说的那样，"如果我们授予他们特许经营权，我们就等于自己把国旗降下来了"。

僵局无法持续，其结果便是惨烈的布尔战争。在这场战争中，德兰士瓦共和国与奥兰治自由邦结盟，与英国人进行了3年（1899—1902年）的战争。虽然在当时，没有人从这样的角度来看待这场战争，但它的确是一场围绕全球化而展开的战争。争论的问题是，荷兰共和国是否像英国坚持的那样，准备好成为全球经济体系的一部分。1909年，战争终于平息，但条件是建立一个新的南非联邦，将两个前英国殖民地和两个前荷属共和国合并为省。于是，加拿大、澳大利亚和新西兰也纷纷效仿，相继加入这一行列，成为英国的自治领。

尽管在20世纪，采矿，不仅是黄金和钻石的开采，继续充当南非经济的支柱产业，工业的发展最初是为了满足矿山开采的需要，后来扩大到满足其他领域的需求，如农业生产和个人消费者的需求。在采矿领域有坚实基础的化学工业，逐渐扩展到生产化肥和其他农用化学品，然后为整个经济领域生产油漆和染料等标准产品。和采矿业一样，大部分的资本和技术都来自英国。大众消费市场（虽然在这个市场中，非洲大多数人口的需求所占比重相对较小）的明显潜力及时引领了服装制造和食品加工等当地产业的发展，这种发展遵循了欧洲和北美以外地区第二产业发展的共同模式。

南美洲和亚洲

在工业革命的全球化中，南非应该被视为一个特殊的案例。在欧洲和北美以外的大部分地区，工业革命的影响主要体现在交通基础设施建设上，其目的是为获取当地矿产资源或发展出口导向型农业（包括牧场）提供便捷的交通。更具体地说，在 19 世纪下半叶，这意味着，就像在南非发生的那样，要建设连接海港和采矿中心的铁路。实际上，有关工业革命全球化的一个更早的经典案例是南美洲的铁路，特别是那些连接沿海港口和内陆矿山（如智利的铜矿和硝酸盐矿，秘鲁的铜矿和银矿，玻利维亚的银矿和锡矿等）的铁路。

不仅是蒸汽机车，蒸汽船也都属于英国的出口产品。其中最早出口的一艘蒸汽船，雅瓦里号蒸汽船，于 1862 年从赫尔造船厂出发，漂洋过海来到秘鲁的莫伦多港。在那里将其拆卸后用火车运到海拔 12 500 英尺的的的喀喀湖（Lake Titicaca）畔的普诺市，然后重新组装，并将其锅炉的炉膛改造成可以燃烧美洲驼粪便的炉膛。它的标准路线是横穿的的喀喀湖到达玻利维亚的瓜基港，从瓜基港到 60 英里外的玻利维亚首都拉巴斯有一条铁路相连。

19 世纪阿根廷的铁路史，是英国热衷于开发整个国家经济潜力的一个经典案例。英国对阿根廷农业的投资，为英国进口小麦、牛肉、糖、咖啡和葡萄酒以换取英国的制造业资本和国内工业企业生产的消费品开辟了道路。由于阿根廷全国几乎每一个地区都有一两个不同的农业经济部门，因此开发这些地区就需要建设和经营一个广泛的铁路网。铁路网的建设主要是由英国企业家通过努力争取历届阿根廷政府的支持得以实现的，而阿根廷政府往往不得不在满足伦敦和本国选民相互矛盾的要求之间做出选择，而这种选择往往偏向伦敦，而不是阿根廷选民。

有一个人千方百计地取悦选民，他就是阿根廷的米格尔·华雷斯（Miguel Juárez）总统。在他执政期间，由于他不计后果的政府开支造成的金融混乱，使这个国家失去了全部的黄金储备，而他的亲信也失去了最后的外国信贷。把经济灾难归咎于英国拥有的铁路并没有挽救他。1890年华雷斯总统被迫下台，他的继任者彻底地改变了国家的发展方向，总统胡里奥·罗卡（Julio Roca，1898—1904年）称赞英国将阿根廷从严重的金融危机中挽救过来，他承认"这是英国的资本和企业给阿根廷带来利益的最好最新的证明"。英国人也得到了相应的奖赏。阿根廷政府出于战略上的原因支持英国拥有的大南方铁路公司（Great Southern Railway）的扩建，为该公司提供了1600万比索的政府拨款以及公司所需全部土地的永久使用权，并给予建造和运营铁路所需要的所有设备40年的进口关税豁免权。

尽管在19世纪末阿根廷铁路网的不断扩张促使其城市（以首都布宜诺斯艾利斯为主要据点）出现了大量的中产阶级，阿根廷的经济在全球财富排名中也位列第14位。20世纪的实践证明，这些成就都是海市蜃楼。到20世纪中叶，一个又一个失败的政府将畸形的资本发展所遗留下来的问题归咎于英美帝国主义的经济影响，并寻求解决办法，如实行铁路国有化等，然而这些措施已经不再适合解决阿根廷的经济问题。

根据阿根廷经济学家劳尔·普雷维什（Raúl Prebisch）的观点，阿根廷的经济问题在"结构主义"和"内向发展"

的原则中才能找到解决办法。这些原则涉及为当地制造商开辟一个强大的国内市场，同时让他们也能够在世界市场上进行竞争。在阿根廷，平民主义领导人胡安·裴隆（Juan Perón）在20世纪50年代的关键10年里阻止了普雷维什政策的应用，并解除了他所担任的央行行长职务。而韩国等亚洲四小龙经济体在20世纪下半叶成功地采用了这些政策。但后来，在19世纪，除了偶尔出现的不寻常的情况，如在马来亚投资锡矿，英国的资本都避开了这些经济体。

当工业革命最终真正来到阿根廷时，以欧美汽车制造商为代表的外商在当地投资建立了生产线，但几乎没有任何出口市场，而国内市场太过贫乏，无法达到欧美的销售水平。建设所有这些铁路的经济原因主要是为英国工业和农业生产提供原材料。虽然运营和维护铁路离不开一些当地的工业活动，但很难说英国的铁路将工业革命带到了发展中国家。相反，这一进程有两个主要目的：第一是获取必要的原材料，第二是为英国工业打开新市场。除此之外从来没有别的什么目的。英国在阿根廷的经济战略中隐含的这一基本原则，同样适用于欧洲和北美以外的几乎所有的发展中国家。到19世纪末，大部分发展中国家在经济上（甚至在政治上）都服从于这两大洲的国家。甚至在中国这个人口排名世界第一的国家也是如此，这是由于19世纪在中国建立的所谓的"通商口岸"授予外国列强治外法权的结果。

然而，印度和日本是两个值得特别考虑的例子。在印度，工业化始于1857年以前的铁路建设，那时东印度公司还负责为政府管理殖民地。1853年，第一条从孟买通往内陆的铁路开通，被描述为："与我们在东方取得的所有胜利相比，这是一次平淡无奇的胜利。当普拉西、阿萨耶、米尼和谷吉拉特等战场成为历史地标时，大印度半岛铁路的开通将被印度当地人永远铭记。"

加尔各答毗邻印度最重要的港口城市孟买。在加尔各答修建铁路有一个特殊的原因。随着蒸汽船数量的稳步增多，从加尔各答向内陆延伸30英里的地方有一个拉内贡格煤矿，该煤矿拥有一个前景广阔的新市场，只有通过修建铁路才能最好地满足该市场的煤炭供应。因此，新建的东印度铁路公司于1855年开通了始于加尔各答的铁路。虽然铁轨和火车机车都是从英国进口的，但从英国运输火车车厢的汽船在胡格里河沉没了。为了弥补这一损失，铁路首席机车工程师约翰·霍奇森（John Hodgson）成功地在铁路公司自己的车间制造了新的车厢。这不仅是英国智慧的胜利，也为当地的新兴产业发展奠定了基础。即便如此，印度铁路仍继续从英国进口最重的材料，比如用于修建跨恒河和跨雅鲁藏布江的大桥的钢梁。

在每一个阶段的铁路建设方面，印度都远远领先于其他发展中国家。即使在 1900 年，中国和日本都修建了数千英里的铁路，印度的铁路仍占到亚洲铁路总里程的 65%。尽管当时印度次大陆几乎每个地方都有铁路，但由于铁路发展杂乱无章，有许多不同的轨距，所以没有统一的全国铁路网络。直到 1947 年印度和巴基斯坦获得独立后印度才拥有了全国统一的铁路网络。尽管如此，早在 19 世纪末之前，铁路已经成为数以亿计的印度人生活中的一部分。其中大多数人，只买得起最便宜的车票，但他们还是不得不忍受强加给三等乘客的"可怕的压迫和奴役"。此外，花几个小时等火车可能是额外的痛苦，"许多可怜的印度人的死都源于他们在火车站遭受的痛苦"。

乘客所遭受的痛苦与实际修建铁路的工人相比简直微不足道。这通常是极其复杂的地形带来的挑战。这条壮观的铁路从孟买出发，穿过内陆重峦叠嶂的波尔山路，成千上万的铁路工人，竟有三分之一死于事故和疾病。然而，有偿就业的前景是如此诱人，所以在印度修路从来不缺劳动力，就像其火车上从来不缺乘客一样。在印度大众的日常生活中，铁路是一种无与伦比的统一力量。

甚至在 19 世纪末之前，印度的铁路就拥有数万英里的铁路线、数十万的雇员和数千万的乘客，这显然代表了一种可以动员起来为工业服务的力量。虽然在印度的英国政府重视铁路是因为他们看重铁路的战略意义，即当帝国的任何地方发生动乱威胁到法律和秩序时，他们可以借助铁路部署一支庞大的军队，但是数百万普通乘客并不这么认为。对于很多乘客来说，在一个劳动力严重过剩的国度里，在种植园经济，尤其是茶叶经济迅速发展的时候，火车是不可或缺的，而且不仅对于那些季节性工人是不可或缺的。其他乘客则需要借助火车前往海港，寻找前往海外种植园从事契约劳动的途径，这些种植园可能在荷属东印度群岛，也可能在南非或加勒比海沿岸地区。

铁路及其所代表的市场的成功，迟早会激励当地的工业企业。有一个家族，也就是孟买的塔塔家族，比其他任何家族都更愿意接受这个挑战。塔塔商业王朝的创始人加姆塞提·纳萨尔万吉·塔塔（Jamsetji Nusserwanji Tata）于1839年出生在一个帕西贸易家族，通过与在印度的英国政府达成协议，这个家族通过棉花贸易变得越来越富有。塔塔年轻时游历甚广，所以他确信，如果在印度西部的种植园地区附近建一家印度棉纺厂，就可以成功地与英国的兰开夏郡展开竞争。1874年，他创立了印度中部纺织制造公司。在南北战争期间，美国南部的棉花种植园遭到破坏，这是开发印度种植棉花商业潜力的最佳时机。

1877 年，在维多利亚女王宣布成为印度女皇的同一天，塔塔的公司在那格浦尔建立了女皇纺织厂，然而塔塔本人却致力于推动印度的独立事业。作为印度国民大会党的创始人之一，他主要关心的是工业化问题。虽然他自己是棉纺业毫无争议的领军企业家，但他认为棉纺业只是工业化过程的第一阶段。正如在 18 世纪的英国，钢铁和煤炭也同样重要。塔塔，作为 19 世纪晚期的时代人物，也将目光投向了水力发电，而且在这方面，他走在了时代的前沿。

根据英国和美国的经验，塔塔知道新产业最好应该建在一条靠近大量煤矿和铁矿等天然资源的河边。虽然对印度东北部产煤地区的勘察在 19 世纪 80 年代就已经开始了，但直到 1899 年印度的英国政府出台了放开矿业特许经营政策之后，才取得了一些进展。这促使塔塔公司请来了美国专家，并于 1903 年重新开始进行勘测。尽管塔塔于 1904 年去世了，但他的两个儿子多拉布吉（Dorabji）和拉坦吉（Ratanji）成了他商业上的继任者，他们继续进行勘察。1907 年，其公司在比哈尔邦茂密的丛林中的两条河流交汇处发现了丰富的铁矿藏。从此，这里成了一个工厂和小镇的所在地，取名贾姆谢德布尔。随后，一家完全由印度投资者融资的新企业塔塔钢铁公司便在这里建成投产。在要约发出后的 8 周内，约 8000 名当地投资者便认购了价值 2320 万卢比的股票，塔塔集团自己保留了 11% 的股票。尽管在清理场地和寻找质量统一的煤炭方面存在极大的问题，但这个项目还是取得了成功，这得益于 1914 年第一次世界大战的爆发，公司很快就签订了一份向美索不达米亚出口 1500 英里铁轨的合同。第一次世界大战结束后，塔塔集团经历了起起落落，但毫无疑问，它在把工业革命带到现在世界第二大人口大国的过程中发挥了重要作用。

在第一次世界大战爆发之前的几年里，与印度相比，日本的工业革命进行得更成功。虽然都在亚洲，但这两个国家截然不同。日本是一个岛国，基本上只有一种语言，有着非常统一的文化。一直到 1854 年，除了与中国之交流，日本几乎与外界处于完全隔绝的状态。日本与欧洲唯一的联系是位于长崎湾的一个叫作出岛的小岛上的荷兰贸易站，这个贸易站与江户（日本政府所在地）遥遥相望（1868 年，江户更名为东京，成为日本的首都）。荷兰人在出岛的首要任务是满足江户皇室对欧洲商品和外来动植物的需求。通过这种方式，日本的统治者对欧洲制造的产品有了初步了解，并对西方科学有了基本认知，西方科学在日本被称为"兰学"。

1853 年，由美国海军准将马修·佩里指挥的一支由四艘铁甲蒸汽动力战舰组成的海军中队，停泊在江户湾。佩里的任务是替美国总统给日本政府送一封信，要求日本对外开放港口。第二年，佩里带领一支更大的舰队返回日本，来取回信。日本的回复来了，允许外国委派领事，并向来访船只提供补给。原则上，日本人还必须同意对偶尔在日本沿海遭遇海难的西方商船船员给予良好的待遇，并最终将他们送回国。这些都是对外来不可抗力的让步。佩里的火力，更不用说他的船只的适航性，远远超出了日本人的想象。与此同时，日本人正面临着工业革命的高潮：佩里船上的所有东西都是"最先进的"。

19 世纪中期日本持续不断的危机使得江户的德川幕府很难制定出任何实际的长期政策来应对佩里使团所带来的挑战。很明显，1854 年做出的让步不过是一种忍辱负重。一个直接反应就是斥巨资搞军备，特别是通过外国商人在长崎花重金购买蒸汽船——其实这也符合日本人的性格，同时给精锐连队的士兵配备从西方进口的步枪，并对其进行训练。虽然日本不断向国外派遣外交官和留学生，但其主要目的是收集有关西方世界的情报，西方船只仍然会受到日本军队的骚扰，当日本海岸炮台开火时，西方列强毫不犹豫地对其进行报复。

最大的威胁来自长州藩沿海地区，这里俯瞰着狭窄的把本州主岛和九州分开的下关海峡，而长崎就位于九州岛上。1863 年，法国军舰为了报复日本对其商船的攻击，向长州炮台开火。一年后，四个西方列强联合派部队登陆，将长州炮台彻底拆除。日本重新建造了炮台，但并不打算继续牵制西方列强。

在外国领事的鼓动下，反对德川幕府的各县领导联盟在1868年1月1日签署了一项协议，位于大阪湾以西约500千米的重要港口兵库港，对外开埠。这无疑是在宣战。随着外国舰队在大阪湾集结，倒幕派武装首先于1月在大阪击败了幕府军，使这座中世纪城堡陷入一片火海；然后于5月3日在江户彻底打败了幕府军队。一个在1600年建立的政权德川幕府从此宣告结束。

在江户幕府执政的整个时期，日本名义上的最高统治者天皇一直隐居在古都京都。1867年，一个14岁的男孩在他的父亲孝明天皇死后，继承了天皇皇位，在历史上被称为明治天皇（1867—1912年）。通过"明治维新"，明治天皇成为真正的国家元首，一种全新的政体诞生了。而这个国家从成立之初就专注于成为世界经济中一个积极而强大的参与者，沿着西方的路线进行现代化，是其成功的关键。

1869年，新成立的太政官（日本的国务院，是天皇背后的实际权力机构）决定在日本引进铁路技术，但日本的地形不太适合修建铁路。尽管如此，铁路还是修建起来了，日本第一条铁路连接东京和横滨，长达18英里，于1872年开通。日本的火车机车就像美国早期的火车机车一样，以木头为燃料，结果是铁路沿线的房屋经常被烧毁。狭窄的轨距和劣质的铁轨意味着火车行驶缓慢、乘坐很不舒服，而高建设成本又会导致运营常常无利可图。在 19 世纪 70 年代，日本军队经常抱怨，认为最好应该把钱花在军备上，但到了 19世纪 90 年代，出于战略原因他们又需要铁路。此时，日本正在发动对俄罗斯帝国和中国的战争，并取得了一定的胜利，对华战争取得的暂时胜利得益于其具有压倒性优势的现代军备。海上和陆上的军备制造已发展成为一个主要的经济部门。但问题是，对于一个工业和技术在短短的半个世纪前还几乎处于中世纪水平的国家来说，这一切是如何实现的？

正如兵库港开放之前发生的事件所显示的那样，兵库港的腹地，连同日本第二大城市大阪和古都京都，早在江户幕府时代结束之前，在某种程度上就已经成为日本的经济引擎。当地企业家控制着一个以大米、纺织品和清酒为主导的贸易网络，这个网络一直延伸到日本最偏远的各个角落。日本的四大贸易商行不仅欣然接受明治维新（毫无疑问，它们帮助促成了维新），而且幸存下来，成了巨大的商业集团，被称为财阀。其中，三井物产和住友商事现在已经成为著名的跨国公司。随着日本向外国开放贸易和投资，这些财阀很快就把他们的贸易业务扩大到银行业、制造业和船运业等领域。在这一过程中，凭借巨大的国内统一市场，财阀们在其雇用的西方工程师和管理人员的帮助下，借鉴了"西方技术"，在一代人的时间内创造了现代工业经济。

如果没有对外交流，这一切都不可能发生。虽然煤炭可以自给自足，但日本本土几乎没有工业革命所必需的自然资源，在早期阶段也没有能力制造自己的蒸汽船、机车和纺织机械。它唯一的优势是稳步增长的、整齐划一的、受过良好教育的人口，就像欧洲一样，不管人力成本有多高（在日本，人力成本与欧洲一样高），这些人口可以被动员到工厂工作。

在第一次世界大战（日本是同盟国之一）爆发之前的40多年里，日本工业革命的主要资金来源是丝绸的生产和出口。历史上，丝绸是在适合种植桑树的农村地区生产的家庭手工业产品。丝绸最基本的工艺是缫丝，即把蚕茧里的丝抽出并卷起来。缫丝一般是由女性承担的劳动任务，主要是把一个比核桃还小的蚕茧中的长达数百米的蚕丝解开、理顺并缠绕起来。一旦蚕茧成长到可以进行缫丝的程度，任何超过一两天的延迟都会导致蚕丝的变质。结果，在那个陆上运输严重依赖驮畜的年代，任何种植桑树的村庄都必须对丝绸生产进行垂直管理。这就是一个由数百个小单位组成的行业，几乎没有任何发展规模经济的余地。

到19世纪90年代，日本已经开发出了在传统家庭手工业中就能实现大规模生产的缫丝技术。与此同时，政府意识到，只有通过铁路将丝绸运送到新的工厂，这项缫丝技术才能得到应用。由于资本家对这样的项目不感兴趣，所以国家便承担了连接东京和名古屋港的新干线项目的建设，这条新干线提供了第二条内陆运输线路。选择这条路线是为了以尽可能小的成本进入桑树种植的主要地区。摆脱了就地缫丝的需要，这些地区便能够将产量提高好几倍，而不在铁路沿线的地区则损失惨重。尽管如此，丝绸产量的增长总体上非常可观，所以丝绸出口成了日本主要的外汇收入来源。

得益于新技术的优势，许多丝绸产业都集中在东京的工厂里，数百名女工住在宿舍里，长时间从事低报酬的缫丝工作。那里的条件并不比恩格斯在几十年前描述的兰开夏棉纺厂好多少。更重要的是，在 1941 年之前，这种情况几乎没有什么改善。这一年，日本偷袭了珍珠港的美国舰队，使其卷入了第二次世界大战。顺便说一句，日本在那时几乎失去了整个丝绸出口市场。到这个时候，日本的工业，尤其是军备制造业，已经克服了工业革命起步较晚的问题。

1914 年

正如 1851 年的世界工业博览会提供了一次评估 1851 年

之前工业革命所取得的成就的机会一样，1914 年 8 月爆发的灾难性战争也提供了一个评估 1851 年以来工业革命取得的成就的机会。在当代历史学家看来，这第二阶段是工业革命的续集，而不是工业革命的一部分。无论如何，有一点现在已经足够清楚了，那就是英国正在失去领先地位（更不用说法国、奥地利帝国甚至俄罗斯帝国了）。美国和德国，印度和日本紧随其后（甚至在 19 世纪末之前），这四个国家才是世界工业舞台上的关键角色。所有这些国家都是这场战争的参战方。1918 年战争结束时，这场战争被证明是历史上最具破坏性的战争，也是有史以来第一次在世界上几乎每个角落都发生的战争。

到目前为止，现代工业生产工序、干线管道供能、现代建筑施工方法、新的通信媒体、新的交通工具以及基于科学的医疗保健已成为现代人类社会不可或缺的部分，生活在 1851 年的大众对所有这些几乎一无所知，更不用说消费经济中的创新了。详尽列举所有这些领域远远超出了本章的范围，但值得注意的是：钢铁和铝的大规模生产是如何为工业生产提供新材料的；集中发电和电灯泡的发明是如何为运输业、制造业和家庭用户开创了新型干线管道供能服务的；混凝土的使用与电动机驱动的电梯是如何使建筑达到前所未有的高度的；石化产品的精炼是如何首先使汽车面世，然后在不到 10 年的时间里使飞机面世的，与此同时，石油精炼还使第一辆电动机车出现在铁路上，特别是在新建城市的地下铁路上；有线电话和无线电话是如何改变通信和大众传媒的；冷藏技术是如何改变了食品保存方式的；以及在医学上，新仪器（如血压仪）和新药物（比如帮助人们应对从狂犬病到黄热病等各种疾病的药物）是如何改变诊断和治疗的……这样的例子不胜枚举。

1914—1918 年的第一次世界大战不仅加快了（几乎所有）科技发明投入使用的速度，其原始设计也得到不断改进，也为坦克和毒气等新式武器提供了第一次进行试验的机会，也让潜艇等已经存在的武器以前所未有的规模投入使用。在战后的岁月里，人们认为这一切都理所当然，即使是还清楚记得以下这些场景的那一代人也不例外：当年既没有电灯和电话，也没有汽车；工业和交通仍然使用蒸汽动力，街道和家庭实际上都用煤气灯。

参考文献 |

Allen, R.C., *The British Revolution in Global Perspective*, Cambridge: Cambridge University Press, 2009.

Ashton, T.S., *Iron and Steel in the Industrial Revolution*, New York: Augustus M. Kelley, 1968.

Atiyah, P.S., *The Rise and Fall of Freedom of Contract*, Oxford: Oxford University Press, 1979.

Auerbach, J.A., *The Great Exhibition of 1851: A Nation on Display*, New Haven: Yale University Press, 1999.

Bathurst, B., *The Lighthouse Stevensons*, London: Flamingo, 1999.

Bernstein,W.J.,*A Splendid Exchange:How Trade Shaped the World*, New York: Atlantic Monthly Press, 2008.

Blackbourn, D., *The Conquest of Nature: Water, Landscape and the Making of Modern Germany*, London: Pimlico, 2007.

Brock, W.H., *The Fontana History of Chemistry*, London: Fontana, 1992.

Brontë, C., *Shirley*, London: Wordsworth Classics, 1993.

Campbell, R.H., 'John Roebuck', *Oxford Dictionary of National Biography*, online edition, Oxford University Press, 2009.

Carrington, S.H.H., 'The American Revolution and the British West Indies Economy', in B.L. Solow and S.L. Engerman(eds), *British*

Capitalism and Caribbean Slavery: The Legacy of Eric Williams, Cambridge: Cambridge University Press,1987,pp.135–62.

Chalklin, C.W., *The Provincial Towns of Georgian England: A Study of the Building Process 1740–1820*, London: Edward Arnold, 1974.

Chapman, S.D., *The Cotton Industry in the Industrial Revolution*, London: Macmillan, 1972.

Chapman, S.D., 'Robert Peel', *Oxford Dictionary of National Biography*, online edition, Oxford University Press, 2009.

Clow, A. and Clow, N.L., *The Chemical Revolution: A Contribution to Social Technology*, London: Batchworth Press, 1952.

Coleman, D.C., 'Growth and Decay during the Industrial Revolution: the Case of East Anglia', in *Scandinavian Economic History Review*, vol. 10.

Cox, N., 'Abraham Darby I', *Oxford Dictionary of National Biography*, online edition, Oxford University Press, 2009.

Crouzet, F., 'France', in M. Teich and R. Porter(eds),*The Industrial Revolution in National Context: Europe and the USA*, Cambridge: Cambridge University Press, 1996,pp.36–63.

Crump, T., *The Phenomenon of Money*, London: Routledge,1980.

Crump, T., *A Brief History of Science*, London: Constable & Robinson, 2001.

Crump, T., *The History of the Dutch East Indies Company*, London: Gresham College, 2006.

Crump, T., *A Brief History of the Age of Steam: The Power that Drove the Industrial Revolution*,London:Constable& Robinson, 2007.

Crump, T., *Abraham Lincoln's World: How Riverboats, Railroads and Republicans Transformed America*,London: Continuum,2009.

Crump, W.B., *The Leeds Woollen Industry, 1780–1820*, Leeds: The Thoresby Society, 1931.

Cullen, L.M., *A History of Japan, 1582–1941: Internal and External Worlds*,Cambridge:Cambridge University Press, 2003.

Davis,J.E., *Frontier Illinois*,Bloomington:Indiana University Press,1998.

Deane, P., *The First Industrial Revolution*, Cambridge: Cambridge University Press, 1965.

Defoe, D., *A Tour through the Whole Island of Great Britain*, London:J. M.Dent&Sons,1974.

Dekker, H.D. ('Multatuli'), *Max Havelaar of de Koffie- veilingen van de Nederlandsche Handelsmaatschappij*,Am- sterdam:vanGennep,1860.

DeVries,J.,*TheIndustriousRevolution:Consumer Behavior and the Household Economy, 1650 to the Present*, Cambridge: Cambridge University Press,2008.

Deyrup, F.J., *Arms makers of the Connecticut Valley: A Regional Study of the Economic Development of the Small Arms Industry,1798– 1870*,York,PA:G.Shumway,1970.

Dickens, C., *Hard Times*, London: Wordsworth Classics, 1995.

Dickinson,H.W.,*James Watt:Craftsman and Engineer*,New York: Augustus M. Kelley,1967.

Dickson, P.G.M., *The Financial Revolution in England, 1688–1756*, London: Macmillan, 1967.

Disraeli, B., *Sybil or the Two Nations*, London: Wordsworth Classics,

1995.

Donovan, F., *River Boats of America*, New York: Thomas E. Crowell Company, 1966, p. 52.

Douglass, F., *On Slavery and the Civil War*, Mineola NY: Dover Publications, 2003.

Elliott,J.H.,*Empires of the Atlantic World:Britain and Spain in America 1492–1830*, New Haven: Yale University Press, 2006.

Engels, F., *The Condition of the Working Class in England*, Oxford: Oxford University Press, 1993.

Farnie, D.A., 'Samuel Crompton', *Oxford Dictionary of National Biography*, online edition, Oxford University Press, 2009.

Ffrench, Y., *The Great Exhibition: 1851*, London: Harvill Press, 1950.

Fitton,R.S.,*The Arkwrights: Spinners of Fortune*, Manches ter: Manchester University Press,1989.

Frank, A.G., *Capitalism and underdevelopment in Latin America: Historical Studies of Chile and Brazil*, London: Penguin, 1971.

Freese, B., *Coal: A Human History*, London: Penguin, 2004.

Fritzsche, B., 'Switzerland', in M. Teich and R. Porter (eds),*The Industrial Revolution in National Context: Europe and the USA*, Cambridge: Cambridge University Press, 1996, pp. 126–48.

Garfield, S., *Mauve: How One Man Invented A Colour that Changed the World*, London: Faber and Faber, 1988.

Gaskell, E., *North and South*, London: Vintage Books, 2007.

Geertz, C., *Agricultural Involution: The Processes of Ecological*

Change in Indonesia, Berkeley: University of California Press, 1963.

George, M.D., *London Life in the Eighteenth Century*, London: Penguin, 1966.

Gibb, G.S., *The Saco-Lowell Shops, Textile Machinery Building in New England, 1813–1849*, Cambridge: Cambridge University Press, 1950.

Gilbert, A.D., 'Religion and stability in early industrial England', in P. O'Brien and R. Quinault (eds), *The Industrial Revolution and British Society*, Cambridge: Cambridge University Press, 1993, pp.79–99.

Guérard, A., *France: A Modern History*, Ann Arbor, MI: University of Michigan Press, 1959.

Habakkuk, H.J., *American and British Technology in the Nineteenth Century: the Search for Labour-Savingin ventions*, Cambridge: Cambridge University Press, 1967.

Hague, W., *William Pitt The Younger*, London: Harper Perennial, 2005.

Hahn, T., *The Chesapeake & Ohio Canal: Pathway to the Nation's Capital*, Metuchen, NJ: The Scarecrow Press, 1984.

Hardie, D.W.F. and Davidson Pratt, J., *A History of the Modern British Chemical Industry*, Oxford: Pergamon Press, 1966.

Henry,T.,'On the Advantages of Literature and Philosophy, and especially on the consistency of Literary, Philosophical and Commercial Pursuits', *Mem. Manchester, Lit. and Phil. Soc*, Vol. I,1785.

Hill, C., *Reformation to Industrial Revolution*, London: Pelican, 1969.

Hobsbawm, E.J., 'The Machine Breakers', *Past and Present*, Vol. 1, 1952, pp. 257–70.

Hobsbawm, E.J., *Industry and Empire: An Economic History of Britain since 1750*, London: Weidenfeld and Nicolson, 1968.

Holderness,B.A.,'The reception and distribution of the new draperies in England', in N.B. Harte (ed.), *The New Draperies in the Low Countries and England*, Oxford: Oxford University Press, 1997, pp.217–44.

Hudson, P., *The Genesis of Industrial Capital: A Study of the West Riding Wool Textile Industry c.1750–1850*, Cambridge: Cambridge University Press,1986.

Hughes, R., *The Fatal Shore*, London: Vintage Press, 1987.

Hunter, L.C., *Steamboats on the Western Rivers: An Economic and Technological History*, Cambridge, MA: Harvard University Press, 1949.

King, M., *The Penguin History of New Zealand*, Auckland: Penguin, 2003.

Klein, H.S., *A Population History of the United States*, Cambridge: Cambridge University Press, 2004.

Kossman, E.H., *The Low Countries 1780–1940*, Oxford: Clarendon Press, 1978.

Landes, D.S., *The Unbound Prometheus: Technological Change and Industrial Development in Western Europe from 1750 to the Present*, Cambridge: Cambridge University Press, 2003.

Lanning, G. and Mueller, M., *Africa Undermined: A History of the Mining Companies and the Underdevelopment of Africa*, London: Pelican,1979.

Larkin, D., *Mill: The History and Future of Naturally Powered Buildings*, New York: Universe Publishing, 2000. Laslett, P., *The World We Have Lost*, London: Methuen, 1965.

Lavoisier, A. *Oeuvres*, 6 vols, Paris: Imprimerie Impériale, 1862–95.

Lewis, M.J.T., *Early Wooden Railways*, London: Routledge& Kegan Paul,1970.

Martin, L., 'The rise of the new draperies in Norwich, 1550–1622', in N.B. Harte (ed.), *The New Draperies in the Low Countries and England*, Oxford: Oxford University Press, 1997, pp. 245–74.

MacLeod, C., *Heroes of Invention: Technology, Liberalism and British Identity 1750–1914*, Cambridge: Cambridge University Press, 2007.

McLellan, D., Introduction to F. Engels, *The Condition of the Working Class in England*, Oxford: Oxford University Press, 1993, pp. ix–xx.

Mokyr, J., *The Lever of Riches: Technological Creativity and Economic Progress*, Oxford: Oxford University Press, 1990.

Mokyr, J. (ed.), *The British Industrial Revolution: An Economic Perspective*, Boulder, CO: Westview Press, 1993.

Morris, J., *Pax Britannica: The Climax of an Empire*, London: Penguin, 1968.

Namier, L., *The Structure of Politics at the Accession of George III*, 2nd edn, London: Macmillan, 1957.

North, D., 'Industrialization in the United States', in M. Postan and H.J. Habakkuk (eds), *The Cambridge Economic History of Europe*, Vol. VI, Part II, pp. 673–705.

Oxford Companion to British History (ed. J. Canyon), Oxford: Oxford University Press, 1997.

Oxford Companion to Ships and the Sea (ed. I.C.B. Dear and P. Kemp), Oxford: Oxford University Press, 2006.

Pakenham, T., *The Scramble for Africa*, London: Weidenfeld and

Nicolson, 1991.

Pearson, R., 'Thackeray and *Punch* at the Great Exhibition: authority and ambivalence in verbal and visual caricatures', in L. Purbrick (ed.), *The Great Exhibition of 1851: New interdisciplinary essays*, Manchester: Manchester University Press, 2001, pp.179–205.

Penguin Dictionary of Quotations,London:Penguin Books, 1960.

Pincus, S., *1688: The First Modern Revolution*, New Haven: Yale University Press, 2009.

Poni, C. and Mori, G., 'Italy in the *long dur*ée: the return of an old first-comer', in M. Teich and R. Porter (eds), *The Industrial Revolution in National Context: Europe and the USA*, Cambridge: Cambridge University Press, 1996, pp. 149–83.

Prebisch, Raúl, 'Latin America's Keynes', *The Economist*, 5 March 2009.

Priestley,U.,'Norwich stuffs,1600–1700',inN.B.Harte(ed.), *The New Draperies in the Low Countries and England*, Oxford: Oxford University Press, 1997, pp. 275–88.

Quinault,R.,'The Industrial Revolution and parliamentary reform', in P.O'Brien and R.Quinault(eds), *The Industrial Revolution and British Society*, Cambridge: Cambridge University Press, 1993, pp. 229–53.

Randall, A., *Before the Luddites; Custom, community and machinery in the English woolen industry 1776–1809*, Cambridge: Cambridge University Press, 1991.

Reynolds, T.S., *Stronger than a Hundred Men: A History of the Vertical Water Wheel*, Baltimore: Johns Hopkins University Press, 1983.

Richards, E., 'Margins of the Industrial Revolution', in P. O'Brien and R. Quinault (eds), *The Industrial Revolution and British Society*, Cambridge: Cambridge University Press, 1993, pp. 203–228.

Robb, G., *The Discovery of France: A Historical Geography from the Revolution to the First World War*, New York: W.W. Norton & Company, 2007.

Rolt, L.T.C., *George and Robert Stephenson: The Railway Revolution*, London: Longmans, 1960.

Rolt, L.T.C., *Thomas Newcomen: The Prehistory of the Steam Engine*, London: Macdonald,1963.

Rostow, W.W., *The Stages of Economic Growth*, Cambridge: Cambridge University Press, 1960.

Saville, J., *1848: The British State and the Chartist Movement*, Cambridge: Cambridge University Press, 1987.

Simmons, J., 'The Continent and the Explorers', in M. Perham and J. Simmons (eds), *African Discovery: An Anthology of Exploration*, London: Faber and Faber, 1952, pp. 23–33.

Slicher van Bath, B.H., *The Agrarian History of Western Europe, A.D. 500–1850*, London: Edward Arnold, 1963.

Stowe, H.B., *Uncle Tom's Cabin or Life among the Lowly*, New York: Limited Editions Club, 1938.

Symons, D., 'Matthew Boulton and the Royal Mint', in M. Dick, (ed.), *Matthew Boulton: a Revolutionary Player*, Studley: Brewin Books, 2009, pp. 170–84.

Tann, J., 'Matthew Boulton', *Oxford Dictionary of National Biography*, online edition, Oxford University Press, 2009.

Taylor, A., *American Colonies: The Settling of North America 1700–80*, New York: Penguin,2001.

Teich, M. and R. Porter (eds), *The Industrial Revolution in National Context: Europe and the USA*, Cambridge: Cambridge University Press, 1996.

Teulings, A., *Philips: Geschiedenis en praktijk van een wereldconcern*, Amsterdam: van Gennep, 1976.

Thompson, F.M.L., *Gentrification and the Enterprise Culture:Britain 1780–1980*, Oxford: Oxford University Press, 2001.

Tilly, R., 'German Industrialization', in M. Teich and R. Porter (eds), *The Industrial Revolution in National Context: Europe and the USA*, Cambridge: Cambridge University Press, 1996, pp.95–125.

Trinder, B., 'Abraham Darby II', *Oxford Dictionary of National Biography*, online edition, Oxford University Press, 2009.

Uglow, J. *The Lunar Men: The Friends who made the Future, 1730–1810*, London: Faber and Faber, 2003.

van der Wee, H., 'The Industrial Revolution in Belgium', in M. Teich and R. Porter (eds), *The Industrial Revolution in National Context: Europe and the USA*, Cambridge: Cambridge University Press, 1996, pp. 64–77.

van Zanden, J.L., 'Industrialization in the Netherlands', in M. Teich and R. Porter (eds), *The Industrial Revolution in National Context: Europe and the USA*, Cambridge: Cambridge University Press,1996,pp.78–94.

Vance, J.E., *Capturing the Horizon: The Historical Geography of Transportation*, New York: Harper & Row, 1986.

Walter, R.C. and D.J. Merritts, 'Natural Streams and the Legacy of

Water-powered Mills', *Science*, vol. 319, pp. 299–304.

Walvin,J.,*Making the Black Atlantic:Britain and the African Diaspora*, London: Cassell,2000.

Wilson, R.G., 'Benjamin Gott', *Oxford Dictionary of National Biography*, online edition, Oxford University Press, 2009.

Winchester, A.J.L., 'William Cookworthy', *Oxford Dictionary of National Biography*, online edition, Oxford University Press, 2009.

Wrigley, E.A., 'A Simple Model of London's Importance in a Changing English Society and Economy 1650–1750', inP. Abrams and E.A. Wrigley (eds), *Towns in Societies: Essays in Economic History and Historical Sociology*, Cambridge: Cambridge University Press, 1978, pp.215–44.

Zola, E., *Germinal*, Paris: G. Charpentier,1885.